“安徽师范大学研究生课程重点建设项目”（校研字〔2015〕28号）研究成果

ZHONGXUE HUAXUE
MINGSHI CHENGZHANG ANLI YANJIU

中学化学
名师成长案例研究

闫蒙钢◎主编

安徽师范大学出版社
·芜湖·

图书在版编目(CIP)数据

中学化学名师成长案例研究 / 闫蒙钢主编 . — 芜湖:安徽师范大学出版社,2019.7
(2025.1 重印)

ISBN 978-7-5676-3733-7

Ⅰ.①中… Ⅱ.①闫… Ⅲ.①中学化学课 - 教学研究Ⅳ.①G633.82

中国版本图书馆CIP数据核字(2018)第198237号

中学化学名师成长案例研究 闫蒙钢◎主编

责任编辑:盛　夏
装帧设计:任　彤
出版发行:安徽师范大学出版社
芜湖市九华南路189号安徽师范大学花津校区 邮政编码:241002
网　　址:http://www.ahnupress.com/
发 行 部:0553-3883578 5910327 5910310(传真) E-mail:asdcbsfxb@126.com
印　　刷:阳谷毕升印务有限公司
版　　次:2019年7月第1版
印　　次:2025年1月第2次印刷
规　　格:700 mm × 1000 mm 1/16
印　　张:17.75
字　　数:273千字
书　　号:ISBN 978-7-5676-3733-7
定　　价:71.00元

如发现印装质量问题,影响阅读,请与发行部联系调换。

《中学化学名师成长案例研究》编委会

主　编：闫蒙钢

副主编：李一梅　孙　影　程瑶琴

前 言

随着中国特色社会主义进入新时代，我国基础教育课程改革也面临着更高的要求。党的十九大报告指出："建设教育强国是中华民族伟大复兴的基础工程，必须把教育事业放在优先位置，深化教育改革，加快教育现代化，办好人民满意的教育。"

《国家中长期教育改革和发展规划纲要（2010—2020年）》指出："有好的教师，才有好的教育"，并明确提出"造就一批教学名师和学科领军人才"。

新时代呼唤高质量的教育，高质量的教育呼唤高素质的教师。党和国家事业发展需要一支师德高尚、业务精湛、结构合理、充满活力的高素质专业教师队伍，需要一大批好教师。如何建立和培养这样一支教师队伍，造就一大批教学名师，特别是造就能体现新时代特色的现代名师，已经成为办好人民满意的教育的重大任务。

"名师"，顾名思义就是指在社会上有一定知名度，并且得到同行认可的优秀教师。名师是受学生喜爱、家长放心、同行敬佩、社会尊重的教师。名师是教师职业的最高荣誉，是国家教师的优秀代表，同时也是国家教育的宝贵财富。每一位名师的教育教学经验和教育教学思想，都是一笔宝贵的精神财富，对我国广大教师具有巨大的教育、引领、辐射和示范作用，是教师培养和培训的生动教材和重要资源。

研究中学化学名师成长案例，总结他们专业成长的途径，挖掘影响他们成长的因素，推广他们的优秀成果，充分发挥"名师效应"，对中学化学教师的专业化发展、心理健康发展、职业荣誉感发展和学校的事业发展都具有重要的促进作用。

在调研整理安徽省中学化学名师成长历程的过程中，我们无时无刻不被这些一线化学名师的经验与精神感动着。仅从首届“中国化学会化学基础教育奖”获得者杨明生老师的成长历程中就可以看到，教师的专业成熟无疑要经过一个长期的发展过程，从一个新教师成长为一个合格的、优秀的教师乃至知名的教育家，不是一蹴而就的，而是一个长期的发展过程，需要经历一系列的发展阶段。

杨明生老师是一位集教学、科研、管理为一体的全面发展型的化学名师。他先后发表了近600篇教研论文，其中，在《化学教育》《化学教学》等核心期刊上发表论文50余篇。2014年，在中国化学会第29届学术年会上，杨老师获得首届“中国化学会化学基础教育奖”，这是对他从教30年教学科研成果的充分肯定。从中我们也发掘到名师的重要特征：第一，对事业、对学生的挚爱，这是走向成功的动力；第二，对教育发展的前瞻性和预见性，这直接关系到一名教师的发展方向；第三，具有较强的科研能力，这体现着一位创造型教师的水平。

近年来，中学化学教学改革日新月异，各地特别重视教师专业化发展的理论研究与实践探讨，很多地方通过名师工作室的引领打造名师工程并取得了显著的成果。这些最新动向与成果也引起了高等师范院校的高度重视。尤其是随着教师职业准入制度及教师资格证考试制度的实施，教育管理部门及高等师范院校更加重视立志从教的学生的教育教学理论与技能的教学和训练，而名师的教育理念、教学方法、教学案例正是教学与训练的重要内容。因此，编写一本具有示范性、引领性的研究化学名师成长案例的教学用书，展现安徽基础教育一线著名的化学名师风采，成为我们近年来努力追寻的目标。

感谢安徽师范大学研究生院将我们的研究课题立项为“安徽师范大学研究生课程重点建设项目”（校研字〔2015〕28号）并予以重点资助。经过三年多艰辛的努力，现在《中学化学名师成长案例研究》终于面世。

全书由闫蒙钢教授拟定基本框架，编写提纲以及负责统稿、审稿和定稿等工作。李一梅研究馆员重点负责第五章、第六章、第七章的编写，孙影副教授负责第九章的编写，程瑶琴老师负责理论篇（第一章、第二章、第三章、第四章）及第十章的编写，许江安老师负责第八章的编写，研究生鲍芳芳、许瑶瑶做了大量的调研、访谈和资料收集整理工作。另外，陈三思、李文祥、蒋建伟、凡广伟也参与了本书的部分编写工作。本书编写过程中，参阅和引用了很多相关研究成果，在此，谨向有关专家和学者一并表示诚挚的谢意，同时也感谢安徽师范大学出版社及本书编辑所付出的辛勤劳动。

限于作者水平，书中一定还有不完善之处，敬请读者不吝指正。

闫蒙钢

2018年12月

目　录

理论篇：教师专业化发展理论

实践篇：化学名师工作室巡礼

理论篇

教师专业化发展理论

第一章　名师的概念、类型、特征及效应

名师是客观存在的，任何一个国家都存在社会公认的、教育界承认的名师。名师是教师群体的核心，他们在教师群体中成长，与教师群体相互促进、相互提高。名师是教育创新的探索者，是时代精神的体现。在我国教师队伍建设中，"名师"已变成了一个特定概念。目前，许多地区都有"名师培养计划""名师工作室"，有的甚至提出建设"名师工程"。我们要思考的是，究竟怎样定义名师？名师具有怎样的特征？

一、相关概念的界定

1. 名师

"名师"一词最早出现在《韩非子·初见秦》中，是指精锐的、著名的军队。《辞海》中对"名师"的解释是"有名的老师"。随着时代的发展，人们对名师的定义逐渐深化。

2004年，许多专家和学者开始了解和研究名师，之后，教育界兴起了"名师培养"的研究热潮。从"名师"到"名师培养"，再到"名师制"，人们逐渐在"名师的培养""名师具备的特性""名师的评选""名师的影响"等方面取得了一系列研究成果。

关于"名师"的界定众说纷纭，依据文献研究，"名师"一词主要有以下四种界定：

（1）广义和狭义。广义上看，名师指社会上优秀的人才；狭义上看，名师指教育名师。如陈钧、程达先生认为：广义上，名师是在社会各界有广泛的影响和拥有追随者与知名度的优秀人才；狭义上，名师专指教

育人才中的精英、教育工作者中的杰出代表、教育理论中的创立者与教育实践中的领头羊。换言之，名师就是指包含广大优秀教师在内的大师与名家①。

（2）以名师之“名”界定名师。顾明远主编的《教育大辞典》指出，名师是名望高的教师、师傅。我国“名师工程”将其解释为：在一定的地域范围内有影响、有名气、有声望的著名教师②。简言之，名师就是有名气与影响力的教师。

（3）以名师的特点界定名师。有研究认为，名师是教师群体中教学主张鲜明、课堂实践独特、课程改革显著、经验艺术丰厚、教育质量优异、专业程度极高的优秀卓越教师③，是具有高尚师德、先进的教育思想和理念，业务精湛，成绩卓著，有创新的教育思想（教学方法、教学模式或独特的教学研究），有较高知名度和广泛社会影响的优秀教师④。

（4）以渐近法界定名师。如王毓珣所说，名师是指在一定时空范围内自然而然形成的，具有一定的知名度、认可度、美誉度、影响度和突出成就的专业素养较高的富有创造性的优秀教师⑤。

关于“名师”一词还有以下说法⑥：

（1）专家说名师。

中国教育学会常务副会长谈松华认为，名师融教育科学与艺术为一体，名师应是高素质教师，是科学与艺术相结合的典范。

华东师范大学教育高等研究院丁钢教授认为，名师应具有自我反思精神。他们懂得从自己的经验出发，把教学作为一种开放的能够与自己的经验进行交往的过程，并且能够从自身的教学问题出发，进行研究与评估，从而提升自身的专业素质，时时刻刻在“为什么？是什么？怎么会？何时会？何地会？”的自我追问中改善自己的教学取向。

---

① 陈钧，程达．呼唤名师[M]．北京：科学出版社，2000：44-45.
② 韩爽，于伟．我国名师工作室研究的回顾与省思[J]．东北师大学报（哲学社会科学版），2014（5）：196.
③ 裴跃进．教学名师资源：内涵、分类及开发[J]．中国教育学刊，2013（8）：72.
④ 王标，宋乃庆．中小学名师类型、特征及成长策略[J]．中国教育学刊，2013（5）：7.
⑤ 王毓珣．名师概念及特征辨析[J]．天津市教科院学报，2005（4）：41.
⑥ 鲍东明，王鸣迪．名师成长：内力外力一个也不能少[N]．中国教育报，2004-09-07（7）.

北京师范大学林崇德教授认为，名师应体现在师德与业务能力上。师德表现在爱岗敬业（师业）、热爱学生（师爱）、严谨治学（师能）、为人师表（师风）四个方面。业务能力包括教育能力和教学能力。当前应该提高的，是教师的自我监控能力（反思能力）、现代教学技术能力和心理健康教育能力。

（2）校长说名师。

上海中学校长唐盛昌认为，在名师的培养与造就过程中，有两个因素我们必须加以引导。其一，名师之“名”不仅在才，而且要在“德”方面加以体现。名师之“名”在于“德才兼备”“学高身正”，教师学科功力的发展与人文修养的提升要密切结合起来。其二，在造就名师的过程中，经历准备仍然比专业准备或学历准备更重要。我们不否认专业准备或学历准备是造就名师的前提与基础，但推进名师不断提升最重要的仍然是经历准备。但不管是经历准备还是专业准备，现代名师的成长需要深厚的学科功力、较高的人文素养、一定的外语功底与现代信息技术及数字技术的运用能力。

北京五中原校长吴昌顺认为，“名师”一定是经师与人师的统一，是历史文化的传播者、人际关系艺术家、毕生事业追求者、人类灵魂塑造师、学生心理保健医生。“名师”首先是“明师”，即“明辨”之师；其次，要做“明天”之师，学生是明日世界的主人，要让他们面向未来。

（3）名师说名师。

北大附中特级教师张思明认为，对于每一个热爱教育事业的青年人来说，怎样才能在提高素质、加速成长的道路上走得更好更快些呢？最主要的就是要有“内动力”。不断调动、维护、充实和更新成长的“动力源”，组织、调度好“动力”分配，是加速自身成长的关键。只有当自己真正有了“内动力”，才会发现机会、珍惜机会、抓住机会。

北京五中特级教师梁捷认为，自己做教师后认识有两个飞跃，一是立足提升、永不停滞，二是科研领路、有所开拓。

综上所述，所谓名师，就是知名度高，工作出色，教学效果好，在其所在的地区和系统中能够被同行熟知，能够受学生欢迎，能够被社会认可，有相当的名气和威望的教师。他们包括教育系统的先进工作者、优秀班主任、优秀教师、特级教师、杰出教师、模范校长，甚至包括教育专家（教育艺术家、教育理论家、教育实验家）等。可见，名师是一种积极性的社会评价，是人们对其工作的肯定与褒奖。

不难看出，“名师”概念的理解表面上趋于一致，没有太大差异，但实质上不同的语言表述体现了对“名师”不同的认识程度和思考深度。新时代教育改革与发展的宏观背景需要产生有代表性的教师，需要涌现出一批在德行修为、业绩品质、社会实践等方面具有示范性的“名师”。

2. 特级教师

早在1956年，我国就在部分地区开始尝试选拔特级教师，教育部在《关于提高中小学教师待遇和社会地位的报告》中提出：“对有特殊贡献的优秀教师，给以特级待遇。”[①]由于受到“文化大革命”的影响，刚起步的特级教师选拔工作被迫中止。直到1978年4月，邓小平在教育部召开的全国教育工作会议上指示：“要研究教师首先是中小学教师的工资制度。要采取适当的措施，鼓励人们终身从事教育事业。特别优秀的教师，可以定为特级教师。”[②]1993年6月，国家人事部、财政部、教委联合把1978年颁布的《关于评选特级教师的暂行规定》修订为《特级教师评选规定》。《特级教师评选规定》对“特级教师”这一称号进行了比较明确的说明：“‘特级教师’是国家为了表彰特别优秀的中小学教师而特设的一种既具先进性、又有专业性的称号。特级教师应是师德的表率、育人的模范、教学的专家。”[③]由此可知，首先，《特级教师评选规定》明确了“特级教师”是一种荣誉称号，而不是一种专业技术职务；其次，《特级教师评选规定》明确了特级教师必须“先进性”与“专业性”并重；最后，《特级教师评选规定》明确了特级教师应该是“教育家”。特级教师制度的建立，最直接的目的就是培养一批教育名师和教育家。

①《中国教育事典》编辑委员会.中国教育事典（初等教育卷）[M].石家庄：河北教育出版社，1994：268.

②《中国教育年鉴》编辑部.中国教育年鉴（1949—1981）[M].北京：中国大百科全书出版社，1984：62-63.

③ 国家教委，人事部，财政部.特级教师评选规定[J].人民教育，1993（C1）：9.

3. 学科带头人及骨干教师

随着基础教育课程改革的开展，学校逐渐重视学科的建设和学科带头人及骨干教师的培养。学科带头人是能正确把握具体教学科目的发展方向，组织教师群体和带动学科梯队为学科发展共同奋斗，在本领域享有一定的声誉，得到同行承认的高级教师。他们具有较完整的知识结构和不断更新知识的能力，富有创造性思维和开拓意识，有预见和判断能力，在教师队伍中起核心作用[①]。

骨干教师是活跃在三尺讲台，勤奋、敬业，有较好的知识、技能和教师道德修养，并对教学具有探索与进取精神的教师。骨干教师一般承担着各种事务性的工作，教学经验较为丰富，但专业发展局限于课堂教学领域，他们渴望更大的发展空间[②]。

参照安徽省合肥市和马鞍山市中小学学科带头人和骨干教师评选标准文件，我们将学科带头人和骨干教师评选条件概括如下。

评选学科带头人需要具备的条件有：

（1）要具备参评资格。

①具备相应的教师资格；②是市骨干教师，且任期考核合格；③具有相应的高级教师职务，任现职3年以上；④身心健康，能坚持正常工作。

（2）要符合思想政治方面的要求。

①坚持党的基本路线，热爱祖国，自觉遵守《教师法》和《中小学教师职业道德规范》，遵守社会公德，严于律己，品德言行堪称师表。②忠于人民的教育事业，全面贯彻教育方针，坚持实施素质教育，教书育人，关爱学生，促进全体学生身心全面协调发展。③热爱本职工作，勤奋努力，勇挑重担，开拓进取，具有强烈的敬业精神和无私的奉献精神。④坚持原则，为人正直，热爱集体，团结友爱，在教师中享有较高的威望。⑤近5年内，因教育教学成绩突出，受到县级以上教育行政部门或厅

① 汲培文．学科带头人、学术带头人定义与含义的界定[J]．科学学研究，2000，18(3)：27.

② 王发成，刘向东．中学骨干教师的基本特征分析——中学骨干教师影响力与辐射作用研究[J]．学周刊，2013(15)：158.

局级以上主管部门的表彰。

（3）要符合教育教学方面的要求。

教师要有丰富的教育教学经验，有显著的教育教学成果和实绩，近5年内具备下列条件中的两条（农村教师具备一条）：①在初中学业水平考试或高中学业水平考试或教学质量检测中，所带班级学科平均成绩（等级）、合格率名列市（县、区）同层次学校前五分之一。②所培养的学生在国家、省、市教育行政部门批准的学科竞赛、科技评奖以及会演、汇展、体育比赛等活动中获得优异成绩。③因教育教学工作突出，获得“优秀教师”“优秀教育工作者”“教坛新星”等荣誉称号。④在教育行政部门组织的教学大奖赛或优质课评比中，获得国家级三等奖1次或省级二等奖1次或市级一等奖2次（农村教师1次）或县级一等奖2次（农村教师1次）。教研员须熟悉本地区课程改革的情况，对解决本学科教学中的理论和实际问题有独到的见解；在课程改革中勇于创新，教学研究的成绩卓著；总结的教育教学经验和教学方法在本地区得到推广，对课程改革起到了积极推动的作用。

教师在教育教学（教研）能力上需要做到：①对所教学科具有系统、坚实的理论知识和专业技能，并掌握了教育学、心理学和教学法的专业知识，能提交一篇对本学科教学具有独到见解的论文。②能正确领会所教学科的课程标准精神，准确把握教材，在教育教学中勇于创新，熟悉教育对象，精心备课，教学设计水平高，并须提交上一学年由学校验证的原始备课笔记，同时提交最能反映本人水平和特色的教学设计。③能建立有特色的课堂教学模式，优化课堂教学结构，选用恰当的教学手段，有效地调动全体学生学习的积极性。④近5年内，在全市范围内（农村教师在县、区范围内）上示范课或观摩课2次或2次以上，须附示范课（观摩课）开课通知、教学设计及评价意见。教研员则需要具有坚实的教育研究理论基础和较深厚的现代教育理论基础，掌握本学科的现代科学前沿知识及改革趋势；有自己的实验点、实验校，主持过市级以上教育部门立项的教育科研课题1项，并有过程记录和阶段性成果；须提交上一学年原始听课记录、教学质量评估材料，同时提交反映本学科前沿动态的综述报告1篇，以及近5年来开展教学研究与教育科研主要工作情况总结1篇（包括工作任务、起止时间、目标与成果、担任角色）；必须参加由教研部门专门组织的公开教学。

（4）要具备教科研方面的要求。

教科研能力较强，近5年内具备下列条件中的1条（教研员具备2条）：①在省级以上学术刊物（不含增刊、论文集，下同）上发表教育教学论文2篇（农村教师1篇）。②公开出版学术专著（合著）1部。凡合著，每部中由参评人撰写的字数不少于3万字。③参加市级以上教研部门组织的论文交流（评比），获省级一等奖1次或省级二等奖2次（农村教师1次）或市级一等奖3次（农村教师2次）。④应邀在全市教学研究活动中作专题研究报告2次（农村教师1次）。⑤主持市级以上教科研课题研究，已结题或取得阶段性成果。⑥受聘参加市级以上教育行政部门组织的教材、教学参考书的编写2次。⑦从事艺术和体育教学工作的教师，在教育、体育、文化部门主办的全省性会演、会展或比赛中获二等奖2次（农村教师在全市会演、会展或比赛中获一等奖2次）。

评选市级骨干教师需要具备的条件有：

①具有《中华人民共和国教师法》规定的合格学历或者相应教师资格；②热爱教育事业，师德良好，工作表现优秀；③从教6年以上，且有3年以上班主任（或共青团辅导员、少先队辅导员、社团辅导员）工作经历，并受过学校或学校上级部门的表彰；④有在农村中小学或薄弱学校任教（支教）1年以上的经历；⑤按国家规定完成继续教育学时；⑥熟练运用现代教育技术，能够将信息技术整合到学科教学中；⑦被评为县、区级骨干教师或市属学校校级骨干教师。

4. 名师工作室

名师工作室也称名师工作站或名师工作坊。我国从2000年开始建有名师工作室。近年来，全国许多地方的教育部门都设立了名师工作室，为教师专业发展创造了良好的学习与交流的环境和条件，为骨干教师提供了很好的成长平台，对名师资源辐射、基层中小学师资队伍建设等有积极意义。

名师工作室的出现与教师专业发展密切相关。教师的专业发展是新课程改革的需要，是学校发展的需要，是教师个人成长的需要。而名师工作室就是发挥名师在课堂教学、课题研究、课余训练、师资培养等方面的示范、指导、引领和带动作用，扎扎实实开展一系列卓有影响和成效的教育教学研究活动，促进青年教师专业成长的平台。

名师工作室作为有组织的团队，一般是由一名主持人加多名研修成员组成，研修成员多为中青年教师。主持人在自愿申报的基础上，经所在单位同意，由教育局组织专家评审，择优选聘。名师工作室多以主持人的姓名命名，也有些名师工作室是由教研员牵头或者由当地教育局及单位领导主持的。

名师工作室主持人应具备的条件有：①师德高尚，敬业乐群；②在教育教学、教研科研、学生管理等方面取得突出实绩，有较高的知名度和美誉度；③被评为“学科带头人”或“特级教师”称号，或具备中小学高级教师职称；④具备一定的运用信息技术的能力，能够运用信息技术开展教育教学的研究、交流活动。

名师工作室的研修成员必须由各县、区和直属单位推荐，推荐名额由教育局分配，具体分配名额根据名师工作室情况而定。研修成员一般是骨干教师，应具备的条件有：①师德高尚；②具有钻研精神和合作精神；③具备继续学习的愿望和能力；④热爱学科教学工作，在教育教学或科研方面取得一定成绩，有发展潜力。

主持人聘期一般为3年，届满后可根据实际情况进行续聘。主持人的职责是：①全面主持名师工作室的工作；②负责制订名师工作室的工作计划和研修成员培养计划；③负责开展研修成员的师德建设、教育教学和科研能力建设的工作，引领研修成员提高综合素质；④负责定期开展教育教学的研讨活动，开展教育教学的专题研究，并及时记录研究过程，推广研究成果；④负责总结并推广自身教育教学经验和名师工作室工作经验，传播先进的教育理念，负责对研修成员进行考核评价。

研修成员的职责是：①听取主持人的指导意见，接受主持人的检查评估，向主持人汇报工作，做出书面总结；②积极参与名师工作室的各项工作，参加教育教学活动，认真开展教育教学实践和研究，努力出成果；③努力提高教育教学的水平，在工作周期内争取有较大的发展和提高。

名师工作室主持人和研修成员在一起学习，互惠、互利、互补，共同发展。

5. 教师专业化与教师专业发展

（1）教师专业化。

教师专业化的基本含义是："第一，教师专业既包括学科专业性，也包括教育专业性，国家对教师任职既有规定的学历标准，也有必要的教育知识、教育能力和职业道德的要求；第二，国家有教师教育的专业机构、专门教育内容和措施；第三，国家有对教师资格和教师教育机构的认定制度和管理制度；第四，教师专业发展是一个持续不断的过程，教师专业化也是一个发展的概念，既是一种状态，又是一个不断深化的过程。"①

（2）教师专业发展。

在介绍教师专业发展之前，首先要分清楚"教师专业化"与"教师专业发展"的区别。从广义上讲，"教师专业化"与"教师专业发展"这两个概念是可置换的，均指加强教师专业性的过程。但是从狭义的角度讲，"教师专业化"更多是从社会学角度加以阐述，主要强调教师群体的、外在的专业性提升；"教师专业发展"则更多是从教育学角度加以界定，主要指教师个体的、内在的专业化提高。

教师的专业发展不仅是指教师在自身的专业上继续深造的过程，也是教师一直在获取全新知识，提升自身专业素养的过程。教师的发展分为两个不同的层次：一个层次是教师作为常人的一种发展，另一个层次是教师作为一种特殊职业的专业人员的发展。目前，教师的专业发展主要指的是后者。因此，教师可以通过不断地接受专业化的训练和自身主动学习专业知识，逐步成为一名专家型和学者型教师，同时这也是一个不断提升自己专业水平的持续发展过程。本书的教师专业发展是指研究

① 方晓东.中华人民共和国教育60年[M].武汉：湖北教育出版社，2009：503.

对象从职前教育的职前教师，到入职教育的新手教师，再到在职教育的熟练教师，直至成为名师的持续发展的过程。

（3）我国教师专业化成长的激励政策。

新中国成立以来，为了激发教师的工作积极性，我国发布了一系列激励教师个体成长的有关政策，归纳起来有以下几方面：①提高教师的工资、福利。如1954年11月4日教育部发布了《关于修订全国中等学校教职员工工资标准及有关事项的通知》，1981年10月7日国务院转发了教育部《关于调整中小学教职工工资的办法》，1987年11月28日国务院发布了《关于提高中小学教师工资待遇的通知》，1988年1月12日劳动人事部、国家教委提出了《提高中小学教师工资标准的实施办法》，1988年12月12日人事部、国家教委、财政部颁布了《关于提高中小学班主任津贴标准和建立中小学教师超课时酬金制度的实施方法》。②评选优秀教师、特级教师、优秀中小学校长。1955年1月13日教育部颁布了《关于推选优秀教师的几点意见的通知》，1978年12月17日教育部、国家计委联合颁布了《关于评选特级教师的暂行规定》，1993年6月10日国家教委、人事部、财政部颁发《特级教师评选规定》，1989年2月16日国家教委、人事部、全国教育工会颁发《嘉奖优秀教师和教育工作者暂行办法》，1998年1月8日国家教育委员会发布《教师和教育工作者奖励规定》，1993年9月6日国家教委发布《关于表彰全国优秀中小学校长的决定》。③重视在职培训。1953年8月7日教育部发布了《关于选拔高中优秀教师至大学研究部学习的通知》，1980年8月22日教育部印发了《关于进一步加强中小学在职教师培训工作的意见》等三个文件的通知。

二、名师的类型

关于名师的分类，国内有多种划分方法。被引用较多的有两种，一是厦门一中特级教师李为在《名师成长的研究与探索》一文中的分类[①]：

① 李为.名师成长的研究与探索[EB/OL].(2013-08-04)[2018-01-04]. http://www.jxteacher.com/360123001001220065/column62830/4a25773f-3c21-408f-aca4-e5e8d29428be.html.

1.从能力角度看

从能力角度看名师，可分为全面型名师和专长型名师。

（1）全面型名师，就是素质全面、结构协调的名师。

他们的人格魅力和学识魅力俱佳，在教育、教学、教研和课外指导等方面成绩突出，但可能个性、风格并不突出。

（2）专长型名师，又可分为教学专长型、教研专长型、课外指导专长型名师。

教学专长型名师，就是教学能力最为突出的名师。他们的认知能力、设计能力、传播能力、组织能力、协调能力十分突出。

教研专长型名师，就是教研能力最为突出的名师。他们的思考能力、分析能力、创新能力、书面表达能力十分突出。

课外指导专长型名师，就是课外指导能力最为突出的名师，包括文艺体育指导、创造发明指导、学科竞赛指导等。他们的质疑能力、动手能力、钻研能力、辨析能力十分突出。

2.从荣誉角度看

从荣誉角度看名师，可分为特级教师、优秀教师、首席教师、学科带头人、拔尖人才、模范教师、功勋教师等。

3.从层级角度看

从层级角度看名师，可分为国际级名师、国家级名师、省级名师、市级名师、县级名师、校级名师等。

二是董菊初先生在论著《名师成功论》中的分类①：

他将名师成长的基本模式划分为以下四种类型：

1.综合型

所谓综合型，是指学科知识、教学能力、管理水平、思想修养等素质都比较好。

2.“T”字形

所谓“T”字形，是指在具备一般教师应有的基础知识和能力的前提

① 董菊初.名师成功论[M].北京:科学出版社,2003:17.

下，在某些方面有专长，或善于创作，或长于管理，或是某一方面的专家。

3.教研结合型

所谓教研结合型，是指教学与研究密切结合，相互促进，相辅相成，教学与研究成果丰硕。其实，教学与研究与其说是名师的类型，不如说是名师成长的途径。

4.三栖型

所谓三栖型，是指在教学、创作、科研三方面都达到相当高的水平，既是精于教学的能手，又是善于创作的好手，还是长于科研的高手，而且三者相辅相成，是教师中的佼佼者。

不管是历史上的，还是现实中的，名师基本上都是“三栖型”的。要做一名学者型教师，既要“教”，又要“研”，还要“写”。“教”是“研”的前提和基础，“研”是“教”的总结和提升，而“写”则是“教”和“研”的概括和升华。

三、名师的特征

要研究教学名师，首先应明确其特征，众多研究者对名师特征做了研究论述。厦门一中特级教师李为将名师的特征归纳为动力特征、学识特征、人格特征和教学特征四个方面①。

1.动力特征

名师的动力特征，体现在名师的人生观、教育观、成就感和进取心等方面。内动力是名师快速成长的关键。

（1）名师的人生观。人生的意义在于奉献自己的才华，人生的价值在于发掘人才，获取教育教学的丰硕成果，把自己掌握的知识、技能通过教育的媒介，无私地奉献给下一代，为祖国、为社会、为人民做出自己的贡献。不为名而工作，不为钱所诱惑，不为权势而心动，一心一意

① 李为.名师成长的研究与探索[EB/OL].(2013-08-04)[2018-01-04]. http://www.jxteacher.com/360123001001220065/column62830/4a25773f-3c21-408f-aca4-e5e8d29428be.html.

扑在教育事业上。

（2）名师的教育观。教育是事业，事业的意义在于奉献；教育是科学，科学的意义在于求真；教育是艺术，艺术的意义在于创新。教育的生机与活力，在于促进学生个性的健康发展；能使学生生动、活泼、主动发展的教育，才是成功的教育；教育重在师生间相互信赖，信赖取决于民主平等的沟通。

（3）名师的成就感。成就感是个体对自己所认为重要的有价值的工作，乐意去做并努力达到完善的一种内部推动力的感受。名师的成就感，体现在学生获得了知识、培养了能力、掌握了方法、形成了品格上，体现在自身学识水平的提升上，体现在自身人格魅力的影响上，体现在卓有成效的工作得到赞许上。

（4）名师的进取心。名师的进取心体现在“心灵追求高尚，事业追求卓越”上，他们对工作积极进取，把自己定位于终身学习者与创造者。他们认为，唯有终身学习者与创造者的教育才是真正的教育，才是高质量和高效益的教育。为成为终身学习者和创造者，名师刻苦钻研，勇于创新，永葆高素质。

2.学识特征

名师的学识特征，体现在名师具有扎实的基础知识、深厚的教育科学知识、精深的专业知识、广博的文化知识和能不断地获取新知识等方面。

（1）扎实的基础知识。基础知识包括哲学、语文、英语、数学、物理、化学、生物、历史、地理、音乐、美术和计算机等，名师对这些知识往往能准确掌握、深刻理解、牢固记忆、灵活运用。

（2）深厚的教育科学知识。名师对教育学、心理学等知识有较深刻的领会，能深刻理解和熟练运用教育科学理论，根据教育规律和受教育者的身心特征进行教育、教改和教育实验。

（3）精深的专业知识。名师对本专业知识了如指掌，并能熟练地运用本专业知识去分析问题和解决问题。名师还往往通晓本专业发展史，了解本专业发展现状，预测本专业的发展趋势，在教学中渗透专业最新成果。

（4）广博的文化知识。未来科技发展的特点是高度分化和高度综合，其结果是新兴学科、交叉学科、边缘学科、中间学科等大量涌现。一个对新兴学科一无所知或知之甚少的教师，是很难适应新时代的。

（5）能不断地获取新知识。如今，“一杯水、一桶水”已远远满足不了时代的要求，名师深知，时代需要的是滔滔不绝的“长流水”，唯有筛滤旧有，活化新知，积淀学识，才能培养出善于终身学习的新一代。

3.人格特征

名师的人格特征，体现在名师的为人师表、举止优雅、追求完美和律己宽人等方面。

（1）为人师表。名师都能加强自身修养，不断学习，提高思想认识和道德觉悟，平时严格要求自己，以人格力量促进学生良好思想道德的形成。

（2）举止优雅。名师往往具有高雅、文明的言谈举止，注重修养，处处给学生做出表率。名师言教辅以身教，身教胜于言教，其一颦一笑、一举手一投足都会产生意想不到的教育作用。

（3）追求完美。从某种意义上说，名师的成功之路，是一条追求完美之路。名师常常在不断地自我认识、自我批评、自我校正、自我监督、自我修炼、自我突破中完善其人格形象和权威形象。

（4）律己宽人。名师律己，在律己中走向完美；名师宽人，在宽人中达成信任。名师的宽人，像一缕阳光，让学生感到温暖；像一丝春雨，让学生感到滋润；像一粒爱的种子，在学生心中萌芽。

4.教学特征

名师的教学特征，体现在名师的教学具有情知交融、心灵相悦、动态生成、真实有效和教学主张等方面。

（1）情知交融。在教学中，名师十分注重知识的传授、能力的培养和方法的渗透，但更注重情感的熏陶，用情感浸润学生的心灵，让学生在情知交流的空间中汲取人生所需的养分。

（2）心灵相悦。名师课堂的魅力体现为教师与学生的相互对话与分享，共同探究发现，共同面对疑难，共同快乐成长。课堂成为师生之间的精神纽带，学生心灵依托的场所，生命成长的乐园。

（3）动态生成。名师的课堂是动态的，是多维、开放、灵活、生动的。动态的课堂，是建立在课前充分准备、精心设计的基础上。教学过程自然地生成，课堂焕发出生命的光彩。

（4）真实有效。名师的课堂，不是花架子的课堂。名师课堂是融“基础训练扎实，思维拓展丰实，教学活动真实，教学质量有效”为一体的课堂。名师课堂是参与度、亲和度、自由度、整合度、练习度、延展度有机结合的课堂。

（5）教学主张。名师发挥专业影响力依靠的是自己的专业学术造诣，而专业学术造诣就集中体现在名师的教学主张上。教学主张不仅反映教师独特的教学思想和理论，而且体现教师教学专业成熟的水平，代表教师一生的专业成就。

就名师个人而言，提炼自己的教学主张实际上就是“给自己树立一面旗帜”，“自己定义自己的教育”，这个过程是教学品牌和新的教学理论的培育与创立的过程，是往教育家方向和境界发展的过程。

关于名师的特征（品质），还有一些其他的观点：

在邓光明、冉泊涯《新时期名师特质及其成长途径初探》一文中写到，新时期名师的重要品质为：一是崇高的精神力量，二是精深的专业知识，三是扎实的教学功底，四是精湛的研究水平，五是较强的领导能力，六是强烈的合作意识[①]。

王毓珣在《论名师的特征》中认为名师特征是：信念坚定、诲人不倦、独特风格、绩效显著、影响广泛、名副其实与自然生成等[②]。

王颖在《试析名师走向成功的特质素养》中认为名师除了具备基本专业素养外，还具有名师的专业特征：坚定的教育信念、自强不息的精神、惜时如金的努力、特有的知能结构、拾级而上的专业目标、切实有

① 邓光明，冉泊涯.新时期名师特质及其成长途径初探[J].中国教育学刊，2010(6)：66-68.
② 王毓珣.论名师的特征[J].江西教育科研，2006(6)：15-16.

效的教育研究、独特的教学风格与魅力无穷的人格等[①]。

成尚荣对名师特征进行了系列研究，对名师特征提出了连续且环环相扣的观点。成尚荣在论文《名师的基质》中认为名师的特征是指名师成长中最重要的素质，如：对职业价值的执著追求，对教育教学的不安分，拥有文化底蕴与才情，敏锐、灵感与有独特的见解[②]。

成尚荣在论文《名师应当是思想者——谈教学主张与名师成长》中认为，名副其实的名师应当具有鲜明的教学风格，教学风格的内核是教学主张，是否拥有自己的教学主张，是名师与一般教师的重要区别[③]。

四、名师的效应

名师对一般教师的影响、对学生的影响、对学校发展的影响以及对社会的影响都是巨大的，这种影响可以称为“名师效应”。名师具有哪些效应？

1.潜在效应

名师的人格魅力和学识魅力所产生的教育力量，既如细雨无声，自然渗透，又似磁场的引力，在无形中产生。名师的这种效应，潜在地影响着学生，潜在地影响着一般教师尤其是年轻教师，也潜在地影响着学校形象。

2.辐射效应

一位真正的名师，在学校里应该是有辐射效应的。名师到各地作报名，发表学术见解，总能把学校的名字带到那里。每一次报告，也是对学校的一种宣传。名师的学术水平越高，名气越大，这种辐射效应就越强。

3.光环效应

名师的名气和影响力比一般教师大得多，受教育者就会怀着对名师

---

① 王颖.试析名师走向成功的特质素养[J].当代教育科学，2007(1)：18-20.

② 成尚荣.名师的基质[J].人民教育，2008(8)：37-41.

③ 成尚荣.名师应当是思想者——谈教学主张与名师成长[J].人民教育，2009(1)：43-44.

的钦佩、崇敬的感情，从慕其名到爱其课，这就是所谓的“光环效应”。

无论名师走到哪里，总能将学术的光环和人格的光环带到哪里。名师是一所学校发展的支撑，名师效应也是一所学校的效应。

4. 榜样效应

名师，既是传授学业的优秀的“经师”，更是言传身教的理想的“人师”。他们的人格和学识、行为和习惯、言谈和举止，都会对一般教师和广大学生产生深远的影响。

5. 激励效应

名师的激励效应在于可以利用其自身的睿智、才能和完善的人格，来影响、熏陶师生，从而培养出一批批优秀的教师和学生。

此外，名师的积极影响还可以概括为以下几点：第一，名师满足了学生对理想教师的渴望；第二，名师是教师成长路上的灯塔；第三，名师彰显学校的软实力；第四，名师对教育事业发展具有积极影响；第五，名师对社会产生了积极影响[①]。

人们渴求与呼唤名师，认为名师是学生人生道路上的指路明灯，是教师队伍的领头羊，是社会价值的标杆。

① 郭姗. 近年来名师研究综述[J]. 教育科学论坛，2017(9)：44–45.

第二章　名师研究现状

百年大计，教育为本；教育大计，教师为本。人们越来越认识到，教育水平的差距来源于教师队伍水平的差异，学校之间的竞争就是教师队伍的竞争。名师的重要性日益凸显。

一、研究背景

教师是一门古老的职业，但人们主动关注教师的专业成长与发展却是近百年的事。人们对教师发展的认识也经历了重大转型：从建立零星的教师培训机构到确立系统的教师教育体系，从关注教师的职前培养到关注教师的专业发展。1955年召开的世界教师专业组织会议，对教师的专业问题进行了一系列研讨，促进了世界各国的教师专业组织的形成和发展。联合国教科文组织也在1966年发表了《关于教师地位的建议》一文，第一次用官方文件的形式对教师的专业化做出了具体而明确的说明，指出了“应把教育工作视为专门的职业，这种职业要求教师经过严格的、持续的学习，获得并保持专门的知识和特别的技术”，强调了教师的专业性质。1996年，联合国教科文组织第45届国际教育大会上，再一次强调了教师的专业化不仅是改善教师地位，同时也是改善工作条件的重要策略。经济合作与发展组织（OECD）也在1989—1992年发表了一系列关于教师及教师专业化的研究文件，如《教师培训》《今日之教师》《教师质量》等。

自20世纪80年代起，教师专业发展日趋成为人们关注的焦点。教育需求的不仅是有知识、有学问的教师，而且是有道德、有理想、有专业追求的教师；需求的不仅是高起点的教师，而且是能够终身学习、不断自我更新的教师；需求的不仅是学科的专家，而且是教育的专家，能够像律师、医生的专业一样具有不可替代性。进入21世纪后，世界各国特别关注以科技和经济为标志的综合国力的竞争，并进一步认识到，综合国力的竞争归根结底是教育的竞争。科教兴国，教育先行。一个国家要想振兴教育，关键就在于培养一大批高素质的教师人才。在这种背景下，教师的专业化发展已经演变为一种强劲的思想浪潮，从而加速推动了世界各国对教师教育新理念以及新制度的建立，也为名师的培育与成长提供了丰沃的土壤。

从历史发展的总趋势来看，教师专业化发展及其研究经历了由被忽视到被逐渐关注，由关注教师群体专业化到关注教师个体专业发展，由关注专业发展的外部环境和对社会专业地位的认可到关注内部专业素质的提高的过程。20世纪90年代，我国明确提出教师专业发展问题并加以介绍和研究。就已有的研究来看，教师专业发展理论研究的焦点主要集中在两个方面：一是一系列有关教师种种改变的研究，二是引起教师改变的程序与机制的研究[①]。教师专业发展理论中有关教师种种改变的研究实际上是对教师专业发展的阶段变化和教师专业发展的内涵变化的研究探讨，教师改变的程序与机制的研究实际上是对教师专业发展活动的基本原理、制度和途径的探讨。

二、研究现状

（一）文献分析

通过中国知网搜索1980—2018年主题为“名师”的文献共有13 987条，图2-1是主题为“名师”的研究论文发文量统计图。

① 宋广文.教师教育发展研究[M].济南：山东人民出版社，2004：153-154.

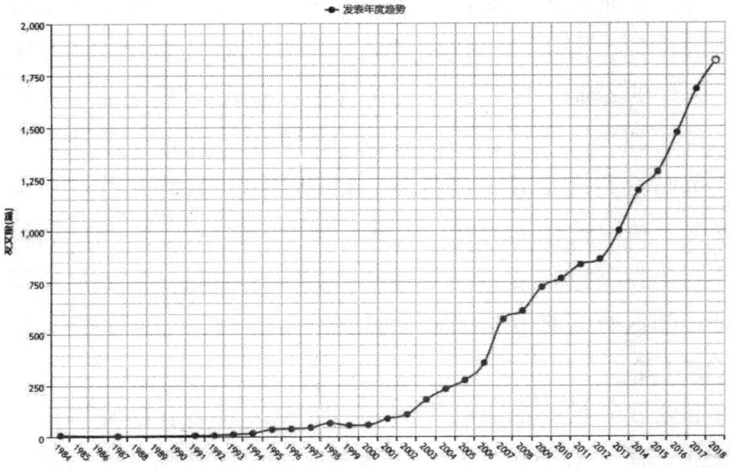

图2-1　主题为“名师”的研究论文发文量统计

由图2-1可以看出，国内从1984年就开始研究名师成长或教师专业发展，相应的研究论文数量呈逐年上升的趋势。

由于本论著研究的是中学教师，所以在主题为“名师”的文献中，把文献分类目录限定在“中等教育”里，发现涉及中等教育的论文有3 875条，按关键词分布如图2-2所示。

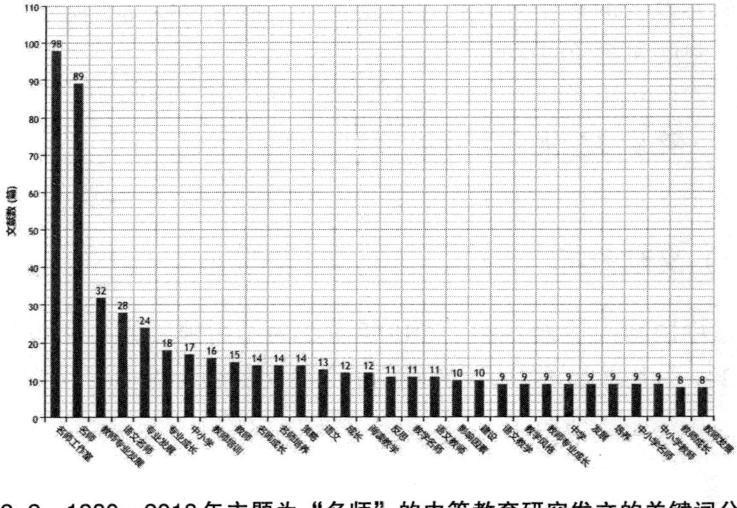

图2-2　1980—2018年主题为“名师”的中等教育研究发文的关键词分布

由图2-2可以看出，关键词包含“名师成长”的文献仅有14条，可见在中等教育中对“名师成长”的关注还不够。

（二）国内外研究现状

20世纪80年代末，何兹全老师主编的《中国历代名师》带动了国内对名师成长的研究。此后，研究学者及成果逐渐增多，包括纯理论层面上的描述、单纯个案的介绍、理论与个案相结合的阐述等。国外没有“名师”的说法，但是自20世纪60年代末开始，国外一些学者如富勒（Fuller）、福克斯（Fox）、舍门（Sherman）、格鲁（Grow）等人先后对教师职业发展进行了研究，伯顿（Burden）、卡茨（Katz）、费斯勒（Fessler）、伯利纳（Berliner）等人对教师职业发展阶段进行了种种探讨。

1.国内研究现状

国内最早关于名师研究的著作是1989年何兹全老师主编的《中国历代名师》；1996年，柳斌、刘知新老师在《中国著名特级教师教学思想录》里阐述了两百多名特级教师的教育教学理念；2003年，著名教育家董菊初先生的《名师成功论》不仅有名师成功规律的概述，还从名师的教育思想、教学艺术、科研方法等方面寻找名师成功的轨迹；2005年，在《人民教育》杂志创刊55周年之际，高等教育出版社出版了《与名师为友》一书，介绍了36位名师的成长之路，道出了名师对人生、对教育的追求、理解与感悟，凸显了“爱会产生智慧，智慧改变人生”的教育真谛；2006年，北京师范大学出版社出版的“中国当代教育家成长丛书”，向人们介绍了20位在中小学工作的教育名师，从成长历程、教育理念、经典案例、社会反响和成果体现五个方面介绍了他们成长、成功的过程。进入21世纪以来，国内的名师研究蓬勃发展，研究的侧重点大致可以归纳为以下八类：

第一，关于名师概念、内涵和特征的研究。这是名师成长理论研究最多的一个领域。不少学者和专家从不同的角度如哲学、教育学、心理学、社会学、逻辑学等方面对名师的概念、内涵和特征进行了阐释。

第二，关于名师成长机制的研究。这是名师成长理论研究中较多的一个领域。专家和学者主要从名师成长的自身因素、人格因素和社会环境等方面进行探讨和分析。

第三，关于名师成长规律的研究。这是名师成长理论研究中人们刚开始关注的一个领域，所以有影响力的论述较少。

第四，关于名师的功能和效应的研究。这是名师成长理论研究中人们关注较少的一个领域。

第五，关于名师成长模式的研究。这是名师成长理论研究中人们关注最少的一个领域。

第六，关于名师培养的实践研究。当前，全国众多地方和学校启动了“名师工程”，为此出现了众多以名师为核心标题的研究，其研究成果多以项目文件、名师工程案例等方式呈现，其中以名师工作室为载体的名师发展共同体的实践与研究较为普遍。在名师工作室的培养过程中还存在重名师数量轻教学技艺的现象。在众多研究中，对名师培养成效的实证研究成果不多。

第七，关于名师发展阶段的研究。人们很少把名师成长置于教师专业化发展历程中进行研究，这也是目前国内研究不足的地方。把名师成长置于教师专业化发展历程中，才能显现名师成长的鲜活动力。

第八，关于名师成长理论体系的研究。到目前为止，全面系统的名师成长的理论体系还不健全。总体上看，理论研究还不够深入。

2. 国外研究现状

国外学者从20世纪60年代末就开始了教师职业发展理论的研究。教师的专业发展阶段理论起源于教师的职业发展理论与教师的实际研究，该理论的主旨是对教师在经历职前、入职、在职、离职过程中所呈现出的阶段发展规律的一种探讨。此理论以成人发展理论为基础理论，吸取了心理学、生理学、社会学和生命科学等学科领域的研究成果与方法，构建了一个完整的、系统的理论体系。1969年，美国学者富勒编制了著名的《教师关注问卷》，揭开了教师发展理论研究的序幕。她认为师范生在成为教师的过程中，所关注的事物是根据一定的次序变化的，并提出了教师关注阶段理论，包含教学前关注（pre-teaching concerns）、早期生存关注（early concerns about survival）、教学情境关注（teaching situations concerns）和关注学生（concerns about students）。教师职业发展研究的学者还有福克斯、舍门和格鲁等。伯利纳在人工智能领域的专家系统研究以及职业专长发展五阶段理论的基础上提出了“教师的新手阶段—熟练新手阶段—胜任教师阶段—业务精干阶段—专家型教师阶段”的教师教学专长发展五阶段理论。在国外，教师发展专业化的观念已经逐渐被社会所认可，其中利用教师专业化的标准培养教师已经成为各国教师教育发展的一种必然趋势。

人们对教师专业化问题的反复探讨，就是期望教师职业能走向专业化，使教师不仅作为一个“娴熟的教书匠”，更要努力提升到“专业教育名师”的境界。

第三章　教师成长理论

目前，国外关于“教师成长”的理论很多，比如：国外学者富勒和鲍恩的教师关注阶段论，卡鲁索、哈林顿的教师发展阶段论，休伯曼等的教师职业生活周期论，等等。而我国学者的研究主要集中在教师总体专业化成长的过程、教师职业生涯的理论探讨及有关中小学校长和教师成长的研究等方面。

综观国内外有关教师成长的理论，无论是哪一类别的理论，其关于教师成长的研究，大多是按照某个标准或维度进行的，有一定的解释力。但是由于教师作为一种专业人才的成长本身就相当复杂，无论是作为自然人的物质生命发育还是作为社会人的精神生命的成长，都是一种相当复杂的社会现象，无论用何种方法去探讨人才专业化的问题，都是一个长期复杂的课题。

一、教师专业发展阶段理论

对于教师发展阶段和发展水平的论述，国内外已经有许多成熟的论断，这里以程岭的《教师发展阶段理论综述及发展水平模型的构建》[①]一文为主要参考，简单介绍一下国内外教师发展阶段理论。

① 程岭.教师发展阶段理论综述及发展水平模型的构建[J].师资建设，2011，24(5)：61-65.

（一）国内教师发展阶段代表理论

1. 王秋绒的教师发展三阶段理论

1991年，中国台湾学者王秋绒在其《教师专业社会化理论在教育实习设计上的蕴义》一书中对教师的发展阶段进行了详细的论述。他将其分为三个大的阶段：师范生阶段、实习教师阶段和合格教师阶段。师范生阶段又分为一年级的探索适应期，二、三年级的稳定成长期，四年级的成熟期；实习教师阶段又分为蜜月期、动荡期；合格教师阶段又分为新生期、平淡期和厌倦期①。

王秋绒的教师发展三阶段理论在我国的教师发展理论中具有开创意义，划分比较细致、清晰，特别是关于职前教师和刚入职教师发展阶段的论述对后来的研究具有重要的借鉴意义。

2. 钟祖荣的教师发展四阶段说

北京教育学院钟祖荣教授等人认为，最能反映教师成长变化的是教师的素质和工作成绩这两个指标。因此，钟祖荣等人提出教师的成长要经过准备期、适应期、发展期、创造期四个阶段，而每个阶段结束后的教师可以分别称为新任教师、合格教师、骨干教师、专家教师（学科带头人、特级教师等）②。

（1）准备期。准备期是指教师从事教育工作以前的阶段，是接受教育和学习的阶段。

（2）适应期。适应期是教师走上工作岗位，由没有实践体验到初步适应教育教学工作，具备最基本、最起码的教育教学能力和其他素质的阶段。适应期大体上为1～3年。

（3）发展期。发展期是教师在初步适应教育教学工作后，继续在教育教学实践中锻炼自己的教育教学能力和素质，使之达到熟练程度的时期。教师度过这一阶段的时间差别较大，成长速度较快的需要3～7年，

① 王秋绒．教师专业社会化理论在教育实习设计上的蕴义[M]．台北：师大书苑，1991：33–48.

② 李斌．国内外教师专业发展过程研究述评[J]．江苏教育学院学报（社会科学版），2003，19(4)：19.

也就是工作以后的4～10年，有些教师则一生都会处在这个阶段。

（4）创造期。创造期是教师开始由固定的常规的习惯性的工作，进入开始探索和创新的时期，是教师形成自己的独到见解和教学风格的时期。在这一过程中，教师的素质必须做出相应的调整，形成具有强烈的创新意识、科研能力明显提高、理论水平大幅增长的素质特点。骨干教师要成长为专家教师，需要经历长时期的积累。对特级教师的调查表明，从走上工作岗位，到对教育问题有比较系统的见解，取得较多的研究成果和实践成果，大约需要16~25年。

3.叶澜、白益民等的教师发展五阶段论

2001年，叶澜、白益民等以自我专业发展意识为标准，找寻教师的内在专业结构更新和改进的规律，把教师专业发展分为五个阶段："非关注"阶段、"虚拟关注"阶段、"生存关注"阶段、"任务关注"阶段、"自我更新关注"阶段[①]。

叶澜、白益民等的教师发展阶段理论是对国外一些学者的理论的扩展和强化，对于职前教师的理论建构有了更加全面和明晰的认识。也就是说，把20世纪60年代以来的占据优势地位的"三关注"理论扩展到了"五关注"理论，这既是教师专业化发展的时代需要，又是我国师范教育的特征所在，具有较强的实效性。

4.吴康宁的教师职业社会化理论

南京师范大学的吴康宁教授在其1998年出版的《教育社会学》中也对教师发展阶段进行了论述。吴康宁指出，教师职业社会化是一个过程，包括两个阶段：任教前的预期职业社会化与任教后的继续职业社会化[②]。

在我国，教师都必须接受专门的师范教育，可以说自进入师范院校学习的那一天起，预期职业社会化便已开始，学生从师范院校毕业就预示着此阶段的结束。教师的继续职业社会化是指个体在承担教师这个职业角色之后为了更好地扮演这个角色而进行的社会化。继续职业社会化

① 叶澜，白益民，王枬等．教师角色与教师发展新探[M]．北京：教育科学出版社，2001：278–302.

② 吴康宁．教育社会学[M]．北京：人民教育出版社，1998：215–221.

的途径不仅包括教师工作实践，而且还包括进入教师进修院校脱产学习的过程。

5. 唐玉光的教师发展的“三位一体化”理论

1999年，华东师范大学的唐玉光教授在总结了国内外许多本领域专家的研究成果之后，提出了教师专业发展的“三位一体化”理论，把教师专业发展分为职前专业准备阶段、教师入职辅导阶段和在职教师教育阶段①。

唐玉光的教师专业发展理论是对以往理论的概括性综述，是一种综合性的论断，对以后国内本领域的研究起到了推动作用。但是所用的方法主要是文献分析法，没有真正结合国内教师发展的实际情况以及文化背景进行研究。

6. 申继亮等的教师发展阶段理论

2002年，申继亮等采用访谈法对绍兴市20名中学高级教师进行调查，探讨中学教师职业专长的发展阶段。结果显示，教师职业专长发展呈现阶段性，可分为学徒期、成长期、反思期和学者期。文章指出，职业能力是职业专长的核心要素，教师职业专长发展并非呈直线态势上升，其间可能会出现停滞阶段②。

申继亮等的研究虽然对教师发展阶段的论断比较完整，但是样本量比较小，不足以代表国内整个教师群体的发展规律，同时研究的均是城市高级教师的专业发展情况，研究不具有普遍意义。

7. 其他学者的研究观点

2003年以来，又有许多国内学者对教师成长规律进行了研究，认为新教师从普通教师成长为名师有阶段性，每一个阶段又有各自的成长规律。

傅树京对教师入职后的发展阶段进行了研究，指出与教师职后培训相联系的教师专业发展阶段可分为适应、探索、建立、成熟、平和五个

① 唐玉光. 教师专业发展的研究[J]. 全球教育展望, 1999(6): 39-43.

② 申继亮, 费广洪, 李黎. 关于中学教师成长阶段的研究[J]. 天津师范大学学报(基础教育版), 2002, 3(3): 1-4.

阶段，每个阶段都有其特殊性。因此，教师培训要根据教师专业不同阶段的特点确定培训目的、要求和内容，使其具有阶段性特点。同时，教师培训必须贯穿其专业的始终①。

陈永明把教师的专业发展分为五个阶段：适应和发现期、稳定期、试验期和重新评价期、平静和保守期、退出教职期②。

傅道春的职业生涯阶段论把教师的专业发展分为八部分：职前成长阶段、进入教育工作领域阶段、能力建立阶段、热心和成长阶段、职业退缩阶段、更新阶段、生涯低落阶段、退休阶段③。

王毓珣在《名师发展：概念、特征与阶段》一文中认为，名师发展，就是教师在适当的环境支持下，积极自主地学习实践，不断地提升专业素养，以达到卓越教师标准的一个生成过程，其发展阶段具体包括酝酿期、预备期、适应期、成熟期、成名期、鼎盛期、延续期、余热期、影响期④。

王铁军在其主编的《名校长名教师成功与发展》中认为，任何一个名师都有一个成长过程，都是从普通教师一步一个脚印成长起来的。这个过程大致可以划分为五个阶段：一是入职适应期，二是成熟胜任期，三是高原平台期，四是成功创造期，五是退职回归期。在教师成长的每一个阶段，不同的教师呈现了不均衡性，不同教师会表现出独特的个性色彩。其中，名师的入职适应期是否顺畅关系到其是否能成长为名师，高原平台期是名师成长过程中需要突破的阶段，处在高原平台期的教师只有高期待、严要求、勇往直前，才能成长为名副其实的名师⑤。

魏晨明在硕士论文《名师成长论——名师成长的模式、机制和规律研究》中，把名师成长划分为四个阶段：一是入职适应期，二是成熟胜

① 傅树京.构建与教师专业发展阶段相适应的培训模式[J].教育理论与实践，2003，22(6)：39-43.

② 陈永明.现代教师论[M].上海：上海教育出版社，2003：186-188.

③ 傅道春.教师的成长与发展[M].北京：教育科学出版社，2003：9-11.

④ 王毓珣.名师发展：概念、特征与阶段[J].当代教育科学，2005(20)：18-21.

⑤ 王铁军.名校长名教师成功与发展[M].南京：江苏人民出版社，2005：38-42.

任期，三是高原平台期，四是成功创造期[①]。

赵昌木在博士论文《教师成长研究》中，把名师成长划分为五个阶段：一是预备阶段，二是适应阶段，三是迅速发展和稳定阶段，四是停滞和退缩阶段，五是持续成长阶段[②]。

（二）国外教师发展阶段代表理论

国外教师发展阶段理论来源于职业生涯发展的理论和实践研究，始于20世纪60年代末的美国，研究者从不同视角对教师专业发展的过程及其规律进行了研究。

1.富勒的教师关注阶段理论

1969年，为改进教师教育，美国德克萨斯大学学者富勒编制了《教师关注问卷》，采用问卷调查形式，提出了“教师关注阶段理论”。他认为，在成为专业教师的过程中，教师所关注的事物是依据一定的次序更迭的。在教师的成长经历中，所关注的四个阶段分别是：教学前关注（pre-teaching concerns）、早期生存关注（early concerns about survival）、教学情境关注（teaching situations concerns）、关注学生（concerns about students）[③]。

富勒的“教师关注阶段理论”还可以总结为自我关注（self concerns）、任务关注（task concerns）和影响关注（impact concerns）三个发展阶段，尽管没有囊括教师发展的方方面面，但是对以后教师发展阶段理论的发展起到了奠基作用。“关注自身—关注教学—关注学生”的发展模式也是教师生涯发展的一般规律。同时，富勒的“教师关注阶段理论”重点是为教师的职前培训服务，因此，这套关注理论在师资培训方面具有很重要的参考价值。

---

① 魏晨明.名师成长论——名师成长的模式、机制和规律研究[D].济南：山东师范大学，2007:21-24.

② 赵昌木.教师成长研究[D].兰州：西北师范大学，2003:61-84.

③ FULLER F F.Concerns of teachers: a developmental conceptualization [J].American Educational Research Journal, 1969, 6(2): 207-226.

2.休伯曼（Huberman）等的教师职业周期主题模式

1979年，休伯曼等人通过对瑞士教师的调查研究，结合教育心理学和社会心理学的研究方法，提出了著名的“教师职业周期主题模式”。他将教师职业发展分为：入职期（career entry）、稳定期（stabilization phase）、实验和歧变期（experimentation and diversification）、重新估价期（reassessment）、平静和关系疏远期（serenity and relational distance）、保守和抱怨期（conservation and complaints）以及退休期（disengagement）等七个阶段①。

休伯曼等人更加具体和细致化地研究了教师职业周期，他们探究了每一阶段的发展主题，并且依照教师对发展主题的认识和理解不同，区分出不同的发展路线，可以说休伯曼的理论更加详细且有针对性。

3.伯顿等的教师生涯循环发展理论

1980年，美国俄亥俄州立大学的伯顿、纽曼（Newman）、皮特森（Peterson）、佛劳拉（Flora）对处在不同教学生涯发展阶段的教师进行了严密有序的大样本访谈研究，提出了“教师生涯循环发展理论”。伯顿等认为教师发展经历了三个阶段：求生存（survival）、调整（adjustment）和成熟（mature）②。

伯顿等人是以数据的收集、整理为基础推进研究的，通过数据整理而得出的研究结果无疑更具严密性和科学性，大样本的数据分析突破了以往访谈对象少、受地区分布限制等缺陷。但与卡茨一样，也未能对教师成熟期之后的发展加以研究。

4.费斯勒的教师生涯循环论

1985年，美国约翰·霍普金斯大学的费斯勒从生命的自然老化过程及生命周期的角度，通过观察、访谈、调查以及梳理人类生命发展阶段的文献等方法来研究教师专业发展的历程。他将教师的职业生涯发展分为：职前教育（pre-service）、引导（或入职）（induction）、能力形成

① HUBERMAN M，SCHAPRIA A.Cycle de vie et enseignement：Changements dans les relations enseignats[J]. Cymn asium helveticum，1979（1）：113-129.

② NEMAN K K，BURDEN P R，APPLEGATE J H. Helping teachers examine their long - range development [J].The teacher educator，1980，15（4）：7-14.

(competency building)、热心成长（enthusiastic and growing)、职业挫折(career frustration)、稳定和停滞（stable and stagnant)、生涯低落（career wind down)、生涯退出（career exit）等八个阶段[①]。

费斯勒还研究了影响教师职业发展的因素，确定教师专业发展受到教师个人及其职业背景两方面因素的影响。个人因素有家庭因素、积极的关键事件、生活中的危机因素、个人的脾气和嗜好等，职业背景因素包括学校规则、管理类型、公共信任、社会期望、专业组织和社团组织等。费斯勒的“教师生涯循环论”提供了一个较为完整的纵贯教师生涯的理论框架，对教师的职业生涯规划以及各个阶段的发展具有重要的参考价值。

5.卡茨等的教师发展时期论

1986年，卡茨等采用访谈和问卷法研究学前教师的培训和发展，提出了“教师发展时期论”，把教师的发展分为：求生存（survival)、巩固(consolidation)、更新（renewal）和成熟（maturity）四个时期[②]。

卡茨等提出的教师发展时期论，对于洞察教师发展的不同阶段具有重要的理论价值。卡茨等提出的教师发展时期论虽以学前教师为研究对象，但其内容对满足中小学教师训练需求，协助教师专业成长同样具有十分重要的借鉴意义。但此理论对于教师的生涯过程，教师的挫折感和倦怠期以及是否陷入停滞，是否继续追求教学专业上的卓越与继续成长研究不深，这也是教师发展阶段早期研究的通病。

6.伯利纳的教师教学专长发展五阶段理论

1988年，伯利纳以教师经验的形成为依据，提出教师发展经历了新手（novice)、熟练新手（advanced beginner)、胜任（competent)、能手(业务精干)(proficient）与专家（expert）五个阶段[③]。

伯利纳的教师教学专长发展五阶段具体为：(1）新手阶段。这一阶

① FESSLER R.A model for teacher professional growth and development[C]//BURKE P J.Career-long teacher education.Springfield IL:Charles C Thomas Pub Ltd.,1985:46.

② RATHS J D,KATZ L G.Advances in Teacher Education(Vol.2)[M].New Jersey:Ablex Publishing Coporation,1986:192.

③ BERLINER D C. The Development of Expertise in Pedagogy[J].Beginning Teachers. 1988(2):35.

段的教师称为新手、生手或无经验的教师，是指大学刚毕业就从事教师职业的人或者是正在进行教育实习的高校学生。(2) 熟练新手阶段。随着教学新手对教学活动的逐渐适应，以及教学经验的进一步积累，他们不断地成熟，进入发展的下一阶段，即熟练新手阶段。(3) 胜任阶段。处于胜任阶段的教师与新手、熟练新手时期的教师有两个明显的区别。第一，他们会有意识地主动地选择教学内容，会根据教学内容确定教学重点、难点并制订教学计划，此时他们已经知道采用何种教学方法进行教学。第二，他们在讲课时，能很好地把握重点与难点，让学生能很轻松地掌握。(4) 能手（业务精干）阶段。从教几年以后，就会有一定数量的教师进入业务精干阶段，成为业务精干教师。(5) 专家阶段。绝大多数教师可以发展到业务精干阶段，但是能达到专家阶段的就不多了。专家阶段的教师凭直觉就能把握教学，对于教学他们轻车熟路，就像说话、走路一样运用自如，在教书和育人方面能有自己的独特见解。

7. 司特菲（Steffy）的教师生涯的人文发展模式

1990年，司特菲根据人文心理学派的自我实现理论，建立了教师生涯的“人文发展模式”。司特菲将教师生涯划分为：预备生涯（anticipatory career）、专家生涯（expert master career）、退缩生涯（withdrawal career）、更新生涯（renewal career）、退出生涯（exit career）五个阶段①。

司特菲指出，教师在更新生涯阶段可采取积极应对措施度过低潮，转而继续追求专业成长，这是对费斯勒理论的超越。司特菲的理论比其他理论更完整，比较真实地描述了教师生涯的发展历程，着重讨论了教师进入成熟期之后可能出现的低落、停滞并重新进入发展阶段的问题。

综上所述，教师专业发展过程的理论研究有诸多共同之处：①承认各个阶段都有发展的个别差异；②把教师在环境压力下所产生的需求看成是教师专业发展的动力；③充分注意教师在各个发展阶段上具有的特性和兴趣；④把着眼点集中在教师随着时间的改变而发生的种种变化上；⑤多数理论对教师发展阶段的变化描述侧重教师实际上已发生的变化；

① STEFFY B.Teacher Career Development Pattern[J].Teacher Development, 1990, 12(3): 29.

⑥多数理论把教师职前的教育和在职的专业发展联系起来，把两者看作是一个完整的、持续的专业化发展历程；⑦教师专业发展的目的在于使教师不断适应变化着的教学环境，不断增长专业能力，从而胜任其角色，进而达到自我实现的境界[①]。

二、终身教育理论

终身教育理论的萌芽可以追溯到人类社会伊始。早在古代，中国就提出了“活到老，学到老”的思想。但是，终身教育成为一种面向公共的教育活动，则始于第一次世界大战后英国的成人教育，揭示了成人教育不仅应是普遍的，还应是终身的。1965年，在联合国教科文组织的成人教育促进国际会议上，法国著名的终身教育思想家和全世界终身教育的开创者保罗·朗格朗（Paul Lengrand）正式提出“终身教育”。短短几十年，“终身教育”已经传遍世界各个国家。

终身教育的终身性，是把教育当成一个持续不断的学习过程，是人一生中受到的各种培养的总和；终身教育的全民性，是指每一个人都要受到终身教育，事实上，现今社会的每一个人要想生存就不能脱离终身教育；终身教育的广泛性，是指教育形式多样，可以是家庭教育，也可以是学校教育或者是社会教育；终身教育的灵活性，是指学习不受限制，可以想什么时候学就什么时候学，怎样学、学什么、在哪学都可以由自己决定，终身教育具有灵活多变的特色。

在我国，自20世纪80年代后，终身教育的概念与理论被迅速接受并应用到实践中去，积极推进了我国教育体制的改革与发展。1999年1月13日，国务院批转了教育部1998年12月24日制定的《面向21世纪教育振兴行动计划》（以下简称“行动计划”），对构建中国的终身教育体系做出了系统又深刻的阐述。“行动计划”中指出：“建立和完善继续教育制度，适应终身学习和知识更新的需要。有条件的高等学校要开设继续

① 李瑾瑜，柳德玉，牛震乾．课程改革与教师角色转换[M]．北京：中国人事出版社，2002：71.

教育课程，建立继续教育基地。要依托现代远程教育网络开设高质量的网络课程，组织全国一流水平的师资进行讲授，实现跨越时空的教育资源共享，向各行业的管理人员和专业人员提供多种继续教育课程。要发挥高等教育和中等专业教育自学考试制度的优势，不断扩大社会成员的受教育机会。”

我国基础教育课程改革提倡终身教育的思想，要求中小学教师建立终身教育的思想观念，拥有终身学习的能力。研究名师专业成长的历程，需要把名师放在终身教育的理念中研究，从而凸显教师专业成长是一个持续性的过程、终身学习的过程、终身教育的过程。

三、合作学习理论

合作学习理论主要是以小组学习的形式，根据一定的合作性程序和方法，促使成员在小组中共同学习，利用合作性人际交往促使成员各方面协调发展的教学策略体系。合作学习理论认为，合作学习既是一种以学习小组为基本形式的教学活动，又是一种以教学动态互动合作为能力资源的教学活动。

名师工作室是一种教师的学习共同体，共同学习促进教师们专业成长。教师们会根据课程需要在一起合作学习，这是对课程知识范围有限单一形式的一个补充，增加了学习的机会，促进了多元化发展课程，教学做合一，互相学习，共同发展。名师工作室的建立就是为了促进教师之间相互合作，共同学习发展的。

四、校本理论

校本理论是在新一轮基础教育课程改革的背景下，我国教育理论与实践工作者借鉴西方校本理论而形成的理论。校本理论重视学校自身的力量，倡导学校自主发展和办学实践。它主张在政府宏观调控和社会的参与下，学校自主办学、自主发展。它具有多种不同的发展指向和发展路径，表现出多样的发展形态。学校为本、自主发展、特色发展是它的最重要的内涵与特质①。校本培训指的是教师校本培训，是一种以学校为基础，提供必要课程和人员而开展的师资培训模式。校本管理是以学校为基础的管理，是一种权力下放的学校管理思想和模式，强调教育行政部门给予学校更大的权力和自由，使学校教师成为自我管理和自我发展的主体，可以根据自身的需求确定自己的发展方向，从而提高学校管理的有效性。名师工作室就是这样一种工作形式，学校参与管理，名师带头开发课题、探讨学习，培养青年教师共同成长。

① 蔡守龙.校本发展的内涵与特质[J].江西教育科研,2007(3):3-6.

第四章　名师成长规律

教师的专业成熟无疑需要经过一个长期的发展过程，从一个新教师成长为一个合格的、优秀的教师乃至知名的教育家，不是一蹴而就的，需要经历一系列的发展阶段。因此，对教师成长的周期和规律的研究，能为教师指明个人的专业发展道路，为教师的专业学习和训练提供必要的帮助。

一、名师成长的影响因素

虽然由于所处的时代与经历各不相同，名师的成长呈现出不同的特点，但是仍然有许多相同的基本要素共同作用和影响着名师的专业成长与发展。名师的专业成长与发展，不仅受到内在因素的制约，而且还受到很多外在因素的影响。

（一）影响名师成长的内在因素分析

在名师的专业成长历程中，内在因素起着重要作用。通过对很多中学化学名师的调研与访谈了解到，影响他们专业成长的内在因素包含职业规划、职业道德、职业热情、教育理念、职业倦怠、学习意识、实践探索、科研探究等，其中职业热情、学习意识、实践探索、科研探究对他们的专业成长至关重要。

1.职业热情

热爱自己的职业是名师成长的共同特征，尽管有些名师一开始并不十分热爱自己的职业，但是随着从教时间的延续，他们最终都深深地爱上了自己的职业。如安徽省霍邱一中杨明生老师在博文中这样写道："当初也许只是为了生存才选择了教师，但既然走出这一步，那就努力去负起责任吧。我们都是为人父母的，或总要为人父母的，有了爱的本能，也就有了教育的基础。"对学生的热爱，是师德的核心，是名师成长的关键，是一种重要的教育力量。对教师职业的热情，对学生的热爱，是名师成长的重要动力和推力，职业热情是名师教有所成的基础和前提。

2.学习意识

名师作为优秀的教育工作者，读好书，才能教好书。在与名师的访谈和对他们的观察中发现，学习学科知识、学习教育教学理论、学习通识知识、向专家学习、向同行学习等都是成为名师所必需的要素。名师是终身学习的代言人、守护者。学习能使人坚定自身的理想与信仰，追求卓越的精神和科学的态度，使自己成为教师中的杰出人物、代表人物。

3.实践探索

教师是一种实践性很强的职业，实践出真知，实践出名师。一个教师从入职的新手教师成长为成熟的教师，再发展为名师，需要在课堂中摸爬滚打，不断提升自身的教育教学能力。没有长期的教育教学实践经历，就不可能发展成为名师，丰富的教育教学实践经验是成为名师的必要条件。如安徽省芜湖市十二中邓仪老师在2010年去西藏送教讲学，强烈的高原反应并没有打败她，在西藏的高中课堂上，她依然坚持教学，坚持实践，扎根实践，并在教育教学实践中不断思考、探索、成长。正是持续的教育教学实践的探索，名师形成了自己独特的教学风格，收获了自己的成长与成功。

4.科研探究

教师若要成为专业的科研工作者，就不能只满足于自己的经验，而必须要有做研究的意识和能力，要有做科研的精神。杨明生老师在从教30多年间始终坚持做科研，他具有敏锐的问题意识，在做科研的过程中，不断地对教学实践进行反思，深入探究教育教学问题，化问题为课题，发表文章数百篇。此外，杨老师还坚持写作，记录自己在教育生活中的思想感悟，他的博客累积字数已达上百万字。写作是一种总结，整合零散的实践、科研与思考，形成系统的成果；写作也是一种反思与提升，通过不断地反思自己教育教学方面的不足，间接提升自我教学实践能力。

（二）影响名师成长的外在因素分析

名师在成长过程中，除受到自身因素的制约，还受到很多外在因素的影响。外在的时代背景、学校文化、教研组氛围、人际关系、公开课教学、教研活动、课题研究、评价激励政策等影响因素，为名师的专业成长提供了契机、物质保证与精神关怀。通过访谈了解到，时代背景、学校文化和人际关系对名师成长的影响最大。

1.时代背景

人才是一定社会历史时代的产物，人才的成长总是受到时代背景的制约，时代不同，对教师的要求也是不同的。现今，我们处在“科教兴国”“人才强国”的伟大时代，《国家中长期教育改革与发展规划纲要（2010—2020年）》提出要大力推进课程改革，全面深化素质教育。我国社会安定、经济繁荣，对教育高度重视，势必会产生一批批优秀的教师。杨明生老师正是在这种时代背景下，抓住专业成长的“关键期”，被破格评为特级教师，突破专业发展的“高原平台期”，成为一名基础教育学科名师。

2.学校文化

名师的专业成长要有一定的空间，让他们在这空间里与他人交流思想、分享经验、倾诉人生，从而不断展现自我、锤炼自我、提升自我。优美的校园环境、先进的教学设备、大展抱负的教学岗位、与时俱进的教育教学改革氛围、公开课、教学研讨、校本培训等，这些都为名师的专业成长提供了保障。例如，有很多年轻的教师就是通过学校“名师工作室”来不断进取、互相学习的。名师工作室的建立给教师提供了一个在交流教学知识以及经验方面的互惠互利、优势互补的平台。

3.人际关系

从人的社会属性看，每一位教师都生活在人际关系的网络中，名师的成长某些时候就是在与他人的交往过程中实现的。与领导、专家、同事等之间的人际关系，是影响名师成长的重要外在因素，良好的人际关系对名师的专业成长非常重要。邓仪老师在被问及什么人对她的影响比较大时，她说："最主要还是父母。"在访谈中还了解到邓老师来自教师家庭，从小受到父母的熏陶和教育，自幼就喜欢教师这一职业，高考时填报了师范专业。家庭中的关键人物（如父母）对子女未来社会角色的主观看法和判断，包括希望子女未来从事何种职业，对子女的成长具有很重要的影响作用。此外，领导对名师的成长也有重要影响，领导的信任是名师成长的助力，是名师取得成功的坚实基础。领导敢于把教育教学及管理的重任交给教师，为教师发展提供平台，这些都源于领导对教师的信任。领导的表扬与宽容能使教师在专业成长中更加自信，更加奋进。同时，专家的引领使教师专业成长更加健康快速。1994年，杨明生老师在中国教育学会化学教学专业委员会第四次年会上认识了山东师范大学的毕教授，结识了《中学生数理化》编辑部的侯主任，杨老师潜心向他们学习，在领悟他们的教育思想的同时，学习他们的教学策略与机智，学习他们的经验。在实践中，杨老师潜心研究课题，撰写教科研论文，对教育行为进行深入研究，并开发校本课程。

二、名师成长的基本规律

名师如何成长，到底有没有规律可循，这是教师们所关心的问题，是值得研究与探索的新课题。

厦门一中的李为老师认为，人的成长有一个动力系统，每个人的动力系统各不相同，因而其发展水平也不相同。一个教师能够成长为名师，在于他有比一般教师更强大的动力系统[①]。因此，名师的成长与以下因素有关：敬业、反思、学习、研究、实践、引领、和谐、创新。

说到底，名师是在长期的学习实践、教育教学实践中成长起来的。它是一个在实践中自我完善、教学相长、坚持研究、勤于探索的长期的

① 李为.名师成长的研究与探索[EB/OL].(2013-08-04)[2018-01-04]. http://www.jxteacher.com/360123001001220065/column62830/4a25773f-3c21-408f-aca4-e5e8d29428be.html.

系统的工程。

魏晨明在他的硕士论文中将名师成长与发展的规律划分为以下四个阶段：

（1）入职适应期。这时教师要实现两个转变：一是由师范生向教师的角色转变，二是由教学知识向教学能力的转变。研究认为，这在名师成长的全部历程中是最主要和最关键的阶段。

在这一阶段，鼓励新教师学习优秀教师的教学、教育和管理模式及技巧，有足够的听课观摩、备课研讨、思考反馈的时间和空间保证，对于他们尽快缩短适应期，成为基本胜任教育教学工作的适应型教师，是至关重要的。

（2）成熟胜任期。在这一阶段，青年教师都有继续发展的压力和动力。这时，他们就会出现分类、分化发展的情况。绝大多数青年教师会在教学实践这一轨道上持续努力，从全面掌握和提高自己的教育教学管理技能技巧入手，继续第一阶段两个转变的进程，成为基本功扎实娴熟、教学经验丰富、教学实效明显的经验型教师，并从原有群体中分化出来，成为学校领导放心的胜任教师。

（3）高原平台期。在名师成长的历程中，一般会在某阶段出现停滞不前的现象，称为“平台现象”或“不成长现象”，这一阶段又称为名师成长的“高原平台期”。这是所有名师成长过程中都有可能出现的现象。这对名师的专业发展无疑是一个危险因素，从一定意义上讲，大部分教师之所以不能成为名师，可能就是因为其无法突破“高原平台期”。

（4）成功创造期。能进入这一阶段的教师，一般已经任职20~30年，年龄在40~55岁，处于教师工作的最佳状态，可以称为成功创造期。处于这一阶段的教师的特征是有创新精神和能力，教学风格与模式个性化，开始总结、提炼自己的教育教学观点和理论，教学科研成果丰富且有分量，在校内外已产生了较大影响，实施着自己个性化的教学。

方健华认为[①]：名师的成长有几个相对独立又衔接的阶段，名师成长

① 方健华.名师专业成长的规律、影响因素与机制——基于名师成功人生的解读[J].教育发展研究，2011(Z2)：70–78.

是一个反复实践、不断提高的阶段性发展过程，是一个不断跨越教师人生的栅栏、追求成功的过程。同时，要进一步认识到名师成长是比较复杂的，仅以对若干名师的成长个案进行典型分析为基础来构筑名师成长的阶梯，只能描绘出一条平直的理想化的金光大道。事实上，名师成长的道路充满了坎坷、曲折甚至歧路，且极具个性化，但是从名师的成长经历来看，良好的教师专业发展机制扮演着很重要的角色。因此，他提出以下几点建议：

第一，建立科学的教师专业标准与完善的教师准入机制，重视“入职适应阶段”教师成长关键期的培训与教育。

第二，建立良好的“自主发展”与“养用结合”相协调的专业成长机制，帮助教师正确处理好“抓住机遇与成才发展”的关系。

第三，建立科学的发展性教师评价与激励机制，帮助教师努力突破专业发展的“高原平台期”。

总而言之，名师成长是一种艰难曲折的复杂性专业发展历程。就名师个体的成长而言，其成长水平与任职年限有关，但并不必然相关，既取决于其自身素质和条件能否实现整体完善和跨越式提高，也取决于外部机制能否有效地帮助教师尽快缩短入职适应的关键期，突破发展的高原期，安然度过职业发展危险期，并保持成熟期应有的水平。

三、名师成长与教学主张

教学主张是名师“教育自觉”的关键性标志。名师应当有也必须有自己的教学主张。名师应当是思想者，是“反思性实践家”，而教学主张正是对教育教学深刻思考后所形成的一种见解、一种思想，不仅表达了对事业、对学生热爱的情感上的自愿，也表达了理智上的自觉。

教学主张是名师成熟、成功的核心因素，它在很大程度上表达着教师成熟的程度和专业发展的深度。

教学主张是名师产生和保持影响力的重要原因，是具有影响力的名师与一般名师的显著区别，是教师从优秀走向卓越的专业生长点。

余文森认为，要把优秀教师培养成为卓越教师，最核心的工作就是帮助他们提炼自己的教学主张，并围绕教学主张开展系统的理论和实践研究。可以说，教学主张是迄今为止我们找到的培养卓越教师的一把金钥匙[①]。

一名优秀教师可能经验丰富、教学有方，可能论文不少、著作等身，可能获得了各种荣誉。但是，缺乏自己的教学主张，从专业上讲，他依然还是一个无“家”可归的“流浪汉”“门外汉”，没有专业精神和学术追求的归宿，他很难产生专业和学术上的影响力。

名师发挥专业影响力依靠的是自己的学术造诣，而学术造诣就集中体现在他的教学主张上，教学主张不仅能反映教师独特的教学思想和理论，而且能体现教师教学专业成熟的水平，代表教师一生的专业成就。

就名师个人而言，提炼自己的教学主张实际上就是“给自己树立一面旗帜”，“自己定义自己的教育”，这个过程是教学品牌和新的教学理论的培育与创立的过程，是往教育家方向发展的过程。

提炼教学主张，就是引领教师从教学经验走向教学理论，从教学思考走向教学思想，这是促进教师从优秀走向卓越，从而实现自我超越的专业生长点。

提炼教学主张也是打造名师的“第三只眼睛”，让名师独具慧眼，能够于平凡中见新奇，发人之所未发，见人之所未见。

四、问题探讨与对策建议

（一）问题探讨

当前，全国各地众多“名师工程”纷纷“开工”，传达出社会、政府部门对优秀教师的重视，对多出教学名师的渴望之情。然而在名师工程的实施过程中，也出现了一些亟待解决的问题[②]。

---

① 余文森. 教学主张：打开专业成长的“天眼”[J]. 人民教育，2015(3)：17–21.
② 许泽能. 中小学教学名师培养问题研究[D]. 长春：东北师范大学，2016：16–22.

1.评选标准各异，各自为政

通过调研发现：从教师专业层级来看，有的地方把教学名师看作特级教师之下的优秀教师层级；有的地方则认为教学名师是本地最高层级的优秀教师，教学名师培养对象包含了特级教师，特级教师不一定是教学名师培养对象。

从行政层级来看，省、市、县、校都确立了教学名师培养工程，培养自己的教学名师。各级教学名师的评选培养，都有自己的标准，各级之间的评选培养没有必然联系。如省级教学名师培养对象的评选往往不会把必须是市级教学名师作为评选的必要条件，而市级教学名师培养对象的评选也不会把必须是县级教学名师作为评选的必要条件。

从名称来看，各地教学名师培养工程对教学名师培养对象的称号各有不同，有的称为“教学名师培养对象”，有的称为“教育名师培养对象”，有的直接评定为“教学名师”，有的把省、市、县教学骨干也称为“教学名师培养对象”。

2.培养目标泛化，引领乏力

很多地方的教学名师培养目标囊括教师专业共性的专业情感、专业精神、专业理论、专业技能、专业研究等方面，培养目标宽泛，面面俱到，没有突出教学名师之所以为名师最内核的名师特征，如鲜明的教学主张，与教学主张配套的操作方法以及教学风格等。正因为教学名师培养主题不集中，与一般优秀教师的培养目标相似，所以要实现培养名师的终极目标，就显得对名师培养工作的引领乏力，对名师的成长目标引领乏力。

3.重评轻培，忽视培养过程

教学名师的成长需要个人努力，也需要外在因素影响，教学名师培养的过程是否扎实，决定了培养的成效。在实践中，一些地区出现评选教学名师培养对象的过程很严格，却忽视培养过程，也就是重评轻培的问题。

4.重用轻养，缺乏专业引领

有些地区评选教学名师的目的是让其作为工作室主持人，培养其他教师，对其自身专业内涵的提升缺乏有效的外在培养。这种教学名师培养工程的重用轻养现象，导致教学名师成长缓慢，教学名师沦为培养一般教师的工具。

5. 重通识轻学科，针对性不强

各地在教学名师培养工程的实施过程中，常常组织中小学不同学科教学名师赴北京、上海、广州等教育发达地区参加集中高端研修，其课程设置主要是教育理念、课堂教学策略、学习心理等通识性课程，到名校跟学科教学名师学习往往蜻蜓点水，缺乏针对性的深度交流。名师培养对象开展的学科研究，也因为缺乏专业学科导师引领而研究水平不高。

还有各级名师培养没有形成梯级，区域内名师培养资源不足，区域内名师培养的成本较高，名师培养缺乏制度性的保障等问题。

（二）对策建议

针对各种问题，不同的学者从不同的角度都证明了名师需要一种制度来保证他们的工作、生活、学习，建立一种规范的、系统的、制度化的体系即“名师制”迫在眉睫。如何使“名师制”更加合理、规范、系统，可以从以下方面探讨。

1. 合理的评选标准

确立中小学教学名师培养对象的评选标准是教学名师培养的第一步。在评选过程中，往往有争议的是评委的评定，评委的主观性、情感因素、个人倾向等对评选结果是有影响的。虽然也有一些量化和细化的评定标准，但结果仍然存在一些争议。因此，在名师培养对象的评选过程中，应该使评定标准更加细化，要考虑各个影响因素之间的联系，如从内涵素养方面提出标准，包括师德师风、教育理念、科研能力、教学功底、个性心理、创新意识和发展内驱力，这些标准是决定能否成长为教学名师的必要条件，也使名师的培养更具可操作性。

有些地区把特级教师和市学科带头人作为培养对象，保证了教学名师培养对象为本区域最优秀的教师，因为优秀才更加可能走向卓越，这是评选教学名师培养对象基本而具体的标准。

2. 规范的评选程序

在教学名师培养对象的评选过程中，要广泛宣传动员，组织面试，着重考查申报者的教育情怀和成长愿望，让广大优秀教师明了参加名师培养需要重新定位自己，需付出艰辛努力。

3.系统的培养制度

在现实中，名师只是一个名号或者荣誉，无法充分体现教师专业特点，没有形成明确的专业要求。为此，需要建立各个层级的名师专业标准，形成专业考核评价机制，从而形成相对系统的常态化培养制度，使名师培养成为引领广大教师专业成长，克服故步自封、自我满足、职业倦怠、失去发展方向的重要手段。建立省、市、县、校的名师协同培养制度，使各个层级之间的名师培养对象形成专业落差且互相联系，规避各自为政、标准不一的问题。

名师的成长是一个长期的持续修炼的过程。因此，名师培养还需要持续的培养政策，构建具有可持续性的科学的后续培养机制。在一个培养周期结束以后，可继续进行跟踪管理，为其设立工作室，带动下一批名师培养对象，以实现持续的教学相长。

4.充足的培养经费

名师培养制度建设、组织保障都需要充足的经费才能落实并发挥作用，为促进名师队伍的培养建设，需要健全政府投入为主、多渠道筹措教学名师培养经费的体制。为此，需要建立全国性的教学名师培养指导性标准，地方上建立明确的名师培养经费机制，以促进优秀教师卓越发展。

综上所述，在我国，对中小学名师选拔、培养等的研究已经形成一定的规模，名师的发展为教育提供了许多积极的影响，也带来了一些问题。面对新的问题，需要用专业化、系统化、多元化、制度化的名师制度来提供支撑，才能使教师队伍更好、更快地发展。因此，要完善名师制，细化名师制，通过教学名师培养制度建设，推动优秀教师加速成长为教学名师，促使普通教师成长为教学名师，产生教学名师培养的规模效应。

我们有理由相信：一名教师从初登教坛发展成为合格教师，成长为骨干教师，升华为知名教师乃至教育专家、著名教师，这一目标的实现不是高不可攀的。这既是教师实现自身价值的需要，也是教育事业发展的必然要求。

实践篇

化学名师工作室巡礼

第五章　我国名师工作室研究与实践的回顾

从20世纪90年代开始，专业学习共同体在美国、英国等发达国家悄然兴起，成为知识经济时代背景下一种新的学校发展模式。名师是社会公共资源，为实现名师的社会效益最大化，加快构筑区域教育人才高地，近年来国内一些地方相继建立了不同层次和不同类别的名师工作室。实践证明，名师工作室作为一种专业学习共同体，已成为我国促进教师专业发展、培养优秀教师的新模式。在新的形势下利用知名教师示范作用引领优秀教师队伍发展，对于改善教师成长环境、建立有效的教研机制具有十分积极的意义。因此，名师工作室自诞生之日起便受到教育界的热切关注。

一、产生背景

1994年我国开始实施的《中华人民共和国教师法》规定："教师是履行教育教学职责的专业人员"，第一次从法律角度肯定了教师的专业地位。1995年国务院颁布的《教师资格条例》、2000年教育部颁布的《〈教师资格条例〉实施办法》使教师资格制度在全国全面实施。1999年我国出版的第一部科学分类职业的《中华人民共和国职业分类大典》首次将我国职业归并为八大类，教师属于"专业技术人员"一类。2001年4月1日起，国家初次开展了全面实施教师资格认定的工作。进入21世纪后，我国正式在文件中引入教师教育的概念，明确地提出了要把推进教师专业化发展作为任务，把教师教育一体化、建立开放的教师教育体系、改革教师教育课程和进行专业发展的教师的继续教育确立为我国教师教育改革与发展的方向。

目前，我国关于教师专业发展的研究主要集中在两个方面：一是教师专业发展需要经历的过程、阶段划分及特征问题研究，二是更好地促进教师专业发展的方式、方法及措施的研究。为了更有效地推动教师专业成长，我国在借鉴西方发达国家的教师专业学习共同体模式的过程中，不断结合自身实际，逐渐探索出以“名师工作室”为核心的教师成长共同体。

追根溯源，“名师工作室”最初源于艺术创作和新秀的培养。20世纪80年代后，“名师工作室”模式在高校教师培养中产生了比较好的效果，后来逐渐延伸到基础教育。目前已知国内最早的名师工作室是上海市卢湾区名师工作室。2000年9月8日，卢湾区教育局印发了《中共卢湾区教育局委员会卢湾区教育局关于建立“名师、名校长工作室”的通知》。这一文件的出台，标志着教育系统“名师工作室”这一新生事物正式面世。

接着，上海其他区也相继成立了“名师工作室”“学科首席教师工作室”“优秀青年教师协作指导组”等优秀教师培养团队。不久，江苏、山东、福建、安徽、河北等地教育行政部门也相继出台类似文件，对名师工作室的基本性质、建设目标、工作重点、组织建构、基本职责、保障机制等作出相应规定，名师工作室的相关机制得以逐步完善，具备了明显的组织特征[①]。至此，名师工作室得到推广。十余年间，名师工作室的组建从单一的政府行为逐渐演变为官方推进为主、学校自建与教师自组并存的发展格局。相应地，工作室运作的外部支持，如工作室申请、批复、挂牌、资金投入和成员筛选与准入，以及评价考核等机制日臻成熟；工作室的研修形式，如专题研讨、课例研究、阅读交流也日渐丰富。从时间节点来看，我国名师工作室的兴起与新课程改革相伴而生、交织并进。

名师工作室改变了过去作坊式“师傅带徒弟”的套路，也不是轻松散漫的“教学沙龙”，而是有明确目标和管理制度的研训组织，融自主

① 郭志明，蔡可，刘立峰．首个全国名师工作室发展报告[N]．中国教师报，2015-10-07(8)．

性、实践性与研究性于一体，探索个体与团队共同发展的新机制，是一个地区或学校优秀教师间合作互动、培养人才、打造品牌的有效途径，也为教师尤其是名师的专业发展创造了良好的环境。

近年来，全国许多地方的教育部门都进行了名师工作室的实践，培养优秀教师，进行合作互动的人才培养，为骨干教师提供更好的成长平台，对解决名师资源辐射、基层中小学师资队伍建设有积极意义。

二、研究现状

为了检索和统计有关名师工作室研究的文献，在中国知网以“名师工作室”或含“名师工作站”“名师工作坊”“特级教师工作室”“特级教师工作站”“特级教师工作坊”作为检索主题进行检索，检索结果为3 103篇文献（截至2018年10月）。对这些文献进行统计分析，结果如图5-1所示。

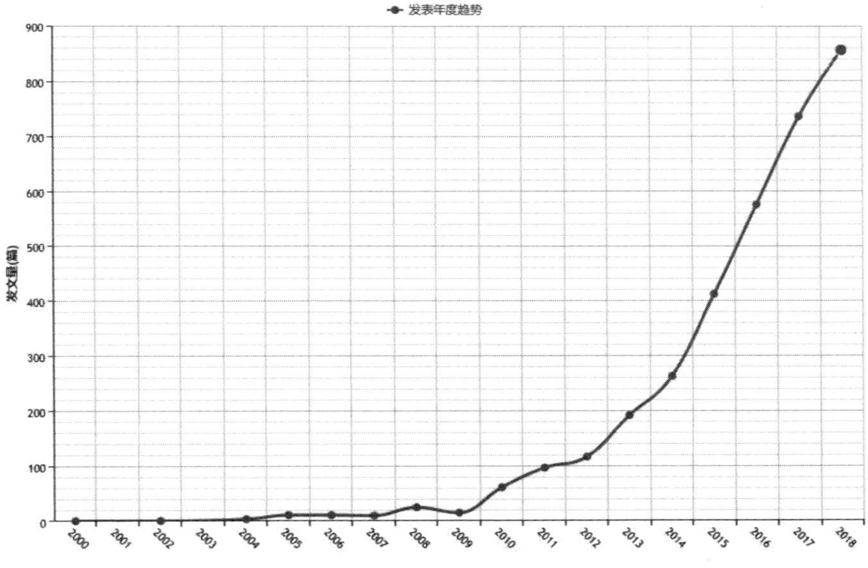

图5-1　关于“名师工作室”研究的发文量统计

由图5-1可以看出，自2002年开始，名师工作室研究的文献数量随年份呈上升趋势，2004年到2009年研究文献数量大致呈逐年增长趋势，2010年到2018年研究文献数量急剧上升，说明名师工作室的研究逐步受到学界的重视。

对以上3 103篇文献的检索结果进行研究层次分组处理，名师工作室研究层次与发文量数据见表5-1。

表5-1 “名师工作室”研究发文量按研究层次分类统计

研究层次	基础教育与中等职业教育	基础研究（社科）	高等教育	行业指导（社科）	职业指导（社科）	大众科普	政策研究（社科）	大众文化
发文量/篇	2 300	422	93	80	29	25	21	18
研究层次	文艺作品	工程技术（自科）	基础与应用基础研究（自科）	党的建设与党员教育	高级科普（社科）	高级科普（自科）	行业技术指导（自科）	—
发文量/篇	8	7	3	3	2	1	1	—

从不同层次文献研究状况可以看出，名师工作室研究的领域，主要集中在基础教育与中等职业教育。也就是说，名师工作室研究注重中小学教育，目的是通过名师带动中小学校的中青年教师专业发展。基础研究与高等教育的研究论文数量较多表现为名师工作室的课题有一定的理论研究高度，教育界以及高校研究的方向逐渐转向带动高校教学团队发展。

对以上3 103篇文献的检索结果进行关键词分组处理，名师工作室研究按发文量关键词排名前15位数据见表5-2。

表5-2 “名师工作室”研究按发文量关键词排名前15位统计

关键词	名师工作室	教师专业发展	名师	建设	专业建设	专业成长	职业教育	工作室	策略	教师	教师专业成长	学习共同体	高职院校	名师工作培养	机制
发文量/篇	291	43	37	26	25	19	18	18	15	13	13	12	12	11	11

由表5-2可以看出，名师工作室研究的主要关键词是“名师工作室”“教师专业发展”“名师”，还有一些关键词是“专业建设”“专业成长”“职业教育”“教师专业成长”“学习共同体”等，当前名师工作室的研究主要是在教师成长、名师、骨干教师、师资队伍等方面，真正深入其模式和运行，探讨怎样建设发展的研究较少。

对以上3 107篇文献的检索结果进行二次检索，输入“化学”和“安徽省”两词做主题检索，仅检索出1篇相关的主题文章，说明安徽省的化学名师工作室的研究论文更少，系统性的研究鲜有人开展。

三、工作目标

1.名师工作室的内涵

名师工作室也称名师工作站、特级教师工作室或名师工作坊，是一个以课题研究、学术研讨、理论学习、名师论坛、现场指导等形式对内凝聚、带动，向外辐射、示范，引领教学改革，促进教师专业化成长的团队组织。

2.名师工作室的目标

名师工作室究竟是为了达成什么样的目标而设置的？很多研究者围绕这一问题从不同侧面进行了解答[①]。

有的研究者侧重于名师工作室的教师培养目标。由于名师工作室具有目标性、实践性、团队性和学术性等特点，在打造师德高尚、业务精湛、富有活力、开拓创新的高素质教师队伍中理应发挥一定的引领作用。因此，有研究认为，名师工作室应实现“让普通教师或年轻教师成才、骨干教师成名、名教师更著名”的三重培养目标。

有的研究者侧重于名师工作室的教学活动目标，这突出表现在名师工作室诸多具体活动中。名师工作室以相应的教学活动为依托，很多研究也将其目标定位于活动的有效开展上。

① 韩爽，于伟.我国名师工作室研究的回顾与省思[J].东北师大学报(哲学社会科学版)，2014(5)：197.

有的研究者侧重于名师工作室的教育整体目标，从理论上认为名师工作室的目的在于创设一种相互支持和相互协作的学习氛围，不断打造一流的教师团队，不断创建学科教育的特色和品牌。这种观点无形中对“名师工作室”有了更高的期待。

其实，对于名师工作室目标定位的不同往往折射出研究者不同的价值预设，期望借助名师工作室的深入研究，达成相应的实践效果和改革目标。

总而言之，名师工作室旨在加强教师队伍建设，充分发挥名师在教书育人、教育科研、教师培养等方面的示范和引领作用，运用项目管理的理念和运作方式，为名师提供更大的发展空间，为新教师提供成长机会，创新教师队伍培养模式，发挥名师工作室以研带教的作用，对提高教学质量产生积极的作用。

四、价值功能

厘清名师工作室究竟具有什么样的价值功能，有助于深化对名师工作室的认识。从既有文献来看，研究者主要从以下三个方面对名师工作室的功能问题进行了研究[①]。

一是教师成长功能。有的研究者从教师成长角度阐述名师工作室的功能问题，认为名师工作室的首要功能是建立促进教师成长的平台、拓展名师自我发展的空间、不断开展学科教学示范、支撑学校发展、提升学校的影响力等。这种观点将名师工作室的功能集中于促进教师专业发展方面，侧重于从“师”的角度进行研究。

二是教学活动功能。有研究者从教学活动的有效开展角度对名师工作室的功能进行研究。这种观点将名师工作室定位于组织并开展教学活动的重要载体，应在营造学校教学活动方面提供平台。

三是系统性功能。有的研究者强调名师工作室是一个具有系统性功

① 韩爽，于伟．我国名师工作室研究的回顾与省思[J]．东北师大学报（哲学社会科学版），2014(5)：197-198.

能的平台，应具有多方面效应：促进名教师继续成长，为名教师带徒授艺提供载体，为促进师资队伍建设提供操作样本，为宣传名教师服务，为促进学校（区域）又好又快发展提供基础保障。这种观点不仅仅局限于教师和教学两个侧面，更集中于从宏观层面审视名师工作室的系统性功能。

总而言之，名师工作室的基本功能是拓展名师自我发展空间、建立教师成长平台、开展学科教学示范、支撑学校不断发展、主持科研项目和提升学校影响力等。

应该说，从不同的角度界定出不同的名师工作室功能，为我们呈现了较为清晰的脉络。然而，作为一个发展中的新生事物，名师工作室不仅具有教学、科研和人才培养功能，而且具有更多的生成性功能值得我们去认真关注和研究。

五、运行机制

组建名师工作室，是为了建立起优秀教师间互动合作培养人才的新机制，促进教育事业更好更快地发展。当前名师工作室的运作还处于探索阶段。

有的名师工作室注重教师的志趣，以共同愿景唤醒和协调成员的个人愿景，工作室研究方向和课题时时贴近课堂，重视自我约束[①]。

有的名师工作室以成员基础水平现状为操作点，以常态课堂教学研究为切入点，引导成员们观察、思考、交流、合作[②]。

有研究者认为，大多数名师工作室都是模仿教研室的功能，开展基础教研活动，一般由创设研究条件、明确研究任务、推动教师发展和传播教研成果四个方面构成[③]。

从以上分析我们会发现各个名师工作室都有自己独特的运行机制，

① 吴举宏.我是如何领衔名师工作室的?[J].中小学管理，2007(4)：22-23.

② 郎光，王德芹，陈朝祎.引领教师专业成长的新举措——创建名师成长工作室的实践与探索[J].当代教育科学，2007(10)：15.

③ 刘穿石."名师工作室"的解读与理性反思[J].江苏教育研究，2010(30)：5.

但是从这些运行机制中我们可以看出名师工作室还是以相互之间的对话交流为主，而不是由一个名师主导一切。

对于名师工作室究竟应该建立何种运行机制的问题，还有一些深入的探讨。武兴华认为，为了将名师工作室打造成为一个真正意义上的团队，应建立四种机制：独立运作的推进机制，导师负责的引领机制，必修反馈、过程共享的促进机制以及每月活动日的常规机制①。

鄂冠中认为，区域性的名师工作室应建立导师集体化机制、成员集约化机制、名师激励化机制、培养实效化机制、研训一体化机制以及辐射网络化机制②。

徐新民等认为，名师工作室的长效管理运行机制包括以价值导向、任务导向、行为导向为主的行政导向机制，以专业指导、任务落实为主的指导落实机制，以及以服务式的监督、激励式的保障为主的监督保障机制③。

各地教育行政部门通过多种工作模式，不断加强对名师工作室的引领，加大经费和政策的扶持力度，为名师建立工作室，并引导名师充分利用信息技术以及制度化的组织方式，建立远程学习平台，切实组织团队攻关，跨校、跨区协作等，有效发挥名师的领头作用，带动和促进一大批青年教师的专业发展，从而起到推动教学健康发展、推动教育均衡发展和成就学生终身发展的重要功能。

六、运行成就

经过十几年的发展，各地各种类型的名师工作室迅速崛起，其中一些已经发展得比较成熟，成为教师提升专业素养的重要途径。

1. 助推一线教科研活动

有了名师工作室这一平台，名师工作室主持人的教育教学思想和经

① 武兴华."名师工作室"内涵建设三要素[J].教学与管理,2012(4):21.

② 鄂冠中.区域性名师工作室运行策略摭谈[J].中小学教师培训,2012(6):22.

③ 徐新民,缪爱明.名师工作室的长效管理运行机制[J].教育理论与实践,2012(26):18.

验获得了更多的实践路径和机会。一方面，为各种正式的研究活动搭建了学校教育研究活动的框架，专业读书活动、定期会课活动、定量作业递交与评改活动以及各种沙龙、座谈、研讨、报告等，有力地支撑起学校教研、科研活动的总体架构；另一方面，在正式活动框架的指引下，名师工作室成员及其他相关教师获得了更多研究、思考、实践的机会，平时的教育实践在更深的层面上受到科研活动的积极影响。

2.促进实现新的教育主张

共同的理念让名师工作室成员更投入地工作，定期会课，定期研究，不断创新课堂设计、课外活动设计。构建了新的课程系列，优质课例不断聚集、连缀、融合、互生，使不少名师工作室逐步建成具有工作室特色、学校特色、地域特色的课程系列，并渗透到学校或地区课程框架之中，为丰富学校特色课程作出了贡献；优化了新的教育主张，许多特定的教育主张在大量的实践活动中，内涵不断得到丰富，细节不断得到打磨，许多原本模糊的概念、方法、理论得以逐步厘清；孕育着新的教育流派，具有相似特质的名师工作室在互动和交流中不断碰撞，汲取新营养，在保持个性的同时，一些符合时代特征和需求的共性特征逐步形成并被提炼出来，教育流派就在这一过程中不断得到孕育、发展，乃至悄然成形。

3.引领教师团队化发展

名师工作室自身的不断发展，其实是主持人带领每一个成员共同发展。在这一过程中，新生力量有更多的机会得到专业化引领。名师工作室成员的不断成长，对教师具有强大的榜样示范作用，教师专业成长的动力得到有效激发。

4.构建良好的教育科研生态

名师工作室主持人基本来自一线，其教育思想和实践经验成长于一线肥沃的土壤，具有极强的针对性和适应性。将这种研究方式、工作态度传递给成员，传递给圈子内外的教师，形成了更富有活力的研究群体。活跃在全国各地的名师工作室，以其鲜明的时代特征、地域特色，形成了教育科研的魅力大花园，构建了新时期教育研究百家争鸣的良好生态。

许多教育科研中的研究热点，借名师工作室的机制扩散和发展成为研究热区，又不断扩大发展形成了诸多热区之间的交集，进一步触发了新的研究热点、热区，不断孕育着新的研究方向。因此，名师工作室在某种意义上已经成为当前基础教育科研领域在全国各地的基础布点。

七、问题探讨

（一）研究方面问题

随着国家对教师专业发展实践载体的高度重视，我国各地纷纷创建了名师工作室，采用多种方法来提升名师工作室的辐射力和带动力，并形成了特色鲜明的研究样本。这些研究样本不仅有理论性较强的学术著作以及研究论文，而且有相关的工作材料、调研笔记以及阶段性经验总结；不仅有理论性的文字材料，而且有一大批电子文本。很多名师工作室均建立了自己的网站或博客，利用了讨论区、贴吧、微信、QQ群等信息交流工具，这些也在一定程度上丰富了研究文本，为“名师工作室”的后续研究与实践提供了更大的空间。从目前情况看，在研究方面还存在以下问题：

1.名师工作室的主体性研究相对匮乏

当前的名师工作室研究大多由教育科研主管部门以及高校相关领域的研究人员进行，这些分析在一定程度上都是以积极的观察者的身份进行的。虽然其中也涉及许多具有实证性的案例分析或事例解读，但作为名师工作室的主持者和成员鲜有以主体性身份进行的理论研究。这种在场性研究的缺乏使得当前的名师工作室研究难免会有隔靴搔痒的感觉。其实，我们更热切期盼名师工作室成员不仅借助工作室实现自身的专业成长，而且能够对这种教师专业发展的形式进行深刻反思，以期促进教师专业发展载体的良性生成。

2.研究者的研究方法较为单一

通过研究相关文献，不难发现大多数研究者采取个案研究法进行实践总结、反思，高度相似的实证研究并没有形成深入的理论探讨与观点争鸣。因此，如何在社会文化多元的时代背景下，更新研究范式和方法论，重新审视名师工作室的创建、运行以及相关问题，成为一种必然趋势。如对名师的叙事研究、对工作室成员的跟踪观察、对区域性名师工作室兴起的扎根研究等，将从方法论的意义上深化既有理论研究。

（二）运行方面问题

韩爽在其论文中从机制性困境和主体性困境两方面探讨了名师工作室在运行过程中遇到的问题①。

1. 机制性困境

（1）权责不明。

当前，从名师工作室主持人的确定、成员选拔、审核上报、协议签订到挂牌建立，整个名师工作室的组建及其运行，都具有浓厚的行政色彩，乃至名师工作室的活动计划到活动落实、名师工作室的成员组建与变更、名师工作室的经费筹集及考核评估，都是在当地教育行政部门的统一指导和安排下进行的。这种通过任命产生的，自上而下的带有一定强制性的层级式的权力结构对于名师工作室的开展干预过多。

作为工作室的主持人也常是心有余而力不足，特别是在成员的选拔上，很多年轻教师具有学习热情，渴望加入工作室，但是由于受到教育行政部门选拔条件的限制而被拒之门外。

名师工作室活动的开展，很多时候是受到上级教育行政部门指挥的，为了通过考核，不得不硬着头皮申请课题，不得不“拉关系”发表论文。

（2）时间冲突。

由于名师工作室的主持人和成员都是学校的骨干教师或领导，教学及行政工作使得他们分身乏术，无暇学习、研究、总结和提升。单靠工作室主持人对不同地区、不同县市、不同学校全体工作室成员进行常规性的管理是不现实的。虽然每位工作室成员分工明确，但因本职工作比

① 韩爽.以教师专业发展为指向的名师工作室运行研究——以吉林省中小学名师工作室为个案[D].长春:东北师范大学,2015:102-108.

较繁忙，很难有时间投入工作室的各项活动中。

（3）评估乏力。

名师工作室以三年为一个工作周期。在一个工作周期内，有关部门按评估标准，通过查阅资料、调查访谈、成果检验、影响检测等考核方式，对名师工作室进行每年一次的过程性评价和工作周期结束时的终结性评价。

每个工作周期的考核结果分为“优秀”“合格”和“不合格”三个等级。考核为“不合格”者，将撤销该工作室建制；考核为“合格”以上者，将自动进入下一周期的工作室建设；考核达到“优秀”者，将予以表彰和奖励。

名师工作室成员的考核由名师工作室主持人负责，主要依据培养方案考查其是否达到培养目标，分为年度考核和工作周期考核。年度考核“不合格”者移出名师工作室，同时可按有关程序吸收符合条件、有发展潜力的新成员进入工作室。

各个省份的名师工作室的管理制度虽然不尽相同，但通过整理各个省份名师工作室规章制度，可以发现：目前名师工作室评估都存在评估目的功利化、评估内容狭隘化、评估方法表面化、评估标准僵硬化、评估主体单一化、评估过程封闭化等问题。

（4）经费不足。

通过调研发现，名师工作室的经费主要来自教育行政部门的拨款，教育主管部门和下一级的教育行政部门共同按照一定比例配套资金提供相应经费。我们在研究中了解到，名师工作室资金常常不能按时到位，需要学校或者工作室主持人自己事先垫付才能保障名师工作室的正常运转。

2. 主体性困境

（1）名师远离教学一线。

虽然名师工作室在打造学科骨干教师、促使新的名师不断涌现等方面发挥了积极作用，但在众多的工作室中，有些工作室的名师远离教学一线，甚至已经退休，挂在他们名下的工作室并未真正运作；有些工作室还处于筹备阶段，没有正式挂牌；有些名师招纳若干成员，却很少组织教研活动，其工作室也形同虚设。

（2）名师难以形成辐射。

一些名师工作室过分倚重名师单兵作战，一旦作为核心和灵魂的名师离开或者停止发展，整个名师工作室也就难以运转了。而名师的教学风格和教学魅力又具有极强的个体差异性，在某种程度上难以复制。因此，名师工作室需要有丰富教学经验的名师来主持，更需要有着极强的教学理念和创新意识的名师来引领。

（3）成员合作意识薄弱。

名师工作室的主持人和其成员作为从事同一行业的同事，他们之间也会存在竞争，也会存在一定的利益冲突，这种不良的竞争和利益冲突难免会给名师工作室成员之间的合作和交流带来一些小障碍。

由于教师群体中的竞争关系，使得一些工作室成员缺乏自主合作的意识。这种个人主义的专业发展取向，在某种程度上阻隔了名师工作室成员之间的合作学习，这对名师工作室的发展、教师的专业发展造成了一定的障碍。

（三）其他方面问题

郭志明等在《中国教师报》上发表的《首个全国名师工作室发展报告》也较为全面地归纳了名师工作室运行的问题[①]。该文认为，作为新生事物，因其“新生”的性质，没有现成的经验可资借鉴，从全国范围看，名师工作室之间的相互交流还处于起步阶段，名师工作室的发展还存在定位不明确、发展不平衡、保障不到位、机制不成熟等问题。

1.定位不明确

一些名师工作室的价值取向不够明确，主要着力点难免有些摇摆，常常被学科基地活动、各种评优课活动、主题征文活动等左右，工作缺乏一以贯之的方向，缺乏持续动力。在许多情况下，有利于教师个人的

① 郭志明，蔡可，刘立峰.首个全国名师工作室发展报告[N].中国教师报，2015-10-07(8).

职称、荣誉的项目往往受到重视，其他项目被边缘化。少数名师工作室热衷于个人的成名，主持人变成“工头”，成员变成“打工者”。名师工作室开展活动，跟风倾向比较明显，缺乏具体的目标指向性。

2.发展不平衡

首先是地区发展不平衡。沿海地区、经济文化发达地区名师工作室数量多、活动频繁、影响力较大，而内地、经济文化欠发达地区名师工作室数量较少。其次是学科不平衡。传统的语文、数学、外语等大学科名师工作室较多，影响力也相对较大，而艺术体育类、劳动技术类名师工作室数量较少，即使有，活动面也相对狭窄。再次是活动持续性不平衡。有的名师工作室刚组建时轰轰烈烈，组织的活动也有声有色，但一段时间后，活动开始降温，有的名师工作室甚至销声匿迹、名存实亡。

3.保障措施不到位

当前，名师工作室分为多个档次，市、县、区一级命名的名师工作室保障措施比较有力；学校一级的名师工作室，没有活动场所，活动经费往往也没有保障。大多数名师工作室成员是学校的骨干力量，课务、事务都很繁重，家庭生活负担也比较重，少数名师自觉或不自觉地降低了工作要求，有些团队成员实际上很少参与活动。

4.机制还不成熟

一是团队协同机制不成熟。比如有些名师工作室主持人的专长在教育科研，对如何引领成员共同成长没有明确思路。二是交流互动机制不成熟。成员在同一所学校，运行相对顺畅；而成员分布在不同学校，活动开展难度较大，特别是跨地区、跨省份的交流，更是受到各方面因素的制约。三是评价考核机制不成熟。目前，对于名师工作室的考核，大多数地区只是针对开展活动的次数等形式上的指标考核，而对名师工作室活动在日常教育教学中的工作成绩和教学效果评价不足。

综上所述，名师工作室伴随着基础教育深化改革，在教师专业成长的过程中正不断呈现其前所未有的独特魅力。从这个角度来看，名师工作室是一种特殊的社会共同体，也是一种学习型组织在基础教育情境中的演化。可以说，名师工作室集科研、培训于一体，充分发挥了名师在教师专业成长中的辐射、引领和示范作用，不但为教师自身专业发展提供了科研、实践、学习平台，而且实现了名师资源的区域共享。

如果说从名师的脱颖而出、名师工作室成员的精心选拔以及名师工作室中的运行逻辑等维度所进行的研究是一种横向的、微观的探索，那么我们还需要从名师工作室在教师专业发展过程、教师成长共同体、教师个体成长过程以及教师自我建构等多个维度进行纵向的、宏观的审视。

第六章　安徽省化学名师工作室建设概览

为了了解安徽省化学名师工作室的现状，总结安徽省化学名师工作室建设经验，我们采取问卷调查法、访谈法对安徽省化学名师工作室的建立建设状况进行了跟踪调查，发现安徽省化学名师工作室的建设卓有成效，在运行机制、培养模式、管理经验等方面的做法特色鲜明，值得总结与推介。

一、安徽省化学名师工作室基本信息

根据安徽省各市委组织部、人才办、教育局相关文件精神，为充分发挥名师的示范、引领和指导作用，加快优秀教育教学人才成长和骨干教师队伍建设，安徽省从2009年起在各市、县启动建立化学学科名师工作室。

经问卷调查、实地走访后，对有关资料进行统计整理，得到全省化学名师工作室的基本信息。

1.安徽省化学名师工作室概况

安徽省化学名师工作室的建立高峰期在2013—2016年，见表6-1。

表6-1　安徽省化学名师工作室概况（截至2017年）

市	化学名师工作室名称	建立时间	主持人及职称	首批研修成员人数/人
芜湖	邓仪高中化学名师工作室	2013	邓仪 高级	9
安庆	朱军初中化学名师工作室	2015	朱军 高级	7
	董宝平高中化学名师工作室	2015	董宝平 正高级	7
淮北	周开军初中化学名师工作室	2010	周开军 正高级	11
	万景民高中化学名师工作室	2014	万景民 高级	7
滁州	王卫东高中化学名师工作室	2014	王卫东 特级	10
宣城	宣城市宣州区初中化学名师工作室	2014	魏明贵 一级	6
	宣城市高中化学名师工作室	2014	熊宗齐 高级	9
六安	杨明生高中化学名师工作室	2013	杨明生 正高级	24
	梁允胜高中化学名师工作室	2013	梁允胜 高级	5
	高俊初中化学名师工作室	2013	高俊 一级	4
亳州	蒙城县化学名师工作室	2011	魏香三 正高级	10
	涡阳初中化学名师工作室	2014	冯飞 高级	6
	张勇高中化学名师工作室	2015	张勇 正高级	10
阜阳	马金星化学名师工作室	2012	马金星 正高级	18
淮南	郑文年化学名师工作室	2009	郑文年 正高级	14
	朱正德高中化学名师工作室	2014	朱正德 正高级	10

续 表

市	化学名师工作室名称	建立时间	主持人及职称	首批研修成员人数/人
马鞍山	贾成华初中化学名师工作室	2013	贾成华 高级	5
	后勇军高中化学名师工作室	2015	后勇军 正高级	8
铜陵	王东升初中化学名师工作室	2014	王东升 高级	11
蚌埠	刘传友化学名师工作室	2016	刘传友 高级	13
	王传友化学名师工作室	2016	王传友 高级	16
合肥	包河区初中化学名师工作室	2007	曹锦群 高级	全区初中化学教师
	包河区曹锦群初中化学名师工作室	2011	曹锦群 高级	20
	高新区江乐霄初中化学名师工作室	2014	江乐霄 高级	10
	包河区高中化学名师工作室	2015	鹿钰锋 一级	17
	合肥市江乐霄初中化学名师工作室	2015	江乐霄 高级	30(10位成员，20位学员)
	经开区刘亮荣初中化学名师工作室	2016	刘亮荣 高级	12
	合肥市吴海洋初中化学名师工作室	2016	吴海洋 高级	40(10位成员，30位学员)
	合肥市周祖保高中化学名师工作室	2016	周祖保 高级	9
	庐阳区吴从容初中化学名师工作室	2017	吴从容 教研员	60(10位成员，50位学员)

由表6–1可见，安徽省第一个化学名师工作室建于2007年，是合肥市“包河区初中化学名师工作室”。较早的还有2009年淮南市“郑文年化学名师工作室”和2010年淮北市“周开军初中化学名师工作室”。

2.安徽省化学名师工作室所属级别

经调查了解，安徽省市级化学名师工作室有17个，县级化学名师工作室有7个，区级化学名师工作室有7个，还有一些校级自办的名师工作室未予列入。

表6–2　安徽省化学名师工作室所属级别及数目

级别	芜湖	安庆	淮北	滁州	宣城	六安	亳州	阜阳	淮南	马鞍山	铜陵	蚌埠	合肥
市级/个	1		2	1	1	1	1	1	2	1	1	2	3
县级/个		2				2	2			1			
区级/个					1								6

3.安徽省化学名师工作室所属学段

经调查了解，安徽省初中化学名师工作室有14个，高中化学名师工作室有12个，初高中合作学习的化学名师工作室有5个，见表6–3。

表6–3　安徽省化学名师工作室所属学段及数目

级别	芜湖	安庆	淮北	滁州	宣城	六安	亳州	阜阳	淮南	马鞍山	铜陵	蚌埠	合肥
初中/个		1	1		1	1	1			1	1		7
高中/个	1	1	1	1	1	2	1		1	1			2
初高中合作/个							1	1	1			2	

4.安徽省化学名师工作室网站建设情况

有14个安徽省化学名师工作室在“安徽基础教育资源应用平台”上发布了信息，但数据资料更新较少。独自建有网站的名师工作室有7个，有些工作室网站还在建设中。

安徽省化学名师工作室开设的网络平台，记录了化学名师工作室的工作计划和进展，展示了优质课教学案例，分享了成果，发挥了自由交流、互相学习、带动教育发展、区域辐射的作用。

二、安徽省化学名师工作室管理体制概况

安徽省化学名师工作室的建立需要申报批准，然后由教育局和学校共同配置资金，维持工作室日常活动的开支。

安徽省化学名师工作室的审批和管理非常严格，既要求得到学校和地方教育主管部门的支持，即学校和教育主管部门愿意为名师工作室提供制度和物质的保障；又要名师工作室主持人具备相应的专业素质，即卓越的教学能力和教学研究能力，而且要有资历、组织力、影响力和号召力；还要有明确的工作目标和专业的合作团队，在本地区范围内能组建一支优秀的合作团队，持之以恒地为达到目标而奋斗。

1.化学名师工作室申报和建立的一般程序

（1）符合名师工作室主持人条件的老师填写申请表，经所在单位同意，上报市教育局。

（2）教育局人事、教研部门进行资格审查，根据队伍建设需要，确定工作室及相应的主持人并进行公示。

（3）经公示无异议后，教育局发布公告，命名工作室并颁发证书。

（4）符合名师工作室成员条件的教师自主填写研修成员推荐表，经所在单位同意，上级教育主管部门审核，上报到市教育局。

（5）按照双向选择的方式组建工作团队。主持人从自主申报的人员中选择成员，成员中既要有本校、本区域人员，也要有外校、外区域人员；既要有城区教师，又要兼顾农村教师；既要有有经验的成熟教师，又要有有发展前途和潜力的年轻教师。

2.化学名师工作室方案的制订

名师工作室要制订工作方案，三年为一个工作周期，确定发展规划，然后根据各学年情况落实工作计划。这里以宣城市宣州区初中化学名师工作室为例，名师工作室工作方案的内容主要有：

一是要确定工作目标，展示研讨课题，建立教学资源网页，推广成果，为促进地区的教育均衡发展和教学质量作贡献。

二是要确定工作室成员的培育目标和工作措施：

（1）培育目标：注重内涵提升。通过工作室有关活动的开展，丰富教育理论知识，增强组织和指导教育科研活动的能力，提高交流合作意识和能力。具体要求如下：①工作室订阅化学教学专业报纸、杂志，经常关注教育教学动态，提高教学素养，自觉写读书笔记，在行动中反思；②每人每年至少要完成一篇与研究内容相关的论文，三年中每人至少在省级以上刊物上发表有较高水平的学科专业论文1篇或论文获得市级二等奖1次；③每人每年承担一次校级以上的公开课教学或其他展示任务；④三年里完成一个研究课题；⑤积极参加所在市（县、区）的教学研究活动，并在其中发挥骨干作用。

（2）工作措施：①每位工作室成员要制订三年的成长计划，以及每学期的切实可行的学习计划和工作计划；②工作室成员要积极主动学习教学知识，参与研究项目；③规范工作室日常管理和考勤，力争每月召开一次研讨会，每学期至少进行一次外出交流学习，每学期至少进行一次送教下乡，每学期至少为学生或老师开设一次专题讲座或报告会，每年至少聘请专家举行一次专题讲座，进行理论指导；④合理分工，安排成员完成网站栏目建设，加强网站管理，实现优质教育资源共享；⑤加强与其他工作室、研究团体的交流与互动，实现资源共享，共同提高；⑥工作室的工作指导要经常进行，主持人要带头上示范课、开讲座，言传身教，率先垂范，每年一次检查，三年一轮总结；⑦每学年由主持人负责，对工作室成员进行年度考核，并把考核情况以及研究成果在工作室网站主页上公布并进行交流。

3.化学名师工作室的考核工作

名师工作室的考核工作分为工作室总体考核和成员考核。考核组一般由教育局分管领导牵头，考核组成员分别由教育局相关负责人、全体名师工作室成员、所在学校校长和相应学科教研员组成。采取名师工作室述职和提交文字材料的形式，每年对名师工作室集体和个人分别进行考核。对于工作室成员，可以根据其三年个人规划，采取目标管理方法，进行量化评价与质性评价，主要依据成员职责、工作内容、工作要求等分项考核。对优秀的成员要重点培养并在经费与平台保障上予以支持，考核不合格者则移出名师工作室，同时按照有关程序吸收符合条件的、有发展潜力的新成员进入名师工作室。对工作认真、取得优异成绩的名师工作室成员，优先提供参加高层次研修、学习、考察和学术研讨等活动的机会；对特别优秀的名师工作室成员，在评选先进和选拔各级各类教育骨干教师中优先考虑。

从考核管理办法可以看到，名师工作室的考评注重实效，由教育局牵头成立专门的考核小组，包括教育部门主管领导、教研员、所在学校的领导和导师等，从多方面进行监督；考核小组深入名师工作室和教学现场进行综合性的考评，既定性评价又考虑等级评定。

三、安徽省化学名师工作室运行机制概况

从名师工作室运行机制看，安徽省化学名师工作室采取的是以导师培养为指导，开展教学项目研究，推广成果辐射资源，实行考核淘汰制和奖惩激励，构建“外部支持，内部自主，考核评价”的三维立体协同的运行模式。

安徽省化学名师工作室具体的运行机制一般为：第一，制订三年工作规划，包括工作室及成员个人规划，确立工作目标、研究课题、工作职责；第二，结合整体情况制订年度工作计划，导师指导成员完成工作，培养成员教学科研能力；第三，将计划提交教育局审核，教育局划拨经费支持；第四，细化活动方案；第五，实施活动方案，完成教育科研工作；第六，对活动进行评价，整理成果，通过网络推广交流；第七，工作室的年度考核与周期考核。

工作室运行流程如图6–1所示。

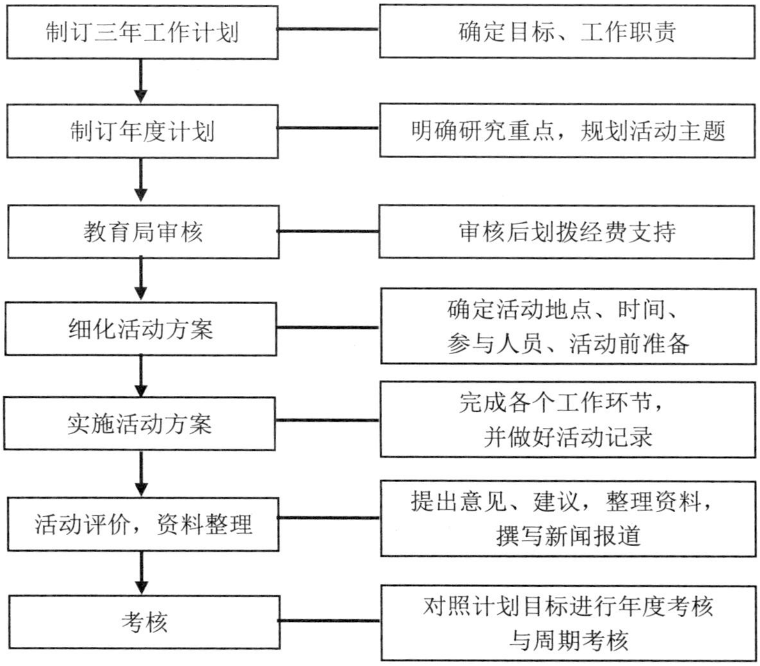

图6–1　化学名师工作室运行流程

其中，个人发展规划是工作室成员根据个人的实际情况，科学地制订出每个人的年度发展规划和阶段发展规划，明确今后个人专业发展的目标和步骤。

活动方案采取集中活动、分散区域活动和自主研修以及网上交流相结合的方式开展，既要突出个体价值，又要凸显工作室集体的合作与共享。活动包括：①集中活动。开展以学期为周期的工作室高端集体备课活动，如专家、工作室成员参加的多角度备课，典型案例剖析和公开课集中展示，课题开题结题，专家举办讲座，读书报告会交流经验，送教下乡，等等；②网络交流。充分利用QQ等通讯方式随机开展交流、学习、研讨活动，建立学科资源库，撰写教学日志等；③开展明确任务的个体研修活动。规划教师培养目标、学科发展目标，确定工作室成员培养计划，个体资源开发与整合相结合，个性研究与工作室集体研究相结合，实现资源共享。

四、安徽省化学名师工作室存在的问题

根据调查现状可以看到，目前安徽省化学名师工作室的发展状况良好。通过共同探讨学习，教师整体教学能力得到了提高，教研意识得到了加强，名师的教育理念得到了传承，青年教师得到了快速成长，具有示范辐射作用，推动了教育的均衡发展，但仍存在一些问题。

（1）机制性问题：①学习交流的时间和机会较少；②经费投入不足，活动开展难度大；③教育主管部门指导和支持力度不够等。

（2）主体性问题：①一些设立单位和参与人员不是很清楚名师工作室的定位，盲目注重高级教师数量，跟风攀比；②有些工作室过分依赖自己的名师，忽视了引进高水平的教育资源，缺乏更高水准的专家引导；③有些名师工作室忽视了与其他名师工作室的交流，网络平台建设较差，缺乏辐射推广意识。

安徽省化学名师工作室是在教育改革进程中社会对高质量教师的强烈需求下产生的，目前在发展阶段还存在一些不足，需要教育局、学校主管部门、工作室主持人和成员等多方面的共同努力，整体推进，提升教师专业成长的良性发展机制。

五、安徽省化学名师工作室首届经验交流会概况

为了总结安徽省化学名师工作室建设经验，安徽省教科院于2016年9月28日在芜湖市第十二中学召开了全省化学名师工作室首届经验交流会。

会议先由芜湖市邓仪高中化学名师工作室、六安市杨明生高中化学名师工作室、合肥市江乐霄初中化学名师工作室、六安市高俊初中化学名师工作室介绍经验，接着其他名师工作室主持人发言，提出在工作中遇到的困惑和困难。

芜湖市十二中邓仪老师率先介绍了工作室的运行情况，经费主要用

于添置硬件设备，为工作室成员购买书籍，报销论文版面费，带领成员参加化学年会。

合肥市五中周祖保老师利用活动经费为成员订购教育期刊，将专家请进来，把成员带出去，以课堂为主阵地，以课题为抓手，把教学问题作为课题。

淮南市教研室郑文年老师利用经费搭建学习平台，带领成员去外地交流学习，提供展示舞台。规定每位成员每学期看一本教育书籍，在全市范围内上一节公开课，完成一个在研课题和一篇论文。

阜阳市教研员马金星老师介绍其工作室人员包括成员和学员两类，学员必须是未获奖的年轻老师。虽然经费有保障，但是使用起来比较麻烦。组织活动没办法下文，学员参与的持久性和积极性不高，承担任务的热情较低。

蒙城八中的魏香三老师介绍其工作室成员选择面向中青年教师，但缺少经费保障和场地保障，建议借助教育局发文的形式开展活动。

马鞍山市二十二中的后勇军老师介绍其工作室成员选择情况为双向自由，面向中青年教师，立足于课堂教学。

淮北市教研室周开军老师要求其工作室成员要先完成好校内本职工作，在每年10月下旬到12月中旬教育局开展的名师大讲堂活动期间，要求成员上一节示范课。

宣城市六中魏明贵老师介绍了优质课打磨、中考复习研讨、课题研究等方面的经验和做法。

滁州市十二中王卫东老师提出了找问题、找优点、找盲点、找发展的模式，通过竞赛培养教师和学生，通过培训学习注入新的发展动力。

最后，省教科院夏建华老师做总结性发言，他强调了名师工作室的三点意义：是教育家的摇篮，是卓越教师的培训基地，是教育改革、课程改革的先锋队。他提出了三点基本要求：名师工作室成员要以学术性研究为主要抓手，加强个人学术修养，阅读教学期刊；每年抓住一个课题研究；每年出篇论文或者出个成果。随后，夏建华老师布置了具体任务：

（1）队伍建设。可以是一带多，也可以仿照杨明生工作室的梯形组织形式，由大名师带名师，名师再带一批培养对象。

（2）开展活动。每学年制订计划，开展工作。聚焦课堂，提高教学质量，关注教改的重难点，进行学术研究，出学术成果，每年发表一篇文章。

（3）必须有场地，有实验室。

（4）建立经验分享机制。一年一度会议交流，把老师带出来，走出去，积极参加国家、省、市级教研和学术活动。

（5）积极争取工作室经费，保障正常活动开展。

（6）建立工作室评价机制。

第七章　安徽省典型化学名师工作室简介

安徽省化学名师工作室各有特色，在此简要介绍六个典型化学名师工作室。

一、六安市杨明生高中化学名师工作室

1.杨明生高中化学名师工作室概况

杨明生高中化学名师工作室成立于2013年10月，由六安市教育局命名，霍邱一中杨明生校长为首席名师。工作室成员由6位名师、17名培养对象、1名县化学教研员共24人组成。他们分别来自霍邱一中、霍邱二中、霍邱中学、长集中学、潘集中学，包括中学特级教师、中学高级教师、中学一级教师、中学二级教师。

在2016年第十一届全国基础教育化学新课程成果征集评选活动中，杨明生高中化学名师工作室荣获优秀集体奖。杨明生高中化学名师工作室是2016年中央电化教育馆资助和培育的“学科专家团队工作室”。

2.杨明生高中化学名师工作室建设基本经验

杨明生高中化学名师工作室严格按照《六安市名师工作室管理办法》和《霍邱县“名师工作室”建设实施方案（试行）》建设。杨明生高中化学名师工作室建设实现了“八有”：有建设方案，有经费保障，有职责权力，有组建程序，有活动规划，有记录总结，有考核奖励，有培养机制。

（1）建设方案。

①工作宗旨：

名师工作室旨在以名师为引领，以学科为纽带，以先进的教育理念为指导，搭建霍邱县校际同学科之间以及霍邱县与外地学校学科之间教学教研、学术交流的平台，组织开展学科教学研究和工作指导，对有潜质的中青年教师进行专门指导培训，探索名师培养的方法和途径，进而带动更多的教师成长为各个层次的名师。

名师工作室是以学习为主导，以研究为主体，以工作为主线，以骨干教师为纽带，以提高教育教学、教育研究能力和促进教师专业成长为目的的研修共同体。工作室在信息化环境下开展活动，传播先进的教育教学理念和方法，充分发挥名优教师在教育强市中的示范、引领、辐射作用，促进六安教育高标准、高质量均衡发展，提升六安教育的知名度。

②成为名师工作室首席名师的条件：

一是在霍邱县同学科教师中享有较高的学术威望。

二是具有特级教师或省级教坛新星荣誉称号或省学科（专业）带头人称号。

三是近十年内在本学科教学岗位上不间断任教。

四是具有较强的专业引领、培训指导和组织协调能力，能够胜任工作室的组织领导工作。

五是近五年内主持过省级立项课题并结题，或者在专业杂志上发表专业学术论文2篇以上。

③成为名师工作室成员的条件：

一是师德高尚、乐于奉献、爱岗敬业、合作包容、无违背师德师风要求的言行。

二是具备较强的团队合作精神和较强的教育教学及科研工作能力，能够承担相应学科的教育科研及专业引领任务。

三是有较高的理论水平、扎实的业务功底、突出的教育教学业绩和较好的发展潜质，在霍邱县范围内有一定的影响力和知名度。

四是近五年在本学科教学岗位上不间断任教。

五是能掌握常用的现代教育技术设备的使用方法，能够参加教育资源平台的建设。

（2）经费保障。

名师工作室离不开一定的经费保障。杨明生高中化学名师工作室的基本经费保障主要包括以下5个方面：

①名师工作室建设经费10万元。（霍邱县）

②名师工作室正常运转经费20万元。（霍邱县）

③名师工作室活动经费14万元。（中央电教馆及省教科院）

④名师工作室奖励经费3.5万元。（霍邱县）

⑤劳模工作室奖励经费1万元。（六安市、霍邱县总工会）

（3）职责权力。

①工作室职责：

一是培养中青年教师，各名师工作室首席名师每届任期内培养对象不少于5人。

二是开展学术研究，任期内至少有一项教育科研课题在省教育科学规划部门立项并结题或取得显著的阶段性成果。

三是开展教研活动，每个名师工作室每学期要开展两次以上参与面较大的教学研究活动。

四是整合资源，根据本学科特点和本工作室目标，积极参与资源平台建设，系统地建立工作室的教育教学资源库。

五是承担其他任务，每学期适当承担由教育局等相关部门下达的教学示范或教研活动任务。

②工作室权力：

一是在职责范围内，自主决定开展教研活动的时间、内容与方式。

二是在符合财务管理制度的前提下，自主决定名师工作室专项经费的使用。

三是有权自主确定培养对象和提前解除培养关系。

四是成员有权在任期未满的情况下提前退出名师工作室。

五是成员享有参加教研活动的优先权。

（4）组建程序。

①个人申报，并由所在学校和乡镇中心学校分别签署意见后报县教

育局，教育局组织相关科室负责人、教研人员和校长代表进行评选，确定各名师工作室成员候选人。

②候选人公示无异议后，确定为各名师工作室候任成员。

③首席名师由各名师工作室全体候任名师投票产生。首席名师产生后，再由首席名师聘任名师工作室成员。候任名师中，无人具备首席名师条件或候任名师成员达不到人数最低限额，则该名师工作室暂缓成立。

④首席名师和名师工作室成员由县教育局审核、认定，并下发聘书。达到条件，未被聘任的候任名师进入名师资源库，以备候补。

（5）活动规划。

活动的基本原则：

一是每月至少进行一次集中活动。

二是集中活动的形式，主要是学术讲座、技术培训和课程研讨。

三是以课题为载体，开展多种形式的课题研究活动。

四是开展名师示范课、培养对象汇报课、名师和培养对象送教下乡活动。

例如，杨明生高中化学名师工作室2015—2016学年活动规划参见表7-1。

表7-1　杨明生高中化学名师工作室2015—2016学年活动规划

时间	工作内容	主持人
2015.9	(1)名师工作室的硬件添置与环境布置工作； (2)制订新学年工作计划； (3)对培养对象进行年度考核； (4)组织部分名师及培养对象参加关注中西部化学教学论坛； (5)完善安徽教育资源平台本工作室主页及个人空间内容； (6)完善人教社选修1数字实验方案，推荐5个实验方案参加全国实验创新大赛预赛； (7)积极准备2014—2015学年名师工作室的考核工作； (8)推荐王俊琪参加安徽省实验教学说课大赛	全体成员

续 表

时间	工作内容	主持人
2015.10	(1)改善工作室办公条件,与劳模工作室合并; (2)召开全体成员会议,安排布置本学年工作; (3)组织名师工作室成员及培养对象到霍邱中学送教; (4)组织名师工作室成员上示范课; (5)完成本学年培养对象遴选工作; (6)组织部分名师及培养对象参加全国创新实验研讨会; (7)举办“名师大讲堂”(高考全国卷与安徽卷的比较研究辅导讲座)活动	全体成员
2015.11	(1)针对不同课型的“四先四后”的教学理念,进行课堂教学专题研讨活动; (2)开展人教社《化学与生活》的数字实验化实验汇报工作; (3)组织名师工作室成员参加新一轮的“一师一优课、一课一名师”活动,明确任务; (4)开展小备课成果交流活动; (5)在安徽基础教育资源应用平台提供的“晒课”平台上,逐步上传制作的微课; (6)组织名师参加第十一届全国化学课程与教学论学术年会	刘春生 杨明生
2015.12	(1)开展课堂教学内容线索问题研讨活动; (2)开展省级立项课题验收准备工作; (3)就当前课堂教学中存在的问题进行研讨; (4)开展高考选修模块的教学研讨; (5)完善、补充安徽教育资源平台名师工作室主页及个人空间资源	全体成员
2016.1	(1)工作室首席名师杨明生给成员做“教育科研工作”的相关报告; (2)对已经完成的微课进行成果汇报; (3)开展省级课题验收准备工作; (4)继续完善与补充安徽基础教育应用平台相关资源	全体成员
2016.2	(1)开展工作室成员教学经验交流活动; (2)开展2015年秋学期名师及成员学期工作总结; (3)安排落实青年教师培养对象相关工作,交流培养体会; (4)制订下学期的名师工作室具体工作计划	全体成员
2016.3	(1)专题研讨,检查课题研究的中期成果; (2)完成2016年春学期名师工作室计划; (3)补充资料,完善名师工作室资源管理及个人空间	全体成员

续 表

时间	工作内容	主持人
2016.4	(1)开展新一轮省级课题的选题论证工作； (2)微课案例开发成果展示； (3)开展送教下乡活动； (4)高考全国卷研究成果汇报； (5)补充资料，完善名师工作室资源管理及个人空间	全体成员
2016.5	(1)名师工作室成员深入农村中学进行高考考前辅导讲座； (2)工作室成员与培养对象“面对面”； (3)补充资料，完善名师工作室主页及个人空间； (4)开展基于翻转课堂的智慧课堂形式的研讨活动	全体成员
2016.6	(1)工作室送教下乡，首席名师杨明生面向某一片区开展课题研究的相关培训； (2)逐级申报名师工作室课题； (3)小备课成果交流展示； (4)补充资料，完善名师工作室主页及个人空间	全体成员
2016.7	(1)召开全体名师及培养对象恳谈会； (2)撰写名师工作室一年工作总结； (3)做好2015—2016学年名师工作室及成员年度考核的准备工作； (4)做好名师工作室课题验收工作； (5)印制2015—2016学年名师工作室论文集	全体成员
2016.8	(1)做好名师工作室成员及培养对象的调整工作； (2)根据上一学年的工作总结和有关部门要求，制订下一学年的工作计划； (3)名师成员及培养对象制订个人计划； (4)补充资料，完善名师工作室资源平台管理及个人空间； (5)开展“一师一优课、一课一名师”晒课活动成果展示工作	全体成员

（6）记录总结。

名师工作室建设，落脚点就在推动名师和青年教师的成长。因此，围绕名师和青年教师专业发展的目标，记录教师专业发展过程，总结反思成长路径非常重要。

（7）考核奖励。

采取名师工作室述职和档案袋评价相结合的考核办法。考核组在听取名师工作室集体工作述职和名师个人述职汇报后，进行“满意度”测评，以百分制赋分，见表7–2。

表7–2　杨明生高中化学名师工作室考核

考核项目	考核内容	定性描述	定量评价
名师工作室建设（每项10分，共30分）	室风建设		
	常规建设		
	网站建设		
发挥引领作用（每项10分，共40分）	示范课		
	结对帮带		
	送教下乡		
	开展讲座		
教育科研成果（每项10分，共30分）	课题研究		
	论文发表		
	技能比赛		
加分因素			

按“去掉一个最高分和一个最低分”的原则，分别计算出每个名师工作室集体和个人的满意度平均分和量化考核平均分，再分别按40%和60%的权重进行合成，计算出每个名师工作室集体和个人的综合得分。综合得分在80～100分的为优秀，60～79分的为合格，60分以下的为不合格。

考核达到“优秀”等级的名师工作室集体，首席名师每年奖励1万元，非首席名师个人达到“优秀”等级的每年奖励5000元，并发放证书。

达不到“优秀”等级的名师工作室集体，其所有成员均不发奖金或其他物质奖励。

凡考核达到“优秀”等级的名师工作室成员，从考核结果公布开始三年内，在专业技术职务评聘、申报特级教师、评先评优等方面优先考虑。

（8）培养机制。

①以课题为载体，凝聚全体名师工作室成员。成员分工完成课题研

究任务。

②提出新观念，积极创新教学实践，努力提升教学能力与水平。

一是开展“四先四后”高效课堂教学实践，即先学后教——自主学习，先思后说——探究学习，先议后答——合作学习，先做后讲——有效学习。

二是开展线索研究，提高有效备课能力，首席名师杨明生提出：线索问题，是备课的首要问题。

三是开展小备课活动，以“补充、补救、规划、反思”为路径，开展小备课教学实践。

③以新的技术手段和课堂形式，推动现代教育技术的应用。

一是用好数字实验室，依托霍邱一中建起六安市第一家数字实验室，推动实验创新和数字实验与传统实验的有效融合。

二是为开展“一师一优课、一课一名师”活动，建立了高标准的录播教室，要求名师及其培养对象，轮课必录，录课必晒。

三是大胆开展基于微课的课堂形式教学实践，完成了高中化学必修1、必修2微课录制工作，全体成员不仅学会了微课制作的技术要领，会制作，会编辑，而且形成了极其宝贵的高中微课资源，《基于微课铝的化合物性质》被评为“一师一优课、一课一名师”省级优课。

④以各种会议的形式，开阔视野，增长见识，提高能力。

名师工作室必参加的6个全国性会议：中国化学会学术年会，中国化学会中学化学教育高峰论坛暨关注中国西部中学化学教育发展论坛，中国化学会微型化学实验研讨会，中国化学会基础教育（初高中）化学新课程成果交流会，全国化学课程与教学论学术年会，中国教育学会化学教学委员会学术年会。

⑤ 参加各种比赛与评奖活动。

名师工作室以各类比赛或评奖活动为载体，推动名师及培养对象又好又快发展。近几年来，名师工作室参加的比赛或评奖活动有：全省优质课大赛（安徽省教育科学研究院），全省中小学论文评选活动（安徽省教育科学研究院），高中化学实验技能大赛（安徽省教育科学研究院），全省实验创新大赛（安徽省教育科学研究院），全省高中化学说课大赛（安徽省教育科学研究院），全国高中新课程成果展示（中国化学会教育委员会），全国实验创新大赛（中国教育学会化学教学专业委员会），“一师一优课、一课一名师”晒课（安徽省教育科学研究院）。

3.杨明生高中化学名师工作室工作成效

（1）开展课例研究与展示。

每学期每位名师必须上一堂示范课，每位工作室培养对象每学期必须上一堂成长汇报课，名师工作室每学期都要围绕同一课题开展一次不同类型的同课异构。

（2）参与或申报课题。

杨明生高中化学名师工作室成立以来，在研、参与或申报市级以上课题共7个：“大陆与台湾地区高中化学课程比较研究”（省级课题），“中学理科实验教学有效性研究”（省级课题），“数字实验与传统实验深度融合研究”（省级课题），“大陆7～9年级‘科学’课程与台湾‘自然与生活科技’课程比较研究”（省级课题），“高中化学微课案例开发与应用研究”（省级课题），“高中化学教材（人教版）中融入数字实验的研究”子课题“化学与生活的数字实验的开发”（人民教育出版社课程教材研究所课题），“农村普通高中理科有效教学模式的实践研究”（市级课题）。

通过课题的研究，工作室还将人教版化学必修1、必修2中的知识点开发出118个微课教学方案和118件微课课件，制作出115个微课视频。

“大陆与台湾地区高中化学课程比较研究”已经结题，是大陆地区研究台湾高中化学课程的首例，并取得了多项研究成果，见表7–3。

表7–3　“大陆与台湾地区高中化学课程比较研究”课题发表论文一览

编号	论文名称	发表情况
1	我国大陆普通高中化学课程标准与我国台湾课程纲要比较研究	《化学教育》2012年第2期
2	我国海峡两岸中学化学基本概念与化学用语的区别简介	《化学教育》2012年第3期

续 表

编号	论文名称	发表情况
3	我国台湾地区泰宇版普通高级中学化学教科书简介	《化学教育》2012年第5期
4	我国大陆与我国台湾地区高中化学课程中元素化合物部分内容比较研究	《化学教育》2012年第7期
5	中国大陆与中国台湾普通高中有机化学课程内容比较研究	《化学教育》2013年第7期
6	浅谈我国台湾地区高中化学课程中的STSE教育	《化学教育》2013年第11期
7	我国台湾地区普通高中化学实验课程设置及内容安排	《化学教育》2013年第12期
8	我国台湾基础化学实验课程的特点及启示	《化学教育》2014年第19期

(3) 参加学术交流及各种技能比赛。

杨明生高中化学名师工作室成立以来，在市、县教育局的正确指导下，圆满、高效、创造性地完成了各学年年度工作计划，有序地开展了教育改革发展研究、课堂教学有效性研究、课题研究、课例展示及课例研究、送教下乡、数字技术实验研究、微课制作、“安徽基础教育资源应用平台”的应用研究及“晒课”等活动，积极参加学术交流、各种技能比赛和评比活动，取得了一定的成绩。

①在2016年（暨第十一届）全国基础教育（含初高中）化学新课程实施成果征集及评选活动中，杨明生高中化学名师工作室取得了12个奖项。

优秀集体奖：杨明生高中化学名师工作室。

一等奖：王俊祺的教学录像《离子反应》，罗运富的教学设计《元素周期表》，徐浩年的微课《煤的综合利用》，关强的教学设计《难溶电解质的溶解平衡》。

二等奖：邵红梅的教学录像《生活中的明矾》，江明的教学录像《离子反应》，王桂琴的微课教学设计《弱电解质的电离》，熊景春的微课教学设计《化学反应进行的方向》，何兆祥的教学课件《烃的含氧衍生物》，胡冬梅的教学课件《碳、硅及其化合物》，江明的习题试题设计《高二第二学期阶段考试》。

②在安徽基础教育资源应用平台上组织的“一师一优课、一课一名师”晒课活动评选中，2014—2015学年杨明生高中化学名师工作室获得2个省优、1个市优、1个县优，分别是：

省优课：杨明生的《几种重要的金属化合物》，熊景春的《羧酸和酯》；

市优课：王俊祺的《离子反应》；

县优课：何兆祥的《原子结构与元素的性质》。

2015—2016学年获得4个省优、1个市优、7个县优，分别是：

省优课：杨明生的《几种重要的金属》，何兆祥的《物质的分类》，罗运富的《分子的性质》，孙小程的《化学计量在实验中的应用》；

市优课：陈实权的《有机化合物的结构》；

县优课：王俊祺的《离子反应》，王桂琴的《硫和氮的氧化物》，罗运富的《金属的化学性质》，姚远的《归纳与整理》，罗根深的《归纳与整理》，郑锐的《金属的电化腐蚀》，谷丽的《化学反应速率》。

③在2015年度安徽省中小学化学实验创新成果评选中，徐浩年、王俊祺、杨明生的作品《铁的吸氧腐蚀》荣获省一等奖，刘春生、王俊祺、徐浩年的作品《VC延缓二价铁变质的探究》荣获省二等奖，王俊祺、杨明生、徐浩年的作品《二氧化碳温室效应》荣获省二等奖，徐浩年、王俊祺、杨明生的作品《碘酸钾与碘化钾反应pH范围测定》荣获省二等奖，徐浩年、王俊祺、杨明生的作品《明矾净水效果的验证》荣获省三等奖。

④在全国化学数字化实验教学创新设计评比中，杨明生、徐浩年、王俊祺的作品《用数字实验揭示铁生锈的秘密》荣获2015年度全国一等奖，王俊祺、杨明生、徐浩年的作品《氧化还原电势传感器在中学化学教学中的应用》荣获2016年度全国一等奖。

目前，杨明生高中化学名师工作室正不断总结经验，向更高层次发展。他们继续开展教育研究、课堂教学研究、课题研究、送教下乡、数字技术实验研究等教研活动，学习和应用新的课堂形式（智慧课堂、翻转课堂、慕课、微课等），还将充分利用好“安徽基础教育资源应用平台”，引导工作室成员围绕各项活动开展网络教研，认真做好中央电化教育馆组织的“在线会客室”栏目，促进信息技术和课堂教学深度融合，努力将杨明生高中化学名师工作室打造成为全国卓越的“学科专家团队工作室”。

二、芜湖市邓仪高中化学名师工作室

邓仪高中化学名师工作室建立于2013年9月，是芜湖市首个市级名师工作室。

邓仪高中化学名师工作室以芜湖市教育局下发的《芜湖市建立“名师工作室”工作方案》为指导，按照《芜湖市名师工作室管理与考核实施办法》的要求，发挥名师指导、引领作用，培养了一批“师德好、业务精、能力强、善创新”的高层次化学骨干教师。

主持人邓仪老师从教30多年，是安徽省特级教师、安徽省“江淮好学科名师”、芜湖市中学化学教研大组组长、安徽师范大学化学专业硕士研究生导师。她爱岗敬业，乐于奉献，一直无私指导、帮助青年教师，多年来将一大批青年教师培养成为优秀教师、骨干教师，有的已成为芜湖市化学学科带头人。

邓仪高中化学名师工作室的研修人员（第一批）既有城区教师又有农村教师，既有省级示范高中教师又有普通高中教师，还有初中教师。其中，高级教师2名、一级教师3名、二级教师4名。

邓仪高中化学名师工作室以学习为先导，以研究为主线，以教学实践为主阵地，以提高全体成员教育教学、教育研究能力和促进教师专业成长为工作目的，通过多年的努力，已将工作室建设成为化学教师专业成长的优质平台。

1.发挥工作室学习提高的功能

工作室主持人向研修成员推荐教育教学理论必读书目和选读书目。

工作室为每位成员购买配备了一定数量的教育理论书籍，通过自主学习和集中研修交流，学习教育学心理学理论著作、化学教育科研理论著作，了解化学教育教学动态，开阔视野，提升自身教育理论素养和教育教学教研水平。

研修人员的读书心得交流多在工作室群内进行，部分读书报告、教学随笔、教学故事上传到芜湖市教科所网站的邓仪工作室空间平台上，工作室也组织了集中的读书报告会（邀请芜湖市部分青年教师参加），起到骨干教师的辐射、引领作用。研修人员的读书分两个方面，一方面提升自身教育学、心理学理论素养，另一方面结合化学教学中的重点问题研究、工作室课题研究进行相应的理论学习。

2.体现工作室研究教学的功能

以工作室为基地，结合自身研究问题和方向，开展形式多样的教学科研活动，如示范研讨课、专题研讨会、专家报告会等。定期集中开展教学实践研讨活动，开展读书报告、教学感悟、课例研讨等各种研修的交流活动。

针对学科教学中存在的问题，开展行动研究，寻找解决问题的有效对策。研修人员结合自己的课题选择相应的研究问题，涉及化学实验教学研究、微课在化学教学中的应用、微课制作、翻转课堂探索、科学探究环节在化学教学中的强化研究、高考化学教学创新研究等教学实践中的前沿问题。

多年来，工作室全体成员积极参加各类省、市级教研会议和活动，在学习的同时，也数次作为报告人进行专题报告或发言。在各类教学、实验的比赛中，工作室成员获得国家级、省级奖项达7人次。工作室成员每人开设市级示范课一次以上，有四人次开设省级示范课。

通过工作室申报获批安徽省教育科学规划课题“基于科学素养培养的中学化学实验教学研究”，培养工作室成员独立开展教学研究、进行教学反思的能力，推动工作室成员在教学科研上出成果、出经验，切实提高教科研水平。有3位工作室成员独立主持了市级课题：“初高中化学实验教学有效衔接研究”，“HPS视域下高中化学教学设计研究”，“手持技术在高中化学教学中的运用”。

在课题研究中，工作室成员在国家核心刊物（如《化学教学》《中学化学教学参考》《基础教育课程》等）、省级以上刊物（如《中学化学》等）发表论文7篇。

3.突出工作室培养教师的功能

名师工作室作为教师成长的优质平台，除了名师引领，还突出体现在为教师的学习交流创造条件，为教师的风采展示搭建平台。工作室邀请知名教育专家、学者来工作室开设专题讲座，有针对性地安排工作室成员外出参与省级化学教学教研活动、市级教研观摩活动等。

例如，工作室数次邀请了省级专家、安徽师范大学化学教育专家为工作室全体成员（有时包括芜湖市全体化学教师）进行化学教育理论和实践的专题讲座，进行专业引领。

再如，为工作室成员交流、展示搭建平台，工作室成员积极参加、观摩省、市级教学教研活动，在交流中提升自己、展示自己。2014年，安徽省中学化学教育年会在芜湖市十二中召开，工作室成员在会上开设了示范课，并由另一位成员作了课评。精彩的课堂教学、具有理论高度的教学点评，获得了九百多位与会者的好评。工作室主持人邓仪老师也在会上作了关于教师成长的专题发言。2016年，在安徽省九市高三教学研讨会上、在安徽省实验创新年会上，工作室研修成员分别开设了示范课，都获得了一致好评。

多年来，邓仪名师工作室为青年教师的成长创造了有利条件，搭建了优质平台，工作室成员获得了显著发展。他们中有2人分别获得“芜湖市优秀教师”“芜湖市优秀共产党员”光荣称号，有4人被评为“芜湖市骨干教师”，有1人晋升为高级教师，有4人晋升为一级教师。

邓仪高中名师工作室已经成为教师专业发展的优质平台。2016年，安徽省首届化学名师工作室主持人论坛在邓仪高中化学名师工作室所在地芜湖市第十二中学召开。

三、六安市高俊初中化学名师工作室

2013年3月14日，由六安市教育局命名的“六安市名师工作室——高俊初中化学名师工作室”在霍山县二中正式挂牌成立。这是一所县级初中化学名师工作室。

1.工作思路和措施

（1）以研修促提升。

工作室坚持扎实开展专业研修活动，坚持个人研修与团队研修相结合，认真制定与落实研修制度，努力提升团队成员的专业素养。

①个人研修。

落实研修的“四个一”要求：每人每学期认真研读一本教育教学理论专著；每人每学期进行一次专题讲座或一次公开教学，并形成书面教案及课后反思，或指导青年教师开设校级以上公开课，并点评；每三年至少参加一项课题研究；每年至少有一篇论文在市级以上刊物发表或参加研讨会交流。

以“高俊工作室的博客”为依托，建立、完善自己的教研博客。合理安排栏目，及时充实资料，每位成员每月至少上传一篇教案或教学设计，工作室成员要经常浏览博客，及时评论，为一线教师答疑解惑。

②团队研修。

落实团队研修“集体备课”制度。通过每周三“集体备课”的有效互动，促进团队成员的专业提升。通过“沙龙式”的研讨，让全体成员在交流中研讨，在研讨中碰撞，在碰撞中感悟与提升。

（2）以活动促成长。

通过开展“网络教研”“课题研究”“现场会”“观摩课”等活动，促进团队成员的专业成长。如：进行“模型构建”“思维导图”的实践研究，组织“工作室教学研讨现场会”，开展“教师讲坛”活动，尝试构建“以校本为基础、以团队为目标、以常态为重点、以‘实作’为方法、以课例为载体”的校本研修制度建设。

①个人区域带动。

通过团队的协作研究，提升工作室成员对教学工作的管理、策划、实施的能力，并积极发展工作室的外围成员，引领带动全县化学教师整体素质的提高。

②团队示范辐射。

以博客为研究、交流平台，为广大师生、家长提供教学指导和咨询。通过专家引领，开设公开课、示范课、专题讲座、教师讲坛，影响县市化学教学改革。

（3）以制度约束和鼓励成员。

①工作室每周定期召开一次工作例会，讨论和交流工作室工作计划，确定工作室成员的阶段工作目标，安排教科研活动等。

②每位成员必须完成工作室布置的任务并有相应的成果，建立、完善自己的博客。

③工作室及时通过各种途径发布论文、研究课例、教学设计、典型案例及评析、教育故事、教学反思、活动图片等过程性资料。

④建立工作室档案，成员的计划、总结、听课和评课记录、公开课、展示课、教案等材料及时收集、存档，及时记录教师专业成长轨迹。

2.工作成绩与亮点

（1）理顺关系建章立制。

校委会、教导处、县教研室高度重视工作室的管理与建设，精心制定了工作室规章制度，规范工作室行为，如《霍山二中名师工作室管理办法（试行）》《工作室成员职责》《工作室领衔教师职责》。工作室也按照上级要求，积极向有影响力的工作室和省内外大师名师学习，结合本身特色，制定《教育教学研究规章》《教师培养规章》等规章制度，使工作室的研究逐步迈上正轨。

（2）顺利完成安徽省教育科学规划课题研究。

2013年工作室成功申报安徽省教育科学规划课题“九年级化学教学中模型建构的研究”。经过课题组成员的艰辛努力，2015年2月经省教科院专家鉴定已顺利结题，并取得系列成果。

该课题围绕课堂教学中的模型构建展开研究，重点是抽象化思维模型和形象化思维模型的课例研究。通过问卷调查，了解当前模型构建教学的现状和主攻方向。通过SPSS软件对实验前后学业成绩的数据分析，总结模型构建教学的优点和局限性。通过对文献资料和模型构建相关理论的学习，结合自身的教学实践和研究，摸索出六环节模型构建的一般教学模式："示模—解模—建模—评模—修模—用模"。

依托建构主义和解构主义的教学理论，提出一个新观点：化学模型教学宏观上是解构（拆解学科知识结构）和建构（构建自主知识结构）的切换训练，微观上是解模（拆解教师展示模型）和建模（构建个体认知模型）的切换训练。

依托脑科学研究成果和九年级学生学习的心理和认知特点，提出重点构建反映化学核心知识和观念的集抽象和形象于一体的思维模型，创新研究出一批模型，如概念太极图模型（包括微粒观、结构性质观、质量观等）、酸碱性质手模型、质量守恒定律蝴蝶模型等。

该课题相关研究获得2015年霍山县科技进步三等奖。

（3）积极开展校本教研活动。

每周三上午第三节课工作室进行集体学习，由主备人选定学习专题并提供学习材料，工作室全体成员认真研讨，各抒己见，在这样的氛围下产生了很多灵感。研学内容可以是教学内容、教学方法，也可以是与课题相关的论文，也可以节选《国家中长期教育改革和发展规划纲要（2010—2020年）》，既有宏观方向，也有微观内容。

通过工作室成员凝心聚力，教研活动取得了丰硕的成果。2013年霍山县教育局综合考评化学学科，全体工作室成员荣获一等奖。2015年省微课大赛中，工作室有5人的作品获得市优奖。在国家级和省级刊物如《化学教育》《化学教学》《中学化学教学参考》《化学教与学》《中学化学》等发表论文十余篇。工作室还将多年教学经验和科研成果汇编成书，其中的栏目如学习目标、教学思路、课后反思、板书设计，对年轻教师有显著的引导作用。

（4）充分发挥工作室博客的线上教育作用。

工作室成立之初就在网上创建博客，由高俊负责将工作室成员的研究成果上传至博客，供大家交流讨论。后来博客影响力越来越大，一大批学生也加入进来。工作室将教学中出现的一些值得思考的问题放在博客上，将同学们实验探究的过程制成影像资料放在博客上，将同学们的优秀作业放在博客上，将同学们好的学习方法推介到博客上，将科技前沿成果推到阅读者面前。工作室博客逐渐成为教师之间、师生之间交流的一个平台，有效填补了课堂上的空缺。

（5）积极开展探究实验活动。

自工作室成立以来，加强了对实验的研究，对演示实验精益求精，进行了许多技术上的攻关。如以往碳还原氧化铜的实验，要么温度条件达不到，要么温度高了试管几近熔化。通过工作室成员集体技术攻关，使用氯化钙等作为催化剂，稍微加热即能出现明显的实验现象。再如铝丝和硫酸锌溶液的反应、二氧化碳性质实验的改进、质量守恒定律实验的改进，都取得了较好的效果。

将学生实验探究活动和地方特色有机结合，如检测霍山迎驾集团旗下的野岭矿泉水、剐水和其他饮用水的不同。对于学生感兴趣的家庭实验，加强指导，启迪学生创新，如自制净水器等。

（6）积极开展“送教下乡”活动。

工作室多次配合县教研室开展“送教下乡”活动，将先进理念和科研成果与其他学校分享交流，共同提高。

2015年8月至2016年7月，工作室带头人高俊积极响应县教育局号召，到偏远乡镇落儿岭镇中心学校支教一年，协助中心学校积极开展实验教学，并将模型建构的科研成果推广至周边学校。

3.工作条件和经费保障情况

工作室所属学校为安徽省霍山县二中，现有44个教学班，2 400多名学生，163名在职教职工，其中，中学高级教师62人，省级教坛新星3人，市教坛新星4人，市学科带头人1人。学校功能齐全，配置一流，有多功能报告厅、学生食堂、多媒体教室、理化生实验室、塑胶跑道操场，还配备了班班通工程。

校领导对工作室非常重视，创立之初便为工作室配备电脑、打印机、相机和崭新桌椅，设置专用办公地点，并制定经费保障试行办法。

工作室经费由所在学校提供，由于学校为义务教育初级中学，经费列支较为困难，学校虽然想方设法为工作室提供活动和教研经费，实际上经费保障仍难以全部落实，课题研究的部分开支尚有欠缺。受经费制约，工作室成员学习交流的机会和时间也较少。

四、亳州市蒙城县化学名师工作室

亳州市蒙城县化学名师工作室的主持人是蒙城县第八中学副校长正高级教师魏香三，由于教学、教研工作成绩突出，他先后获得“安徽省模范教师”“安徽省特级教师”“江淮好教师”等荣誉称号。他在荣誉面前从不沾沾自喜，为了使更多的优秀青年教师脱颖而出，他主动请缨，在蒙城县教育部门的大力支持下，率先成立化学名师工作室，并取得了丰硕的成果，他所带的团队连续三年被蒙城县政府部门授予“教科研先进集体”称号。这里引用魏香三发表在《化学教育》2014年第17期的文章内容（收入本书时有改动），以展示该工作室建设情况。

中学化学名师工作室建设

名师工作室是名师成长的摇篮，是名师成长的助推剂。蒙城县化学名师工作室在各方大力支持下，取得了优异的成绩。作为主持人，在这里我结合自身的经验谈谈对化学名师工作室的认识和思考。

1.理念引领方向

化学名师工作室成立之初，我和成员满怀热情、积极主动地开展各种活动，但随着活动的开展，我们发现理论知识贫乏、方法理念陈旧。经过成员们的认真反思，一致认为必须更新理念。化学名师工作室给成员们订阅了《化学教育》《化学教学》《中学化学教学参考》等期刊，赠给大家窦桂梅的《做一名有专业尊严的教师》、朱永新的《走进最理想的教育》、袁梦的《专家型教师的成长之路》等书籍，经过成员们认真的学习和交流，各成员明确了自己的方向和目标，给自己进行了准确的定位。

2.教研提升素质

名师的引领和示范靠的是什么？靠的是教研，只有在教研中才能使各成员得到锻炼和成长。在蒙城县教育局教研室的大力支持下，化学名师工作室积极开展各项活动，如送教下乡、送教到薄弱学校，承担市县的课改工作及市县中高考研讨会等，每一次活动都有主题、有内容，形式多样。化学名师工作室还要求成员在每一学年内至少上1节公开课、开1个专题讲座、写1篇教学心得，年终进行总结和评比。同时，化学名师工作室还承担着1项省级科研课题“高中化学探究性实验校本课程的开发和实施”，1项市级科研课题“模型建构与化学课堂教学有效性的研究”。另外，有10多篇论文发表在国家级、省级期刊上，1项基础教育成果获安徽省三等奖，“高中化学探究性实验校本课程的开发和实施”课题成果《高中化学探究性实验》已出版发行。经过成员们的共同努力，他们在教学、教研上都取得了很大的进步，素质得到了进一步的提升。目前有1人被评为安徽省首批中学正高级教师，有1人被评为亳州市特级教师，有1人被评为亳州市学科带头人，有2人被评为亳州市骨干教师，有3人被评为亳州市教坛新星等，2012—2013学年化学名师工作室被蒙城县委、政府授予“教科研工作先进集体”荣誉称号。

3.成果辐射课堂

“根植于课堂，服务于课堂”是化学名师工作室的宗旨。化学名师工作室为落实新课程理念，积极开展行动研究，工作室成员走进农村学校、薄弱学校、优质学校听课，研讨课堂教学改革，以身示范，上公开课。2011年4月，我在蒙城八中上了《一种重要的混合物——胶体》公开课，课后所有参会教师都参与了点评，大家一致认为：这样的课堂教学高效，能提高学生学习的积极性。目前，蒙城八中已作为安徽省课堂教学改革的试点单位，我的一节课“铁及其化合物的氧化性或还原性”被收录在安徽基础教育资源网首届名师讲堂中。在课堂教学改革中，亳州市电视台以“一节特殊的化学课”对化学名师工作室进行了专题报道。

五、马鞍山市后勇军高中化学名师工作室

后勇军高中化学名师工作室成立于2015年8月，是马鞍山市级化学教育名师工作室。工作室注重理论提升，依托课题研讨，聚焦课堂教学，以“研究促提升、协作促发展、共享促推广”为宗旨，打造化学研修的引领团队，使名师工作室成为促进市区化学青年教师专业发展的平台。

工作室主持人后勇军，正高级教师、省特级教师、省教坛新星、省优秀教师、省高中骨干教师高端培训授课专家、省中学化学学会常务理事、市中学化学学会副会长和理事长、市第五届导师团导师、市学科带头人。

工作室现有成员8名，他们年富力强，热爱学习，积极进取。

工作室坚持理论和实践相结合的原则，将理论熏陶与实践磨砺融为一体。工作室拥有省级课题1项，市级课题3项，其中根据马鞍山市高中化学实际情况，确立了专项课题“高中化学教学实验优化设计案例研究”。该课题立足于课堂教学，对高中化学教学实验进行优化设计，充分发挥实验教学功效，以任务驱动为手段，提升了教学质量，服务于教学一线。

1.交流＋讲座，提升团队学科素养

工作室依据《马鞍山市后勇军化学名师工作室章程》和《后勇军化学教育工作室工作规划与每年计划方案》，为工作室成员征订专业期刊，学习别人发表的文章，给自己启发，提炼教育教学观点。工作室采用“走出去，请进来”的方式，组织成员多次参加全国、省、市各种观摩、讲座、示范课等教研活动，这些学习活动增长了成员的见识，开阔了他

们的视野。如组织工作室成员参加全国化学翻转课堂大会、全国第二届新课程中学化学思维课堂研究及实践成果交流暨培训会议、全国化学数字化实验教学应用成果交流与培训活动等。利用交流和聆听专题讲座的形式，提升工作室成员的内涵。

2.课题+实践，提高课堂教学活力

以课题研究为统领，聚焦教育教学热点和疑难问题，以任务驱动为手段，引导教师在创新性解决问题过程中实现自我突破。

工作室专项研究课题为“高中化学教学实验优化设计案例研究”，在课题开题后，定期开展活动，立足于课堂教学，对高中化学教学实验进行优化设计，充分发挥实验教学功效，将传统实验和数字化实验相融合，激发学生学习热情，提升教学质量，提高课堂活力。

每一次公开课都经过磨课、观摩课再到全市的示范展示课，三年来共进行14次省级公开课教学，采用多种教学手段展开教学，重视实验创新，大大提高了成员的教学水平。

3.活动+参与，收获了丰硕的成果

伴随工作室活动的开展，化学工作室成员教育思想、教学水平、教学成果都有不同程度的提高。全体成员积极参与各项活动，团结合作，与时俱进，在实践中学习，在反思中学习，努力搭建名师成长的平台，为全市化学教师的专业成长起到了辐射、引领和示范作用。“不积跬步，无以至千里”，经过全体成员的不懈努力，三年来工作室取得了很好的成绩。

（1）工作室成员发表论文共11篇，其中在国家级期刊上发表9篇，有8篇论文获奖，其中省级二等奖1篇，省级三等奖3篇，市级一等奖4篇。

（2）工作室成员参加国家、省、市各种化学优质课和微课评选共获奖18次，其中荣获国家级奖项3次，省级奖项4次，市级一等奖5次、二等奖3次、三等奖3次。

（3）工作室成员利用手持技术，将数字化实验和传统化学实验融合，积极参加实验创新大赛。2016年、2017年和2018年在全国第五届、第六届、第七届化学数字化实验教学应用与创新设计大赛中，荣获全国一等奖5项，全国二等奖10项。

六、合肥市包河区高中化学名师工作室

包河区高中化学名师工作室是包河区教研室下设的名师工作室，成立于2015年3月，经费由包河区教体局划拨，是包河区首个高中化学名师工作室，由合肥工业大学附属中学鹿钰锋担任主任，合肥三十二中夏菊花担任副主任。根据包河区教体局包教〔2015〕13号文件要求，该名师工作室以深入开展教育教学研究，积极探索优秀青年教师专业发展的策略和方法，创新名优教师的培养模式，培养高素质骨干教师和名师队伍作为指导思想开展工作。该团队以省化学教研员夏建华等3人为顾问，以合肥一中特级教师李友银等7人为导师团成员，还有来自5所高中的7位青年教师成员，共17人。名师工作室聘请了省内化学教育界有影响的专家作指导，对于高中教学、教研工作开展，培养更多的化学骨干教师起到极大的促进作用。

工作室主持人鹿钰锋年轻充满活力，多年来一直在教学一线工作，兢兢业业，热爱教育，关心学生，深受学生的爱戴、家长的尊敬。在教学教研方面，他业务水平过硬，有着丰富的教育教学经验、扎实的教学基本功和超前的教改意识、创新意识，具有专业的理论知识和较强的教育教学及教科研能力，多次承担省级示范课、研究课，是安徽省师德先进个人，安徽省第三届教坛新星，合肥市德育工作先进个人，合肥市第二届骨干教师，安徽中学学习网名师顾问团成员，合肥师范学院化学与化学工程学院大学生课堂教学实践指导老师，包河区中学化学教学专业研究会副理事长。

每位成员进入名师工作室都要规划三年发展总目标及阶段发展目标。包河区高中化学名师工作室根据成员规划也设置了三年规划，希望在三年内培养出特级、高级等区域性名师，使20%以上成员成为合肥市骨干教师，50%以上成员成为包河区骨干教师，100%成员成为学校骨干教

师，为打造包河区化学教师精英团队做出贡献。为此，名师工作室组织成员开展了很多特色活动，具体有：

①组织成员进行高考化学试题赏析；②组织包河区高中化学优质课选拔赛，让青年教师参加评比，并参与点评。③组织成员参与包河区高中优质课磨课活动，指导年轻教师参赛并获得合肥市优质课二等奖。④组织教研活动公开课及高三集体备课，在高三集体备课活动中教师共同磨课，课堂教学结束后立即对学生的学习效果进行检测，然后请专家进行点评和指正。⑤组织成员参与安徽省教科院组织的创新教学观摩研讨会，戈益超老师参与高考改革研讨会并做报告。⑥组织成员赴东北师范大学参与理化生骨干教师高级研修班，与当地老师进行热烈的交流研讨，并撰写学习心得，收获颇丰。⑦组织成员开展名师在线课堂及课堂研讨活动，有教师荣获合肥市化学教师实验比赛一等奖。具体活动记录见表7–4。

表7–4　合肥市包河区高中化学名师工作室活动记录

活动时间	活动主题	活动地点	备注
2015.3	工作室揭牌	包河区政府	鹿钰锋主任参与揭牌
2015.4	省级课题研讨课	合肥六中	工作室成员参与观摩互动
2015.4—2015.6	招募成员，制订工作计划	区属各学校	招募成员、导师共计17人，制订工作计划及三年发展规划
2015.7	包河区高中化学名师工作室启动仪式暨2015年高考化学试题赏析沙龙	合工大附中	工作室成员发言
2015.8	优质课磨课	合肥三十二中	两位老师上课，鹿钰锋、戈益超、许江安老师点评指导
2015.8	化学实验技能比赛指导	合肥二十八中	戈益超、鹿钰锋给王楠老师做上课指导
2015.9	高三化学复习策略	合肥八中	戈益超做化学实验题专题复习指导和选做题指导
2015.9	包河区高中化学“百家讲堂”专题系列活动(一)	合肥三十二中	夏菊花执教《物质的量》，鹿钰锋主讲《高三金属元素专题复习》

续 表

活动时间	活动主题	活动地点	备注
2015.10	包河区高中化学"百家讲堂"专题系列活动(二)	合肥二十八中	王楠执教《与量有关的离子方程式书写的探究》,赵华主讲《高三非金属元素专题复习》
2015.10	包河区高中化学"百家讲堂"专题系列活动(三)	合肥三十二中	王磊执教《离子反应及其发生的条件》,姚力主讲《高三非金属元素硫和氮专题复习》
2015.11	2015年安徽省高中化学优质课评选活动	合肥一中	工作室全体成员参与
2015.12	包河区高中化学"百家讲堂"专题系列活动(四)	科大附中	魏魏执教《有机合成》,徐斌主讲《全国新课标卷试题分析》,戈益超主讲《物质结构与性质》
2015.12	合工大附中和科大附中同课异构	科大附中	魏魏和赵园青共同执教《二氧化硫》
2016.1	包河区高中化学"百家讲堂"专题系列活动(五)	合工大附中	方明执教《化学反应速率》,赵丰主讲《高三化学平衡专题复习》,戈益超主讲《晶体结构与性质》
2016.1	包河区高中化学名师工作室学期总结会	合工大附中	工作室成员参与,导师交流本学期工作,总结秋学期工作
2016.3	包河区高中化学"百家讲堂"专题系列活动(六)	合工大附中	苏仕标主讲《合肥市一模考试分析》,徐斌主讲《分子结构与性质》,朱成东主讲《水溶液中的离子平衡》
2016.3	全国威尼尔杯数字实验大赛参赛及观摩	上海外国语大学附属大境中学	鹿钰锋参赛,获得全国二等奖
2016.3	安徽省高三化学备考研讨会	宿州二中	鹿钰锋、戈益超、赵华等参与观摩并交流
2016.3	合肥市包河区高中化学名师工作室"送教下乡"	霍山县诸佛庵中学	罗斌执教《化学能与热能》,鹿钰锋执教《分子的立体构型》,戈益超主讲《高考化学解题策略》

续 表

活动时间	活动主题	活动地点	备注
2017.10	包河区化学公开研讨课	合工大附中	鹿钰锋执教《再探氧气的制取》，合肥四十八中卞阳阳、合肥四十八中望湖校区鲁礼琴、合肥四十六中严海兵及刘亮荣进行了实验说课及反思
2017.10	子课题《数字实验在发展化学核心素养中的教学实践研究》开题报告	合工大附中	徐伟执教《酸碱中和滴定》，鹿钰锋主持《数字实验在发展化学核心素养中的教学实践研究》开题报告
2017.11	2017年安徽省高中化学优质课评比	安师大二附中、碧桂园小学	王磊说课《高三复习课再探电解》获得二等奖
2017.12	望江同课异构交流研讨会	安庆望江中学	鹿钰锋执教《弱电解质的电离平衡》，王磊执教《高三复习课再探电解》，戈益超主讲《高考化学解题策略》
2017.12	鹿钰锋教学主张分享暨名师专题讲座	合工大附中	鹿钰锋执教《从化合价研究化学反应》，鹿钰锋教学主张《在活动中学习，在学习中成长》，曹锦群主讲《科学探究专题讲座》
2018.3	全国数字化实验教学应用成果交流与培训	上海曹杨二中	鹿钰锋和张晶带领的合肥工业大学附属中学的九年级学生团队参加了本次成果交流，获得全国一等奖
2018.5	包河经开化学复习示范课	合肥四十六中	鹿钰锋执教《碳氏集团——碳元素及其化合物的复习》，程进良执教《火柴头成分的探究》
2018.5	安徽省化学数字化创新实验教学观摩研讨会	合工大附中	鹿钰锋执教《探究化合物的导电性》，初三学生代表主讲《用数字化实验探究人工呼吸》

包河区高中化学名师工作室还制定了详细的工作考核制度：

根据市教育局要求和工作室成员的工作计划，将每学年每个工作室成员的以下各项成果汇总装订成册：①读书笔记与课堂反思；②案例分析与教学设计；③课题研究及论文。

成员每年考核一次，优秀的成员可授予其“骨干成员”称号。未来包河区高中化学名师工作室规划：①整合高中化学教师，打造区高中化学教师团队。目前，包河区区属高中学校有5所，每所学校班级数不多，导致每所学校各年级教师人数不多，跨年级开展教研活动针对性不强。工作室计划建立高中化学年级大备课组，联合区教研室“百家讲堂”，隔周开展集体备课活动。②课题引领教研，教研促进教学。组织工作室老师积极申报参加各级教育课题，利用课题引领教研活动，提高教研活动的品质。③组织外出学习，尽可能走在课程及考试改革的前列。④与市教育局联系，开展送教下乡活动。⑤利用网络信息技术，共享教学资源。工作室已经建立高中化学教学资源库，各类与教育教学相关的资源将在区内最大程度共享。计划开展网络集体备课活动，让所有老师在自己的学校利用网络视频、语音系统进行集体备课，减少老师往返定点学校的时间。⑥继续参与区教研室组织的“名师在线”活动。

包河区高中化学名师工作室是一个以年轻人为主体的充满活力的工作室，他们以创新为主旋律，立足化学学科实际，面向高中化学教学，聚焦高中化学课堂，积极主动开展教育教学重点问题研究，解决学科教学难题，并依托沙龙、QQ群、网站等平台，积极营造现代教研文化。

在区教体局教研室的指导下，包河区高中化学名师工作室加强学科教学科研团队建设，较为出色地发挥了先行研究、交流研讨、示范引领的作用，推动了化学课堂教学质量的提升及教师素质的全面提高。

第八章　合肥市包河区化学名师工作室成员故事分享

合肥市包河区的化学教研工作一直注重以课题研究引领专业团队开展活动，坚持抱团发展，有效地促进了该区化学教师的专业化发展。2007年年初，化学教研员许江安开通了“晓安工作室”博客；2007年12月，该区教体局又批准成立了包河区初中化学名师工作室，还制定了5年发展规划；后来又在新的形势下相继成立了以名师命名的曹锦群初中化学名师工作室（2011年）、江乐霄初中化学名师工作室（2015年）、刘亮荣初中化学名师工作室（2016年）。该区的化学教师几乎都参加了名师工作室的学习研修。近几年，在化学名师工作室的推动下，包河区的化学教研活动丰富多彩、卓有成效。2017年6月，包河区化学名师工作室设立了包河化学“百家讲堂”，开展包河化学教师“反思、成长、感恩、引导”主题论坛活动，每位化学教师都在这项活动中诉说自己的教育故事、成长故事，充分展示了绵绵师徒情、悠悠成长恩，体现了包河化学人的团结、互助、奋进、向上的精神面貌。正如老师们的感悟：包河化学在教研员许江安老师和各名师工作室主持人的带领下取得了丰硕的成果，其中一个重要的原因就是饮水思源，用乘法的方式感恩，互帮互助，形成一个团结向上具有凝聚力和创造力的团队。下面让我们分享部分老师的成长故事。

一、曹锦群成长故事

学会尊重　学会反思　共同成长

——我的教育故事

包河区曹锦群初中化学名师工作室主持人　中国科学技术大学附属中学　曹锦群

曹锦群，安徽省中学化学特级教师，合肥师范学院特聘教授、硕士生导师，合肥市学科带头人，合肥市优秀教师，包河区名师。

教学主张：学会尊重，与时俱进。

有人说我命中注定要当教师，因为我的生日是9月10日，是教师节。还因为我在人生道路上总是与其他职业无缘：1977年恢复高考，已经在银行工作两年的我参加高考，“意外”地被安徽教育学院（现合肥师范学院）录取；成为一名中学教师后，我有多次机会到市政府、交通局、邮政局、教育厅工作，但最后我都主动放弃了。

我从小县城的一名普通中学化学教师逐步成长为一名在省内外有一定知名度的特级中学化学教师，成为合肥师范学院的特聘教授、硕士生导师，这里有幸运，有机遇，有同伴的帮助，有领导的关怀，但更多的是个人努力，这种努力需要有崇高的目标，有坚定的信念，有不断的反思与行动。

1.制定目标，改进教学，成绩突出

我刚刚成为中学化学教师，领导就让我承担高中教学任务。我信心十足，给自己定下目标：每周听老教师的课不少于3节，要有详细的备课笔记，每次课前必须熟悉教案，课堂上脱稿，课后要反思写体会。

第一轮高中教学就让我尝到了成功的喜悦，我所带的一名学生高考化学成绩在安徽省名列第二，在宣城市名列第一，被中国科学技术大学近代化学系录取。这也让我这个乡镇中学教师开始被人们认识。

20世纪90年代初，我来到合肥经济技术学院附中。这所学校刚成立两年，我主要承担初中化学教学任务。当时全国各学科的奥林匹克竞赛进行得如火如荼，周末各校都在进行奥赛辅导，我们学校也不例外，我辅导的学生奥赛成绩每年在合肥市都名列前茅。这时我听到了学校其他学科老师的议论：利用周末进行辅导，既占用学生时间，又增加学生负担。我听后并没有反驳，而是进行反思：我能否不利用周末进行课外辅导？我能否制定一套在课时内完成中考和学科竞赛的课程计划？于是我进行研究，摸索出将学科竞赛辅导渗透到日常教学之中的有效方法，并不断加以完善。

通过改进教学，我带的学生化学竞赛成绩和中考成绩比以前更好。全国初中化学奥林匹克竞赛中，我的学生获奖373人次（全国一等奖11人次，省一等奖23人次，省二、三等奖50人次，市一等奖131人次等）。我所带班级中考化学成绩一直居合肥市第一，中考化学及格率、优秀率、人均分三项指标均位于合肥各高校附中之首。因此，本人六次荣获中国教育学会化学专业委员会颁发的“园丁奖”，六次荣获安徽省化学竞赛委员会颁发的“优秀指导教师”证书。

2.学会尊重，学会反思，共同成长

尊重同事，对不同意见进行反思，制定新的教学策略。例如，本校的一位同年级的物理老师在一次物理考试后找到我，很不高兴地说：“我的物理考题，学生都用化学知识来回答，干脆学生都去学化学算了！”我仔细看了考题，题目是问学生白炽灯泡中的钨丝在使用时断开的原因，学生没有回答温度升高，灯丝升华熔断的物理原因，而是回答由于灯泡内的氧气与钨丝发生氧化反应的化学原因。于是，我笑着对物理老师说：“学生没有错，问题在于我们在教学中要注意学科间的联系与渗透，不论是物理老师还是化学老师，既要讲物理原因也要讲化学原因，但是在学科考试时，要注意引导学生是先回答物理原因还是先回答化学原因，还是所有原因都要回答。”

尊重同行，找自身原因，增加沟通与交流，促进学科教学水平的提升。一次包河区的初中化学教师课堂教学大赛，评委中有一位省化学教研员和一位区化学教研员，我作为包河区中学化学教学专业委员会会长也被区教育局聘为评委。大赛在合肥市第四十六中学举行，该校也有一位优秀的化学教师参赛。比赛结束后第三天，合肥市化学教研员给我打电话，说此次区大赛的第一名鹿钰锋老师是我的徒弟，有学校有意见，说你既是裁判员又是教练员。我听后没有发表任何意见，而是去做了两件事：一是向包河区教体局分管局长提议，召开一次各学科的区大赛交流会，会上对参赛老师的每一节课进行回放和交流，肯定成绩，指出不足或提出改进建议，结果，教师们反响很热烈，收获很大，效果很好。二是我带领一个团队对鹿钰锋老师进行有计划的磨课指导。后来，在合肥市初中化学教师课堂教学大赛中，小鹿老师出色的表现获得市一等奖第一名，并被推荐到省里参赛，又获省大赛初中组的第一名，同时获得“安徽省教坛新星”称号。关于我和小鹿的故事现在想起来就像发生在昨天，我记得当时科大附中公开招聘教师时，小鹿关于氨气实验室的创新制法博得评委们的一致好评；记得在中科大南区分校，我作为他的师父和校长建了当时合肥市最好的化学实验室，而小鹿又是怎样让这个实验室的作用发挥到了极致；记得安徽省教坛新星评选的前夜我们一起备课到深夜，而第二天天刚亮又去敲一家药店大门买钙片的情景。

3. 发挥名师工作室的引领、示范、指导和辐射作用

合肥市包河区教体局为打造安徽教育第一强区，采取了多项举措，其中一项是选择在省内外影响较大的特级教师挂牌成立名师工作室。我很荣幸被选为名师工作室主任，挂牌成立“曹锦群初中化学名师工作室”。

工作室成员是包河区化学团队的精英，不仅有省市知名的学科专家，还有未来的学科精英。本人领衔的这个团队在包河区化学学科起引领、示范、指导、辐射作用，并在此过程中促进名师工作室团队的成长，促进全区整个化学教师队伍的专业发展，促进全区化学教学均衡发展，促

进全区中考化学成绩大面积提高，促进青年教师在省市各种教学大赛中取得优异成绩。

4.如何让包河区的薄弱学校不再薄弱

包河区一些学校规模小，初中化学教师少，年轻教师占比大，教研活动水平低。本人认为这是包河区教育发展的一个瓶颈，这些学校最需要名师工作室的指导。这些年来，我有计划地“驻扎”在某一所薄弱学校，全方位参与该校教研活动，重点发现和培养年轻教师，给他们创造更多的锻炼提高的机会，加快他们的成长。

2008年，合肥市第六十五中学的江乐霄老师参加省优质课大赛，赛前我曾苦思了半个多月，如果有别的地市参赛选手与我们的课题相同，我们怎么办？怎样让江老师的课再上一个台阶？后来我提出加入奥运会火炬不灭的内容，经过团队老师的精雕细琢，再通过江老师的精彩表现，在大赛现场引起了不小的轰动，江老师的课成了一节非同凡响的精品课，获得了省大赛一等奖。

赛后，我对江老师说：“这是你的起点，不是终点。”在随后的几年中，江老师非常勤奋，积极参加许江安老师主持的省级重点课题的子课题研究工作。有了经验后，江老师本人也尝试申报了省级重点课题。2016年江乐霄老师被安徽省政府授予“特级教师”称号，也成为包河区名师工作室培养出的第一位省特级教师。

2014—2015年，我重点“驻扎”在海顿中学，让该校的青年教师武学良老师在包河区上公开课，让他代表包河区到合肥市三县一些学校“送教下乡”，指导他参加实验创新大赛。2015年，武学良老师在实验创新大赛中获得全国二等奖、安徽省一等奖第一名、合肥市一等奖第一名的好成绩。我很怀念与学良一起备战实验创新大赛的日日夜夜，多少次我们在一起进行过程设计，多少次到海顿中学实验室进行实验攻关，这过程中不知道被蚊子“发”了多少“红包”，不知道经历了多少次失败的痛苦和成功的喜悦，不知道多少次和许江安老师、朱成东老师、戈益超老师、江乐霄老师等在一起“会诊”。

2015—2016年，我重点“驻扎”在合肥市第六十一中学，全方位地参与该校化学教研活动，共出了15期活动简报。2016年，该校陈晓峰老师参加了实验创新大赛，荣获全国一等奖，安徽省一等奖第一名，合肥市一等奖第一名的好成绩。

5.如何让包河区的名校更加强大

包河区有四十六中和四十八中两所名校，近几年引进了很多年轻教师，让这些年轻教师快速成长成了名校的当务之急。

名校本身就有优秀的教师团队，他们也有培养新人的经验和计划。除此之外，他们还需要什么？本人带领名师工作室的精英团队，积极参与名校的校本教研，毫无保留地给予学科教学的一些“顶层设计”，解决这些名校急需解决的一些困难和问题。我给自己提出一个要求：只要包河区的青年教师需要，无论何时何地，再忙也要抽出时间帮助他们解决问题。值得欣慰的是，这些年我基本做到了，刘亮荣、杨静、周莉、钱锁、徐蓉、徐鹏、陶柳森、武学良、张美霞、郭丰年、陈晓峰等，我与这些优秀青年教师一起磨课，共同成长。

6.如何让包河区的学科教研员需要名师工作室

我们认为，学科教研员和名师工作室是一般与特殊的关系，是基础与提升的关系，是相辅相成的关系，否则就可能出现名师工作室的工作等同于学科教研员的工作的情况。因此，本工作室进行了相应的实践与探索。

建立学科教研员与名师工作室主任良好的合作关系。制订每学年或学期的工作计划时，教研员与工作室主任应反复沟通，将名师工作室计划作为学科教研计划的一个重要组成部分，使制订出的学科计划科学、全面、系统、高效。

名师工作室承担在包河区学科教研的重要任务。如：2016年4月，合肥市教育局在包河区举行“合肥市初中化学基于微课的翻转课堂”大型教研活动。此活动在合肥市尚属首次，本工作室承办了此次活动，让四十六中的杨静老师和六十一中的郭丰年老师分别上一节课，本工作室对课题进行“顶层设计”，带领名师工作室团队多次“磨课”，并利用四十六中的云教学平台进行大数据分析和师生互动演练，最终出色地完成了任务，产生了很大的反响。

7. 如何让学校支持名师工作室

我所在的学校是中科大附中，也是一所名校。我作为名师工作室主任，日常化学课对包河区所有的年轻教师开放。这必须得到学校领导的同意和支持，我保证做到在本校的学科教学让领导满意，保证班级中考化学成绩居合肥市第一，保证本学科作业最少，保证名师工作室的活动不仅不影响工作，还能提高学校的知名度。

近五年我都是这样做的，每年都有大批的包河区年轻教师来听我的课，这不仅有利于青年教师的成长，也有利于我的成长，因为我必须将平时的课当作公开课来上。

写到这儿，我很想告诉大家，无论是作为教师，还是作为名师工作室主任，如果将工作当作一种事业来做，会让你产生很强的使命感、责任感和危机感，会让你学会尊重，学会反思，会让你在包河区化学教师的大家庭中与广大青年教师共同成长。

我想，如果包河区名校更强，薄弱学校不再弱，那将是包河教育真正灿烂的时候。

二、许江安成长故事

搭建平台一路陪伴　精彩绽放共同成长

——我的教育教研故事

包河区教体局教研室教研员　许江安

人，相互扶持才感到温暖；路，有人同行才不觉漫长。

与人为善，不遗余力地成就他人，不知不觉地成就了自己。

地位和荣誉只不过是一个杯子，而修养和品性才是杯中的内容。夜光杯中未必盛的就是葡萄美酒，也可能是一杯浊水。粗瓷盏里未见得就是白开水，很可能闷的是一盏极品龙井。

做一个温暖的人，用加法的方式爱人，用减法的方式怨恨，用乘法的方式感恩，你会发现全世界都在向你微笑。

心存感恩，所以快乐和幸福。

许江安，女，1962年9月出生，合肥市包河区教体局教研室化学教研员，全国优秀化学教研员，合肥市第一、第三届学科带头人，包河区拔尖人才。主持两项省级课题研究，并获得安徽省第七届教科研成果三等奖和合肥市教科研成果二等奖。

教研主张：搭建平台，让愿意干的老师在实践中长才干。肥沃的土地能长出好庄稼，良好的环境能养育杰出人才。教研员要具有高尚的人格魅力，充满正能量，不断鼓励老师、欣赏老师，善于发现人才、培养人才，真正让老师体验成功，体验化学教育教学的幸福生活，获得成就感，营造大家庭的温暖氛围。

饮水思源，用乘法的方式感恩，你会发现全世界都在向你微笑。在我的工作和生活中，所有给予我帮助和支持的人都是我生命中的贵人，如果没有这些贵人的帮助，我不可能取得现在的成绩。安徽省教科院的夏建华特级教师是我的良师益友，我们大家都非常爱戴他，我所取得的每一点成功都离不开夏老师的指导、关心和帮助，他是我的指路人和领航者。我的导师安徽师范大学闫蒙钢教授是我们包河区化学课题指导专家，多次来我区调研指导，不管我们遇到什么困难，只要向闫老师求教，肯定会得到百分百的支持和鼓励。合肥师范学院姚如富教授是我们聘请的化学专业研究会的指导专家，非常关心支持我区的化学教育教学工作，有求必应。合肥市原化学教研员蒯世定老师对我区关爱有加，感激之情难以忘怀。合肥市教科院苏仕标老师像一位邻家哥哥，亲切而温暖，很受我们的爱戴和尊敬。包河区教体局领导和教研室领导也是大力支持我区化学教育教学工作，从经费、培训等方面都全力支持，鼓励我们大胆创新，让我们没有后顾之忧。曹锦群主任为包河区化学教育教学更是呕心沥血，他强烈的责任感和无私奉献的精神都是我们学习的榜样，他是真正意义上的名师。合肥市江乐霄初中化学名师工作室成立时间不长，但也为包河区青年化学教师提供了不少锻炼成长的机会。还有我的家人对我工作的大力支持和帮助，使我能够全身心投入包河区化学教育教研中，陪伴可爱可敬的化学老师们一起共同成长。

1.教师要在实践中成长，平台很重要

你是谁并不重要，重要的是和谁在一起。和不一样的人在一起，就会有不一样的人生。爱情如此，婚姻也如此；家庭如此，事业也如此。“和我在一起，成就优秀的你更好的人生”，是我对教研员工作的追求。

课题研究是教师专业成长的重要平台。十年间我主持了两项省级课题的研究。2004年，九年级化学新课改开始，也是区划调整的第二年，我负责物理、化学、生物、小学科学四个学科的教研工作。当时的我初出茅庐不怕虎，在省教科院夏建华老师的指导下，我申请了省级课改课题“初中理化生、小学科学学习评价的研究”，带领20多所中小学共80多位教师开展课题研究，此间遇到了太多的困难，如课题的框架如何搭建，子课题如何确定，如何确定研究思路、方法、策略，课题过程中的管理，中期的课题评估，研究过程中资料的收集，聘请专家的经费，如何把课题研究与平时的教研活动有机结合，等等。这些问题全部摆在我面前，而我也没有多少做课题的经验，着急得甚至哭过两次，觉得做课题太难了。

越难的事越有挑战和机遇。虽然我们没有做课题的经验，但是我们齐心协力，借助省市化学专家和闫蒙钢教授给我们的理论和实践方面的指导和帮助，我们走过了不平凡的四年，我们边摸索实践，边交流总结，各学科教师取长补短，共同进步，最终于2008年6月12日顺利结题，此后该课题获得安徽省第七届教科研成果三等奖。通过四年课题的研究，我们收获了太多，老师们取得的直接和间接成果多达499项。第一，通过这次课题研究带出了一支能打硬仗不畏艰难的队伍。第二，老师们的教科研能力和综合素质大大提升，不少老师在区、校受到重用，如子课题负责人曹锦群、陈乐东后来分别担任包河区化学、生物名师工作室主任；子课题负责人王贞、朱家礼分别获得合肥市和安徽省“教坛新星”称号，后来分别被聘为包河区生物、小学科学兼职教研员；还有一部分学校中层领导被提拔为校级领导，如江乐霄、刘继宏分别担任六十五中和四十八中望湖校区的业务校长。第三，在课题研究过程中四个学科的老师建立了深厚友谊，为营造包河区物理、化学、生物、小学科学四个学科浓厚的教研氛围奠定了良好的基础。

2010年，我又和合工大附中陈乐东书记共同申请了省级课题“初中生物、化学学科有效实施‘科学探究’的实践研究”，这次有了经验，老师们的积极性都很高，连新建的四十八中滨湖校区都积极申请参加课题研究，包河区化学教师教科研热情空前高涨，大家团结一致，倾心尽力。课题研究更加规范，研究特色与创新点更加凸显，如：与高校合作，共进双赢；观课议课，改革创新；请进来，走出去，学习提升；组织健全，中期评估，表彰先进。特别注重课题研究过程，开展课题调研，解决疑难，不搞花架子，注重实效。将课题研究和教研融为一体，搭建多元平台，展示交流，取长补短。还有连续开展的九届“包河区中学化学科学探究大赛”，近千名学生在实践创新活动中提升了科学素养。各项活动开展得风生水起，轰轰烈烈，真是众人拾柴火焰高。2014年12月，该课题在大家的共同努力下顺利结题，并获得合肥市教科研成果二等奖。这次课题研究老师们更是大丰收，其中，化学学科有476项成果，生物学科有320项成果。

2. 教师专业成长，课堂教学更重要

课堂教学是教师专业成长的主阵地。教师的“五个一”就包含每学期要在校内上一节公开课，我在教学调研中查看了老师们的听课笔记，发现基本就是记几个教学环节，没有点评和建议。所以，这种校级公开课有的就是为了完成任务，对教师的专业成长作用不大。我在不断思索，如何才能有效提升区域内化学教师的课堂教学水平。

“请进来，走出去”，邀请省市化学专家和高校教授介绍先进的教育教学理念，自己边实践边总结。外出学习观摩也是一种提升课堂教学水平的有效途径，如四年一届的全国初中化学优质课大赛在广西南宁举办，为了让老师们有机会去学习，我向市化学教研员申请名额，他也很为难，毕竟名额有限。我又直接找省教科院夏建华老师要名额，夏老师看我们区的老师学习积极性高，平时教研活动开展得有声有色，也愿意给我们学习的机会。那次我区去了十位老师，其中，江乐霄、刘亮荣、敬小容、郭巧乔、徐鹏等几位老师帮助夏老师进行课堂记录和分析，夏老师用这些数据上点评课，令全国的化学老师耳目一新。我跟老师们说要学以致用，学会从不同视角来审视自己的课堂教学。下面说两个小故事。

故事一：2007年，包河区推选江乐霄和周莉两位老师参加合肥市初中化学优质课说课选拔赛，当时大家都很少会做课件，我请江乐霄到我家里共同制作说课课件。说课比赛正值周末，还下着大雨，我陪同两位老师参赛，给她们鼓励和支持。在江乐霄代表合肥市参加全省初中化学优质课说课大赛前，第一次磨课我邀请市教研员来指导；第二次磨课我策划了一次全方位的课堂教学观察活动，邀请教科院夏老师的团队来对江老师的课进行全面观察诊断，整个过程持续了2个多小时，一次次地修改教学设计；随后，我又组织曹锦群等本土专家反复打磨。最终这节课获得安徽省一等奖，其录像报送到全国也获得一等奖。

这次活动给了我很大启发，课堂观察不仅对上课老师来说是一次全方位的评价，对于听课老师来说也是一次考验。很快，我们成立了包河区化学课堂观察小组，在开展区级大型的公开课研讨活动时，就请观察小组记录分析，课后及时点评。渐渐地我发现，课后的点评不再是名师、骨干教师的一言堂了，当看到像吴静静这样的一群年轻老师从某一个角度自信的侃侃而谈时，我感到由衷的欣慰。通过观课、议课这种新型的教研活动方式，大大提高了教师们的参与性、积极性，因为教师们通过这种方式受益匪浅，同时也凸显了教研活动的高效性。

在实践中我们摸索出提升课堂教学模式四部曲：本人撰写教学设计—外聘专家指导—本人修改教学设计—组织本土专家反复打磨（用不同层次的学生打磨）。

故事二：安徽省正在征集第一届德育精品录像课，教体局高俊局长问我化学能否承担一节课。当时是8月中旬，要求9月初交录像光盘，时间紧，任务艰巨。我思来想去，合肥市优质课大赛刚刚结束，四十六中黄也明老师《水的净化》说课获得合肥市二等奖，正憋着一股子劲呢。我给出顶层设计思路，结合四十六中是长三角试点学校的背景，对巢湖水的污染原因和合肥市的治理方法进行开放式的探究，让学生走进巢湖，让合肥市环保专家走进教室。拍课堂录像时，我和黄也明老师一直忙到晚上11点。果然，该录像课获得安徽省德育精品录像课一等奖第一名，报送教育部电视优质课评选后，获得全国一等奖。现在我又鼓励黄老师申请市级课题，带领区域内6所学校的十几位化学老师积极投入课题研究中。

这样的故事很多，在此不一一赘述，老师们的成长故事足以证明这种模式的有效性。十年弹指一挥间，我区化学教师在安徽省甚至全国各项大赛中取得的骄人成绩让我感到无比幸福。如2014年和2016年两届安徽省初中化学优质课大赛中，我区吴静静、郭巧乔、杨静、陶柳森四位老师代表合肥市参赛，均获得省一等奖。还有钱锁、徐蓉、范海燕、王磊、高苏婉、范莺、王楠等一批获得合肥市一、二等奖的年轻教师活跃在包河区这片热土上，感受幸福生活。

3.教师在团队中发挥作用，分享真重要

创设包河化学“百家讲堂”。包河化学教育教学成果非常丰硕，人才辈出，为了让大家的成功经验和取得的成果在全区交流推广，搭建一个什么平台合适呢？中央电视台《百家讲坛》栏目给了我启发，我们策划了包河化学“百家讲堂”，围绕一个主题，如中高考系列讲座、课堂教学展示、科学探究优秀作品分享等，由区内名优教师开设专题讲座。现在，包河化学“百家讲堂”已成为包河化学教育教学分享的一个品牌栏目，目前已经开设了54期，有效提升了教师职业生涯的成就感。

名师分享“教学主张”。我区化学名师多，如何发挥他们的引领示范作用，促使名师反思提炼自己的教学思想、教学方法策略呢？教育部课程改革专家组核心成员余文森教授认为，根据我们多年的实践研究，要把优秀教师培养成为卓越教师，最核心的工作就是帮助他们提炼自己的教学主张，并围绕教学主张开展系统的理论和实践研究。可以说，提炼教学主张是培养卓越教师的一把金钥匙。近几年我们尝试开展名师分享自己的教学主张的专题活动，效果很明显。如曹锦群、张美霞、刘继宏、刘亮荣、戈益超五位名优老师分享了自己的教学主张并上了一节示范课，过后大家纷纷表示收获很大。

培养教师善于反思的习惯。教师每年都有参加各类培训的机会，如何通过培训提高自己？通过学习得到的知识终究是别人的，不是你自己的。将这些外来的知识内化，每个人的感受和心得是不一样的，写文章的过程，也就是对自己学到的知识、方法在实践中的感悟和心得进行总结和反思的过程，在这个过程中形成的知识结构，才是自己的，能够应用到工作实践中，经过长期积累和反思，逐渐形成自己的知识结构和教育智慧。但是，老师们参与培训，多数只带耳朵去听，没有用心思考，很快就忘了，学习效果不理想。我尝试让他们完成一篇不少于千字的学习心得或感悟，万事开头难，一开始老师们没有这个习惯，觉得是一大负担，我催交作业的过程很难，交来的心得体会也是干巴巴的几百字，有的甚至连文章标题都没有拟定，但我还是把这些文章及时汇总，编辑成简报在区内交流。经过我和老师们的努力和坚持，现在老师们已经养成了写学习心得的习惯，文章的质量越来越高，《包河化学教科研简报》已成为包河化学教科研的一大亮点，这些简报将成为老师们快乐成长的见证，成为老师们职业生涯宝贵的精神财富。

看到学生的成长，老师从心里感到骄傲和自豪，同样道理，老师们的成长更是我工作的动力，我一路陪伴，老师们的精彩绽放就是我事业幸福的源泉。

三、鹿钰锋成长故事

教师是怎样炼成的

——我的成长之路

包河区高中化学名师工作室主持人　合肥工业大学附属中学　鹿钰锋

鹿钰锋，中共党员，中学化学教师，安徽省师德先进个人，安徽省第三届教坛新星，合肥市德育工作先进个人，合肥市骨干教师，安徽中学学习网名师顾问团成员，合肥师范学院外聘专家，包河区高中化学名师工作室主持人。多年来一直在教学一线工作，工作兢兢业业，任劳任怨，注重团队协作，具有强烈的事业心和严谨的治学态度。热爱教育，关心学生，始终把学生放在第一位，用爱感化了一个又一个学生。爱岗敬业，认真负责，深受学生的爱戴和家长的尊敬，是身边人的好老师、好朋友。在教学教研方面，业务水平过硬，有着丰富的教育教学经验，扎实的教学基本功和敏锐的教改意识、创新意识，具有专业的理论知识、较强的教育教学及教科研能力，曾获全国化学数字实验大赛二等奖。多次承担省级示范课、研究课任务，获得一致好评。多次在国家核心期刊上发表论文。

教学主张："一切为了学生，为了学生的一切""带着爱心走进学生，带着激情走上讲台""让学生成为课堂的主人"。

光阴似箭，日月如梭。在不知不觉中，我已经在教育教学的路上度过了14个春秋。回想这14年的教学生涯，静下心来回头看看自己的成长过程，感悟颇多。我将从我14年的教学生涯成长历程和良师益友对我的帮助来总结和讲述自己的成长故事。

1.成长历程

（1）前六年（2004—2010）。

2004年，刚毕业的我来到了中国科技大学附属中学成为一名化学教师，开始了我的教学生涯。作为一名初出茅庐的年轻教师，由于经验欠缺，处理课堂突发情况和教学过程中出现的问题时，存在很多的不足之处，而且容易出现急躁心理。身边的很多老师都积极主动地帮助我，疏导我不安和急躁的情绪，他们结合自身的丰富经验，告诉我万事开头难。在他们的帮助下，我在努力提高自身能力的同时，逐步学习如何更好地与学生沟通交流，更好地处理和解决课堂突发情况，自身的综合能力得到了提高。与此同时，我深刻地体会到作为一名教师，教学工作的出发点是教材，于是我开始努力钻研初中化学教材并一步步地学着去建立自己的教学风格，这在我成长的过程中是不可缺少的一部分，使我慢慢地改掉自身存在的不足，成长为一名合格的初中化学教师。

（2）中三年（2010—2013）。

2010年，我进入了合肥市第六中学继续我的教学生涯。五个班的化学课让我的生活很充实，每天清晨伴着朝阳进入校园，晚上顶着明月、拖着疲惫的身体回家。合肥六中注重让学生成为课堂的主人，让老师在课堂教学中，既源于课本又不局限于课本，将学生的思维引导到课本之外，这恰好与我的“生活处处为学习”的理念不谋而合。时代在不断地进步，面对现代社会的日新月异，只有不断地扩充和提升自己，更新知识储备才能更好地去教育学生，应对更复杂的教学问题。

在六中的三年教学生涯里，我面对的最大的难题就是从初中化学教学到高中化学教学的过渡与转化。相比于初中化学，高中化学更着重培养学生的各方面综合能力。由于具有前六年的初中化学教学经验，我可以很快地了解学生入学时的化学水平，但是对于高中化学的教学我还是一名初学者，于是我利用课余时间钻研高中化学教材，逐步形成了自己的教学体系。在此过程中，我常常进行自我反思。自我反思可以令人警醒，促人成长。结合教学实践中的实际案例，我开始积极撰写教学体悟、科研论文等，让实践中的“感触”通过文字进一步得到提升，从而在提升自己的同时帮助新来的老师。根据我自身的经历，我深刻地明白老教师对于年轻教师的作用，因此，我提议成立包河区高中化学名师工作室，将名师身上的优秀之处和年轻教师分享、交流，帮助他们成长。

（3）后五年（2013—2018）。

2013年，我进入了合肥工业大学附属中学。进入了一个新环境，首先要做的就是适应它。在新环境中，同样有一群同事充当着良师益友的角色。慢慢适应了新环境，我重新找到了熟悉的工作状态。随着信息技术的不断发展，数字化教学技术逐渐进入了中学化学教学课堂。为了及时跟上时代的脚步，我在合工大附中工作期间开始筹备数字化实验室的建设，引进较为先进的数字化教学实验器材和设备，并将其应用到教学中。我在学习数字化实验教学的同时，利用化学教研活动和公开课等机会，将数字化实验教学介绍给其他化学老师，和大家一起学习，一起进步。在我看来，一名优秀的教师，在搞好教学工作的同时需要积极地接收外界信息，接受新兴事物的发展，只有结合了时代发展的特点，掌握教学的发展趋势，才能更好地帮助学生成长。

2. 良师益友

从一名初出茅庐、经验不足的年轻教师到现在熟练地进行教学工作，处理教学问题，成长的道路虽然艰辛漫长，但是过程中我感受到的最多的却是教师行业大家庭的温暖。如果将我任职过的每个学校都作为一个阶段，我觉得最幸运的莫过于在每个阶段我都遇见了不可多得的良师益友。他们是一股不可替代的力量，帮助我在教师的路上一路成长。回首过去，我将我14年教学生涯分成三个小阶段来总结。

我在科大附中为期六年的教学生涯里，有很多老师一直在帮助我成长，其中印象最深刻的就是曹锦群老师。由于刚进入校园，无论是生活上还是工作上都存在很多迷茫之处。曹老师在教学方面的丰富经验和对课程的顶层设计，都对我的教学工作起到了莫大的引导和启示作用。我在科大附中工作期间，曹老师对我的关心可谓是无微不至。特别是我在进行第三届“安徽省教坛新星”评比期间，大到教学设计和框架，小到导课环节的引语和教学细节用语，曹老师都不辞辛苦地耐心帮我指导指正。正是由于他的帮助，我才能迅速地提升自己，获得“安徽省教坛新星”的称号。虽然我早已不在科大附中，但我和曹老师一直保持着联系，他依然在工作和生活中给予我指导和帮助。前段时间，我和曹老师一起自驾前往西北地区旅游，整个过程中他的那种年轻的心态，一直都没有改变，实在令人敬佩，他将是我一生的偶像。

在科大附中教学期间，我还要感谢的是包河区的区教研员许江安老师，每次听过我的课后，她总是和气、亲切地指出我的不足，并提出有针对性的建议帮助我进步。我还记得她第一次来到科大南区听我的公开课，课后对我说：“小鹿，你的教学基本功是不错，但是在教学设计方面没有新意，没有自己的特色。要想成长快，首先要实干，然后是学习，更加重要的是反思。”正是许老师的这句话，促使我努力钻研教材，尝试建立自己的教学风格。在“教坛新星”评比中，许老师一周有4天待在科大附中，一下午听两节课，评两节课，这种精神实在让我感动。其次是江乐霄老师和刘继宏老师，江乐霄老师是合肥市第六十五中学副校长、化学特级教师，她结合自身丰富的教学经验，对我的不足之处进行指导和建议。刘继宏老师是合肥四十八中学望湖校区副校长，是他的言传身教让我较快地适应了工作。每当我有懈怠的想法或消极的态度时，一看到两位老师严谨认真的教学态度，我就会开始反思：“江老师和刘老师这样经验丰富的老教师都兢兢业业，我更加应该努力奋进，积极进步，才能提高自己，帮助学生更好地成长。”

合肥六中的三年教学时光飞逝而过，我也逐渐地从初中化学教学过渡到了高中化学教学，对于我来说，这是一个质的飞越。在整个过程中，由于生活和工作的压力，我也曾经出现过消极懈怠的心理，甚至想过放弃建立自己的风格，但身边老师们的鼓励、前辈们的指导和言传身教，帮助我成功地克服了困难，完善了自身。在六中的三年里，最让我感谢的是那些优秀的学生，是他们让我认识到什么是教学相长，也是他们使我从一个初中化学教师华丽地转变为一个高中化学教师。合肥六中化学组是一个非常团结的团队，他们对我的包容和指导，让我进步很快，也让我很快地适应了高中的教学工作。

到了合工大附中后，区教育局安排我主持高中化学名师室工作。这让我深深地体会到包河区高中化学教学团队精神，每一位老师的敬业精神一直督促着我成长，我们一起把工作室建成区级高中化学教师之家。在这里，我们其乐融融，开心愉快地开展教研活动，正是由于我们的团结合作，我们的工作室已经在安徽省内有了一定的名气，也经常被作为成功的典范。为了更好地将数字化技术引入课堂，我在合工大附中工作期间一直致力于数字实验室的建立。从数字化实验室的创建到数字化实验器材、设备的引进，学校领导和同事都给予了我很大的帮助和支持。对于我遇到的问题和困难，他们都会及时地帮助我解决。当数字化实验室创建初具模型之后，我开始组织学生学习数字化实验仪器，并组织开展了一次数字化实验公开课。夏建华老师全程观察学生的实验过程及结果，并在课后进行了点评："小鹿，你这次课的各方面表现都很好，但是在教学实验的设计方面还有所不足，今后可以更好地设计教学实验，让学生自己多动手，自己做，自己想，突出学生的主体地位。"根据夏老师的评价和建议，我在课后进行了深刻的反思，并重新设计了教学实验，减少了传统实验的比例，将更多的时间交给学生，并进一步明白了"学生是教学的主体和中心"的含义。

俗话说："吃水不忘挖井人。"饮水思源是每个人都应该有的品格。作为一名拥有14年教学经验的教师，我深刻地体会到身边的前辈、领导和同事对我的帮助，也更加深刻地意识到教师的行为对学生的意义。有人说："学生之于老师只是一时的记忆，但是老师之于学生却是一辈子的记忆。"作为一名教师，我们应该做的，不仅是努力地提升自己，而是要学会在提升自己的同时，更好地帮助学生。何其有幸，我能够从事教育行业，也许对于新人来说，我是个有经验的"老教师"了，但对于各位教坛的前辈来说，我还有很多的不足之处要改正。我会在以后的工作生活中更加努力地提高自己，帮助学生，对得起"教书育人"这几个字。

四、戈益超成长故事

梦想指引我一路前行

——我的成长故事

中国科学技术大学附属中学 戈益超

戈益超，1977年出生，1999年安徽师范大学本科毕业，2008年安徽师范大学教育硕士毕业。中学高级教师，中国科学技术大学附属中学教研组长，中国教育学会化学教育专业委员会教改优秀教师，安徽省教坛新星，合肥市教工委优秀党员，合肥市骨干教师，包河区高中化学名师工作室专家组组长，合肥市周祖保名师工作室成员，安徽省省级命题专家库成员。多次应邀在省内外进行高考化学复习专题讲座、教师专业培训讲座。任教以来在《化学教育》《中学化学教学参考》《高中数理化》等期刊发表教学教研类文章30多篇，主编、参编多本教辅资料，主持的课题获国家级教学成果二等奖。

教学主张：民主、激疑、探究、成长。

基于教师的民主意识下构建和谐的课堂氛围，突出实验导学在化学课堂中的作用，通过实验创设情境，激发学生探究的欲望，然后再带着问题通过师生合作、生生合作共同探究直至解决疑问，在教学过程中师生共同成长。

梦想使我成为一名中学化学教师。人需要有梦想，还要有追求梦想的执着精神。马丁·路德·金的《我有一个梦想》一直激励着我，梦想“自由”的力量牵引着人们不懈奋斗，最终使自由之声轰响，梦想的力量如此巨大，它可以给前进的人们以无穷的力量。梦想是黑夜里的航标灯，可以指引着我们的方舟躲过暗礁，驶向成功彼岸；梦想是每个人心中的太阳，能驱走云霾，让心空朗照。我的梦想就是做一个学生喜欢和爱戴的老师。在大学时代，我就立志做一名中学老师，虽然当时的选择很多，但是我还是坚持了我的梦想，在大学毕业时选择了合肥市第十中学，成了一名高中化学教师。我刚刚从学校毕业，幻想自己能潇洒地走进课堂，一炮打响。然而，当我面对复杂的课堂教学而感到无所适从时，就产生了理想与现实的失落感，急切需要获得实用的教学技能。此时，我遇到我的教学生涯中的第一位导师——陈家宝老师，当时我拜于陈老师门下，跟着他学习教学技能和化学知识。陈老师对我的教学指导是全方位的，他不仅帮助我全面提升教学技能，还在继续学习化学知识方面做了一个好榜样，在他的引导下，我渐入化学教学之门。经过一段时间的教学实践的磨炼，我逐步适应了学校的节奏，开始胜任教学工作，同时积极参加各级各类教研活动，在活动中学习优秀教师的智慧。

勤奋加速了我的成长。在陈家宝老师的帮助下，我也渐渐确定了自己的奋斗目标：成为一名像陈老师一样的优秀老师。何谓优秀，就是在你的同龄人中略有领先。如何能领先于人呢？我常常思考这样的问题。我既不是一个禀性聪颖的人，也不是一个出身名校的优秀人才，我只是一名普通的师范生。那么只有勤奋这一条路可以让我略有领先，正是这一份信念促使我不断地进行公开课展示，积极参加各种教学比赛，在每次教研活动中提升自己的教学技能。在这期间我获得过合肥市优质课比赛一等奖、全国首届教育硕士安徽省赛区说课比赛一等奖等成绩。

团队的力量成就了教学生涯中的一次升华。2007年，安徽省重启第三届“教坛新星”评比，本届评比距离上届已经有6年之久，而前两届获得“教坛新星”称号的老师都成了教学名师，我深深地感受到这样的评比对老师成长的重要作用，所以我高度重视本次评比，期待着自己能从本次评比中学到更多的技能，也期待着借用这样一个平台进一步提升自己的教学水平。我努力奋斗在“教坛新星”评比的路上，从学校到市属学校再到市区选拔直至安徽省的评比，我孜孜不倦，努力求索。在这次比赛中，我感受最深的是团队的力量。从学校选拔出来后，进入市属学校评比，从说课到实验技能再到有生上课，这一路都有十中化学组的同仁们陪伴着我，其中包括田竹林、陈家宝、王守骝和黄家鸣等几位老师的倾心指导，正是他们的无私帮助给了我进入市区选拔的机会，并在最后荣获“合肥市教坛新星”第一名，代表合肥市参加安徽省评比。此时，我遇到人生中另外两位重要的导师——安徽省化学教研员、特级教师夏建华老师和合肥市化学教研员、特级教师蒯世定老师。在确定了我代表合肥市参加安徽省评比后，蒯世定老师对我进行了全方位培养，从课堂教学设计到教学策略以及教学互动等方面进行了积极打造。其中印象最深的是为了配合2008年安徽省化学教研员会议在我校召开，蒯老师特意安排我上一次省级公开课，当我接到这个任务后，倍感压力。首先我没有上过这样高级别的公开课，其次参加本次会议的是安徽省17个地市的化学教研员以及省化学教研员，这是我省中学化学教学最有权威性的学术群体。如何上好一节让大家感觉不落俗套的课呢？我选择了《元素周期律》一课，从选课到磨课，再到实验安排，蒯老师现场指导，一遍一遍地不厌其烦地听课，其间，我还得到夏建华老师的点拨，在他们悉心指导下，本次公开课赢得了满堂彩。这次公开课我不仅收获了褒奖，在蒯老师和夏老师高屋建瓴的指导下，我的教学能力也得到了大幅提升，我的教学理念和教学风格初步形成，这也让我在接下来的“教坛新星”评比中奠定了成功的基础。也是因为这次展示课，我与许多化学教研员结下了友谊，也为后来进一步开展教研活动留下了很多机会。

高端教研使我获得了前进的新动力。2008年，我有幸通过“人才引进”项目进入中国科技大学附属中学担任第一届实验班化学教师，由于学生的层次提升了，促使我必须不断学习。此时，我有幸加入了夏建华老师组建的中央课程教材研究所重点课题“新课程背景下高中化学优质教学研究”课题组，在这个课题组中我负责协调并主持了“高中化学‘实验导学’的优质教学模式研究与实践”子课题。在这个团队中我接触到许多优秀的教学专家，从他们那里汲取了化学教学的精华，在这个团队中我还结识了一批优秀的同龄人，从他们身上学到了如何变得更优秀的方法。在这样的高端教研中，我学会了系统研究中学化学课堂教学特征，并把成果在2011年安徽省中学化学教育教学年会中进行分享，得到了与会人员的高度赞誉。也就是在任务的驱动下，我开始提炼自己的教学特征，并在实践过程中逐渐形成自己的教学主张。

命题促进了我的专业成长。随着教学经验的积累，我有幸连续三届被合肥市教科院苏仕标老师邀请参加合肥市教学质量检测化学命题工作。在这种高规格的命题过程中，我被苏老师的严谨和全面的化学专业知识感动。通过近几年模拟考试命题，促使我对很多问题重新审视，也促进了我对课堂教学的重新认识，从而使得教学更加严谨和规范。

进取向上的包河区化学团队给了我更多的展现自我的机会。因为合肥市教育资源调整，我校被包河区托管，在这样的背景下，我得到了更多展现自我的机会。由于我校属于区域内生源质量较好的学校，所以我也得到很多在区域内展现我校教育教学成果的机会，我被鹿钰锋老师主持的包河区高中化学名师工作室聘为专家指导团成员。在这个大家庭中，领军人物许江安老师给我搭建了很多平台，例如：区内高中教学经验交流会、教学主张展示等。

总之，有了梦想，就有了方向；有了梦想，就要咬定梦想不放松；有了梦想，就要风雨无阻，风雨兼程；有了梦想，才会笑对坎坷，所向披靡。

五、郭巧乔成长故事

业精于勤，行成于思

——我的成长故事

合肥市第四十八中学　郭巧乔

郭巧乔，女，1989年8月生，2011年9月参加工作，2014年获安徽省初中化学优质课评选一等奖，2015年获包河区“教学新秀”荣誉称号。

教学主张：让每一个学生学化学、用化学、爱上化学。

时光如梭，光阴荏苒，在春风的歌声中，小花小草又一次探出了脑袋。回首往日，在成长路上，我流下了汗水，收获了欢乐，然而更多的是那不经意的温暖与感动。就像刚毕业时，我带着对教育事业的向往和追求，选择了教师这一行业，在这三尺之宽的讲台上耕耘着，收获着，也成长着……

1.初出茅庐伴忐忑

记得刚站上讲台的时候，面对着台下几十双渴望求知的眼睛，我的内心充满了激动与兴奋，但也有些许的担心和忐忑。激动的是初出茅庐的我，实现了儿时的梦想，有理想，有闯劲，对教育怀有热情，对学生抱有期望。忐忑的是虽然大学的学习奠定了充实的理论基础，再加上一直在实习，应该说做了很多准备，可是真正开始了教书生涯，可能会遇到什么问题，该怎么处理，这些我没有任何经验。当时一直萦绕在我心中的问题就是：我能让他们爱上化学吗？他们能学好化学吗？直到现在，给学生上第一节课《走进化学世界》的情景仍然历历在目。那节课，我按照自己设计的教学程序一步步进行，上完课后舒了口气，好歹顺利结束了。没想到，我的师父刘继宏校长在听完之后，淡淡地和我说："你来听我第一节课怎么上的。"我带着疑惑走进了他的班级，一堂课听完，我是吃惊的：原来化学课可以这么上！整堂课学生都被带动了起来。课下，和师傅交流后，我才明白，仅仅把书本的知识教给学生是不够的，要花心思琢磨怎样最大程度地让学生参与到课堂中。从那之后，我就成了师父的"小跟班"，只要我俩的课不冲突，我必会去听他的课。除此之外，化学组其他老师的课上也少不了我的身影，包河区的教研活动我也次次参加。就这样，我慢慢地摸索，第一年里熟悉了整套书的内容，也对自己的课堂有了初步的把握。

2.业精于勤终成果

"业精于勤荒于嬉。"这句话一直警醒着我。看着包河区那么多优秀的老师，我也想有所突破。在第一年大量的听课过程中，我发现自己要学习的东西太多太多，例如刘校长的课上，他那优雅从容的教态、简洁明了的语言、深入浅出的引导、恰当精辟的总结都让我感受到启发式教学的魅力。还有朱老师、敬老师的课上，我能感受到学生的积极活跃。而在平时的备课活动与交流中，我会跟着慈老师学习如何塑造高效的课堂，跟着俞老师学习化学实验的改进，跟着朱老师学习化学论文的撰写，等等。这些对我来说，都是宝贵的财富。

同样，令我庆幸的是，我踏上了包河区化学教研这片沃土，在这里，我成长迅速。区里教研活动很丰富，在教研员许江安老师的组织下，每一次的活动都令我收获满满。这里有各校组织的公开课，让我从对科学探究完全不懂到可以自主设计一节科学探究课；有很多专家主讲的“百家讲坛”系列活动，让我一睹专家在课上、课下的风采；还有各类比赛，包括课堂评比、课件制作、科学探究大赛等，而参加比赛的过程就是自我提升的过程。终于，2014年，我的努力也初现成果，在各位专家、老师的帮助下，我参加了省里的优质课评比，并最终获得了一等奖，这也是对我的一个最大的褒奖！

3.行成于思严律己

我刚走上工作岗位，师父就告诉我反思不能少，他给我看了他的博客，我被里面的内容惊呆了，从平时课上的点滴到各种活动的感想，师父都有记录。这也让我知道，课下的反思是多么重要。为此，我也开始反思并将其记录下来，有平时的听课随笔、上课的记录、参加活动的领悟等，至今也有百余篇的内容了，它们对我来说都是珍贵的财富。在这个过程中，我学会了思考，评课能力得到了锻炼，写作水平也提升了上来。

我在自己的岗位上伴随着学生们一起成长，我用我的成长去教育他们，他们的成长也在影响、改善着我。我相信未来的日子里，这种彼此共同的成长还会继续，而我将会一如既往，业精于勤，行成于思，不忘初心！

六、王磊成长故事

一次比赛，一生感动

——我的成长故事

合肥市第三十二中学 王磊

王磊，女，1980年出生，现为合肥市第三十二中学高中化学教师，曾被评为合肥市第二届、第三届高中化学骨干教师，包河区优秀教师，包河区课题先进个人。2011年获合肥市高中化学优质课一等奖，多篇论文和微课获得省（市）级一、二等奖。

教学主张：让学生轻松地学，学得轻松！

时光悄悄地走着，不经意间我已经工作15年了，从一个站在讲台露着胆怯的目光的小姑娘成长为一名高中化学骨干教师。回想这一路走来，有着各种机遇，也遭遇了各种挫折，每次在遇到困难时，身边总是有人默默地伸出双手来帮助我，特别是来到包河区这个大家庭后，让我感受到了更多无私的爱和感动。

2011年，我报名参加了合肥市高中化学优质课比赛，当时报名是凭着一时的冲动，报名之后便有些迷茫了，如何去选择课题呢？在我犹豫不决时，五十一中的化学组专门为此召开了研讨会，虽然只有6个人，但是大家从学生已有的知识储备到学生对新知识的接受能力都做了细致的分析，最终确定了课题为《二氧化硫》。之后，每次上课、听课和评课，大家都毫无保留地帮助我，我顺利地以包河区小组第一的成绩进入了合肥市的复赛。虽然五十一中已经解散了，再没有当初的化学组了，老师们都到了不同的学校，但每当我想起这段往事，心里便有暖暖的感觉，请让我在这里对你们说声：“谢谢！”

如何能在合肥市的复赛上取得好的成绩呢？包河区教研员许江安老师特意邀请“安徽省教坛新星”戈益超老师和安徽省优质课一等奖获得者鹿钰峰老师为我磨课。戈老师是一个很严谨的人，对我的每个词、每句话都要求准确不啰唆；鹿老师则思维活跃，总能想出新颖趣味的化学改进实验，让学生的注意力集中于课堂上。在包河区这个团队的帮助下，我顺利地进入了决赛。

那年的决赛安排在国庆放假后的第一天，许老师放弃假期，为我请来了特级教师曹锦群老师和省教研员夏建华老师。因为国庆放假，就在许老师的办公室，曹老师和夏老师就看着录像为我再次磨课，这次的磨课让我终生难忘、视野大开，曹老师的眼界和夏老师的教学理念，让我明白原来一堂40分钟的课可以上得如此精彩。

比赛的前一天，我去抽签决定上课的顺序，结果我抽到的是“一号签”，当时就沮丧起来，就在这时，许老师的电话再次打来，她一边安慰我，一边鼓励我，给我信心，让我想不到的是她把比赛的注意事项一条一条地和我交代清楚，从如何现场和学生沟通到课上的穿衣举止，可以说无微不至。

但是很遗憾的是在最后的决赛中我因为紧张和没有经验，并没有取得理想的成绩，当时让我觉得最对不起的是背后为我默默付出的人。但是就是这次比赛，留给我太多的感动和回忆，是我一生的财富。

最后用一句话和大家共勉：成长本就有欢乐也有痛苦，有坦途也有逆境，只有不懈努力、执着追求，编织出来的生命才会有价值，才会绚丽多彩。

七、赵华成长故事

在反思中进步，在评课中成长

——我的成长故事

合肥市第二十八中学　赵华

赵华，现工作于合肥市第二十八中学，中学化学高级教师。曾获合肥市高中化学优质课评比二等奖，获“合肥市优秀班主任”“合肥市德育先进个人”“包河区新课程改革先进个人”等称号。

教学主张：让学生爱上课堂，爱上化学。

自从2002年大学毕业以来，我从事化学教学已有十多年了，对于教学我曾认为自己虽算不上专家但也富有经验，但2013年学校开展的课堂文化建设活动让我对教学反思有了新的认识。

在课堂文化建设的课例研讨活动中，我承担了研讨课授课任务。开始我认为只是上一节公开课而已，对于我来说不是什么难事。可一轮课后我发现事情并非我想象的那样，北师大的专家对我的课进行了全方位的点评，这种点评不同于一般公开课的评课，而是那种毫无情面的剖析。本来自认为不错的一节课在各项观课数据及专家们的剖析下变得漏洞百出，从教学目标到环节设置再到课堂活动都存在较大问题。所以在第一轮授课后，我对自己下一轮课该如何上真的是毫无头绪。第二轮课之前我进行了深刻的反思，不仅是针对这一节课，还反思了自己长期以来已有所固化的教学习惯和思路。在这过程中，包河区的许江安老师、戈益超老师和夏菊花老师给了我很多好的意见和建议。人最难改变的是思想，

第二轮课上得仍然是一塌糊涂。因为我一方面未能彻底改变自己长期以来形成的教学习惯，另一方面又想达到专家们所要求的课堂形式。在这轮课后，我突然意识到正是因为未能时常反思自己，才导致了这次的改变这样困难。第三轮课前，我认真观看了自己的录像，反复研读了观课组所提供的各种观测数据及专家们的点评。在此基础上，我放弃了原有的教学思路，重新设计课堂教学环节和情境，终于得到了评课专家和老师们的认可。三轮课例研讨让我对自身的教学思想和方式不断地反思，也正是这种不断深入的反思才使得自己有了进步。之后，学校在各学科都开展了类似的研讨活动，采用了量表式的观课和评课方式，也正是这种评课方式让老师的反思更加深入和全面，促进了他们的成长。

而今，我不仅每上完一节课都会认真反思自己的教学过程和学生的学习过程，更是积极参加各类听评课活动，在学习中反思。包河区化学大家庭为我提供了许多学习的机会，名师工作室更是让我接触到许多教育大家，我在这样的环境中不断成长、进步！

八、吴静静成长故事

平凡的我，愿做一名平凡的教师

——我的成长故事

合肥市第六十五中学　吴静静

吴静静，2009年7月参加工作，2013年获第十一届全国初中信息技术与课程整合优质课大赛研讨课一等奖，2013年获“包河区优秀教师”称号，2014年获安徽省化学优质课评选一等奖，2014年获“包河区骨干教师”称号，2015年获“包河区教学新秀”“包河区优秀教师”称号。

教学主张：努力让学生轻松、快乐地学习化学。

我是一个极为平凡的人，没有特别的爱好，没有特别的专长，甚至没有特别的性格，但一直以来很多人却说我特别适合当老师。虽然我一直没弄清其中的缘故，也不知道自己是否真的适合当老师，不过八年的教师生活，让我觉得当一名老师，挺好！我愿意做一名平凡的教师。

1. 一次重要的选择

2009年7月，我正式告别了学生生涯，有些激动，也有很多不舍，更多的是惶恐。被学校这个温室保护得太久，我不知道该如何面对即将步入的社会。懵懂无知的我竟不知道考编这么重要的事，只知道四处投简历，最后被合肥的一所私立学校录取。有了自己的第一份工作很是激动，第一次面对同事有些不知所措，第一次站在讲台上特别紧张，声音发颤。好在同事对刚毕业的我特别友好和关爱，因为年轻，在与学生相处中也略占优势。一年的时光很快过去了，在同事的热心帮助下，我渐渐对教学有所感悟。在学生的质朴包容下，我也顺利完成了一年的教学任务。但同时我也意识到一个问题：学校属于封闭式管理模式，与外界几乎零接触。我渐渐感觉到这种信息的闭塞和交流的匮乏，这也恰是我自身的弱点。于是我毅然辞职，回家"闭关"复习，准备考编。经过半个多月的日夜苦读，我忐忑地进入考场，结果却出乎我的意料，竟同时被两个区录取。不知出于什么原因，我毫不犹豫地选择了包河区。现在回想起来，那确实是我人生中的一个重要选择！我，平凡如小草，包河区的良好氛围给我提供了肥沃的土壤，各位前辈和同仁的指导和关爱就是温暖的阳光和充足的营养，让我破土而出、茁壮成长。

2. 得遇恩师

我觉得自己特别幸运，幸运地选择了到包河区任教，更加幸运的是遇到了我的师父——江乐霄老师。2010年8月，我激动地到合肥市第六十五中学报到，第一次见到了师父。说实话，当时我真的很紧张。我想，"江校"要管理一个学校的教学工作，一定特别严格，也一定特别忙碌，没时间管我这个小徒弟。没想到师父特别热情，特别平易近人，对我这个小徒弟更是关心备至。师父在教育、教学、教科研上督促我进步，教给我严谨的态度；师父像对待自己的孩子一样关心呵护我，甚至无微不至。我心中时常感动不已，却无以为报。

师父的课堂总是充满激情，她总能发现学生的闪光点并及时给予评价，将知识教学与情感教育有效融合在一起。跟着师父学习一段时间后，师父对我说："你的胆子太小了，要多上公开课练练胆。"就这样，我被师父"赶鸭子上架"，上了第一节区级公开课——《酸和碱会发生什么反应》。这一节课经过师父和许江安老师的细致指导，虽然自己表现得很稚嫩，却得到了区里各位老师的鼓励。从此，我有了点"初生牛犊不怕虎"的精神，多次承担公开课，在课堂中渐渐少了胆怯和慌乱，多了沉稳和有序。

我一路参加比赛的过程，更是少不了师父的推动、鼓励、指导和陪同。2012年5月，许江安老师组织了区说课比赛，师父便鼓励我大胆地参加。师父说结果并不重要，重要的是在这个过程中的历练。现在我依然清晰记得比赛的前一天晚上背说课稿到深夜，赛前自己在校园找一处安静的地方一遍又一遍地重复说课过程。最终这次比赛我取得了区一等奖的好成绩，这也给了我极大的鼓舞。2013年，我参加第十一届全国初中信息技术与课程整合优质课大赛，赛前师父不厌其烦地一遍遍听我说课，并给予指导意见。比赛当天师父推了所有的事情，陪同我参赛。比赛的时候，师父始终用微笑和赞许的目光注视着我，才使得我在与前一位选手"撞课题"的情况下没有自乱阵脚，很好地将自己的说课呈现，最终取得一等奖的好成绩。2014年，我参加优质课评选，从区里到省里的比赛，历时6个月的"持久战"，师父更是全程陪同。为了帮我磨课，师父经常陪我一起忙到深夜，却不知疲倦，反而是给疲倦的我不断鼓劲；每当我情绪不佳时，师父及时帮助我调整心态，使我不至于在黑暗中迷失；每次磨课之后，面对专家的建议，我便会思绪凌乱，师父帮助我厘清思路；每当遇到数字化实验的技术问题，师父第一时间帮我联系专家解决问题。如果没有师父的陪同、指引和鼓励，可能我不会有那样大的毅力。

师父不仅在教学上指导、鼓励、督促我，也时常教我如何做人。师父让我明白自信的重要性，使得性格内敛的我逐渐褪去胆怯，越来越自信；师父教会我做人应该懂得感恩，心中铭记帮助过自己的每一个人；师父教会我助人的快乐，一个人的成长过程少不了别人的帮助，要学会相互帮助；师父教会我分享的乐趣，独乐乐不如众乐乐。

3.学，然后知不足

遇见许江安老师，是一种幸运和机遇。许老师对待工作一丝不苟，对待生活充满热情，对待我们关爱有加同时要求严格。许老师给我们带来精彩纷呈的教研活动——课堂教学评比、专业技能比赛、教学研讨课、课题研讨交流、教学经验交流、中考复习研讨、中考实验交流、青蓝工程……为我们提供学习平台，给我们创造展示自己的舞台，促使我们教学水平的提升、专业技能的发展、研究能力的提高、写作水平的提高、自省意识的培养。正是这样不断地学习，让我一次次觉得惶恐，一次次认识到自己的不足，一次次意识到加强学习的重要性。正是许老师的督促，我才会静下心来思考，思考是一个重要的消化和自我提升过程。

听课是重要的学习过程。听师父的课，感受到教学的激情和机智，教学语言的精妙，情感的碰撞；听曹锦群老师的课，我明白了什么是真正尊重学生，感受到优秀是一种习惯；听刘继宏校长的课，我看到了文采飞扬的理科专家，感受到课堂生成的魅力；听张晶老师的课，体会到实验设计的新颖创新和不一样的才情；听刘亮荣校长的课，感受到严谨的态度和专业的学科素养；听郭巧乔老师的课，感受到教学的活力和热情以及新颖的创意。还有更多老师的课，我就不一一道来。从各位老师身上，我感受到优秀是对学生的热爱，是对教材的钻研，是对教学的热忱，从而分析自身的不足，明确自己需要改进和学习的方向。

参与课题研究是重要的学习过程。2010年开始，许老师带着我们一起研究省级课题“初中生物、化学学科有效实施‘科学探究’的实践研究”。在这之前，我从没有接触过课题研究，我甚至不理解什么是科学探究。许老师邀请专家来指导，我才对科学探究有了初步的认识，不过自己还是没有思路。之后通过多次的课题研究交流，并到多个学校听课学习，借鉴大家好的经验，这才学会如何在课内课外开展科学探究。后来，我又在师父的带领下进行省级课题“现代实验技术在初中化学中的应用初探”。通过书籍、网络学习手持技术，学习各种传感器的使用，是一个漫长的过程，特别是传感器在教学中的具体应用。我每天利用中午和没课的时间在实验室不断摸索，有时一个实验做很多遍才能得到较为满意的曲线，最终从一无所知到熟练应用常见的几种传感器，有一种发自内心的幸福感。

只有通过不断学习，才能更加深刻地发现自己的渺小和肤浅，激发自己内心的学习热情。每次的观摩学习和教研活动后，我都会觉得教学就像一片浩瀚的海洋，自己就像在其中漂泊的一叶扁舟，在大家的引领下，慢慢去寻找方向。

4.前路漫漫，尚需努力

教学亦如逆水行舟，不进则退。工作和生活的稳定，让我有点安于现状，再加上一年多参与的教研活动少，突然觉得自己变成了“井底之蛙”。一段时间不学习就会脱节，要做一名合格的老师并不是一件容易的事，需要不断学习、不断努力。

平凡的我，愿做一名平凡的老师。想成为一名合格的平凡的老师，尚需不平凡的努力！

九、张晶成长故事

和学生一起幸福成长

——我的教育故事

合肥工业大学附属中学　张晶

张晶，1967年6月出生，从事中学化学教学多年，包河区初中化学名师工作室成员，曾获得省、市中学教师实验创新竞赛一等奖，获包河区课堂教学评比一等奖，获区课改“先进个人”，工大“先进女教工”等称号。

教学主张：以人为本，用人文情怀与学生一起学科学、做科学。

不知不觉已到知天命之年，教育实习指导老师的殷切希望犹在耳畔：你们这样踏实肯干的学生，走上工作岗位，不出三两年，肯定是顶呱呱的教学骨干。感谢那么多老师、领导的鼓励与栽培，这些年来，一样也要感谢我的学生们，在校园里我与学生一起成长，有辛酸更有快乐，我们是互相成就，共同成长的。

1. 课堂上的小狗

那时的我工作不久，本来年轻，又长着娃娃脸，穿着一套帅气的海军蓝套裙，走在上班路上，听到身后有人议论：“这哪个学校的？好痞！”另一个人压低嗓门说：“是老师，老师！”。如果我混在学生堆里，简直就拎不出来啦。我的第一届高中学生，一般比我小七岁，男生普遍比我高一头。说好听点，学生不把我当外人；说不好听，是不把我当老师。不过他们并没有欺负我的意思，我们相处得很融洽。

一次正在上课，忽然下面有了小小的骚动，我低头一看，教室走道上竟然有只小奶狗在蹒跚而行！我走过去撵小狗，它居然很乖巧地往教室门口走。于是我说：“你们看，这小狗多可爱啊，这么小，就懂得遵守课堂秩序。”一个学生立刻上前轻轻抱起小狗，放进自己的课桌抽屉，用恳求的眼光看着我，我也就没多追究，只是叮嘱：“你要确保你和小狗都遵守课堂纪律。”那节课很平静地上完了，同学们没有大惊小怪，也没再出现状况。放学的时候，我在实验室做实验，几个学生带着那个小狗过来了，我在实验室里找了半天，找到一瓶鼠李糖，在烧杯里溶解了，喂小狗，它“吧唧吧唧”吃得可欢了。学生们看了很开心，纷纷说，小狗是他们捡的流浪狗，很可怜，他们没办法才带到教室的。他们很感谢我没有逼着他们扔掉小狗，最后他们把小狗送给了我！

要爱护学生的童心、童真，宽容对待，孩子们将会获得成长。

2. 班长上课传纸条

一次有领导听课，遇到一个不是太难的题，我特意找了一个成绩较差的学生上黑板解题。那时候的公开课，有的经过事前排练，老师写好答案，指定成绩好的学生背熟，到时候表演出来，精彩纷呈。反正我年轻，不觉得有什么压力，公开课上得不好，我就跟学生一起努力嘛。可是把我们的班长急坏了，这可是个自尊心极高的姑娘，她怕同学答不好题，丢了班级的脸，更怕同学表现不好，让我在领导面前难堪。她一面使眼色鼓动其他成绩好的同学拼命举手，一面迅速在小纸条上写下题目的解答过程，在那个成绩不好的同学上黑板经过她的课桌时，将纸条塞入他的手中！我真的很感动，虽然我觉得她不需要这么做，但她的行动充满了对老师、对同学、对集体的关爱！

课后我们交流了，她说老师上公开课，她心里很紧张，生怕同学表现得不够好，辜负了老师。我表达了对她的感谢，同时请她和班干们想办法，多帮帮学习困难的同学。学生有强烈的集体荣誉感，非常可贵，需要我们去正确引导，培养他们的领袖气质、领袖才能，让集体共同进步。

3.老师，哪种元素是中国人发现的

学习元素周期表的时候，介绍各种元素的名称，我如数家珍，滔滔不绝：铕是在欧洲发现的，所以元素符号是Eu；它下一周期的同族元素镅是在美洲发现，所以元素符号是Am；钪发现于斯堪的纳维亚半岛，元素符号是Sc；居里夫妇发现了钋，以夫人祖国波兰命名，元素符号是Po；法国女科学家佩里发现了钫，也以祖国命名，符号是Fr；她的同胞布瓦博德朗发现了镓，以法国的古名高卢命名，符号是Ga；德国人温克勒发现了锗，以祖国命名，符号是Ge……有位学生提问：“老师，哪种元素是中国人发现的？”我顿时语塞，然后恳切地说：“我们在这方面落后了，今后要看在座诸君的努力了！”以后我也注意介绍一些中国科学家的成就，像侯氏联合制碱法，不只是他们在学术上的贡献，还有这些前辈们热爱祖国，对科学孜孜以求的精神。还有人工合成结晶牛胰岛素、青蒿素的发现，稀土的提纯、生产、应用，超导材料的研究等，体现了当代我国化学、化工业的成就，都是我们激发学生民族自豪感、自信心的好教材。

4. 酸碱大比拼

在学完了“常见的酸和碱”之后，我们开展了一个名为“酸碱大比拼”的辩论活动。开展辩论会充分调动了学生学习的积极性、主动性。一些平时成绩较差、上课三心二意的同学也积极查找资料，踊跃发言，有的还被评为最佳辩手。辩论会上气氛热烈，一方问题提出，另一方积极应战，常常出现同时有两三位同学站起来回答问题的场面，课堂学习效率大大提高。整个活动课及其评价较好地体现了新课标在全面培养人才素质方面的要求。辩论会上，不同性格的同学表现各不相同，甚至不同的班级有着不同的风格：有的班级是四平八稳学究型，发言者捧着高中化学课本或是网上下载的资料，引经据典，谈得头头是道；有的班级则是短平快冲动型，引用事例来源于生活，亲切实用，辩论起来却是火药味十足。

这堂课后，我在不少同学的课堂表现评价中写道：“积极参与，有很好的解决问题能力。”“探究意识强，思维敏捷。”“合作精神强，有较好的总结与交流能力。”同学们的自评写道：“今天我感到学习比较轻松、快乐。”“我感到学习化学极其有趣。”“哪个天才发明了化学？化学令人疯狂。”

5. 我就是这样的老师

在学习了关于化学式的计算后，我布置学生做市场上补钙药品的调查，指导学生弄清各种钙制剂的主要成分，计算单位质量药片中含钙量、单位价钱所购钙元素的质量，了解钙元素的生理功能，调查各种补钙药品的补钙效果，作出市场调查报告及论文，对消费者购买补钙产品给予建议，等等。学生们的热情非常高，他们自发组成若干个小组，分工合作。有的负责调查药店、药房，有的访问专家、调查消费者，有的负责上网查找资料，有的负责归纳、总结。最后提交上来的有调查报告（有的附有原始药品包装、说明书、样品）、论文、录音磁带等。虽然他们的报告还很稚嫩，结论也不一定正确，但重要的是，在这个活动中，学生直接体验了科学研究的过程和方法，掌握了一定的科研技巧，品尝到了研究的艰辛与快乐，这也是研究性学习的目的所在。我翻看了学生的调查日记，外向自信的孩子轻轻松松地完成了市场调查任务，我为他们高兴；老实巴交的孩子屡屡碰壁，最后被药店扫地出门，什么也没调查到，我给他们鼓励，为他们打气；机灵刁钻的孩子不去市场调查，只在网上下载一些材料，删删改改，便轻松搞定，还沾沾自喜曰：“狡诈者轻鄙学问，愚鲁者羡慕学问，惟聪明者善于运用学问。”我的批语是：“纸上得来终觉浅，绝知此事须躬行。”在持续的交流与反馈中，我眼看着一届一届学生在成长，写出的论文、调查报告，一届比一届水平高，其内容丰富、全面、深入，已具有相当的实用价值，身为教师，不能不为他们感到骄傲。

十、刘继宏成长故事

砥砺前行，圆我梦想

——我的教育故事

合肥市第四十八中学望湖校区　刘继宏

刘继宏，合肥市第四十八中学望湖校区校长，市级教坛新星，安徽省网络教育平台资审专家，安徽省国培辅导教师，合肥师范学院特聘教师，中学生学习网特聘专家，曾多次在全省各地进行教材或中考复习相关讲座，曾指导学生参加科技创新大赛获市级奖及以上40余人次，撰写教育随笔百余万字，曾负责省级课题研究并主编或参编多本教辅资料。

教学主张：爱是教育的主线和灵魂，教育即唤醒。

1.启梦

我的父亲是一位老师，而且是一位深受学生喜爱的好老师，但对待家庭、对待子女却亏欠很多，然而命运却让我重复着父亲曾走过的路——做一名老师。

刚参加工作的我比当时初三的孩子大不了几岁，混在学生堆中分不清谁是老师谁是学生。刚走上讲台时，我心里忐忑不安，怎样才能教好学生？怎样才能让学生听我的话？怎样才能让学校领导对我的工作满意？我那时常想这些问题。那时的农村学校条件很艰苦，没有教学楼，有的只是低矮的平房，老师大多住在学校简陋的房子里，睡在床上透过房顶瓦片之间的缝隙能看到天空，晚上没有电视，只能看书，很是寂寞。那时的我很活泼，跟学生打成一片，但很怕领导听课，一听课我就紧张。记得有一年的冬天，我正在上课，突然发现教室的后门被推开了，走进来一个穿着时髦的知识女性，坐在了空位子上，我心里一阵紧张，这是谁？是来听我的课？前排学生好像看出了我的紧张，也转身看了看后面的中年女性，小声地告诉我："老师，她有精神病。"不知是我的课精彩，还是她没有犯病，反正那节课她静静地坐在后排，听了我一节课。

后来，我又到了另一所学校，在这里，我当了四年的班主任。值得骄傲的是，在这段时间里，我的教学工作得到了广泛的认可，我带的班一年有两个学生考取了特招，有六个学生考取了中专，这在当时是个突破。我的优质课在所在区获得了一等奖第一名，随后我又获得了"安徽省教坛新星"的称号。

也许你会认为我取得了这样的成绩，一定算得上是一名优秀的教师了！在今天看来，根本不算！那时我仅把教书当成养家糊口的职业，但同时我感受到了做老师的快乐！我想做一个好老师，这便是我的梦想！

2.逐梦

当梦想在心中开花，便无法阻止我前行的脚步。2001年，我毅然决然辞去了公职，只身来到合肥，开始了我的逐梦生涯。

记得第一次来到第四十八中学，应学校要求我在老校区的阶梯教室里试上了一节课，学校请来了专家做评委。当我用家乡普通话上完课后，专家走到我跟前问我："你是宁国人？""是的！""我也是！听你的口音我就知道！"那一刻我特别温暖！因为有专家的"关照"，我顺利通过了面试。这位专家不是别人，他就是安徽省特级教师曹锦群，从某种意义上说，他是我的伯乐，更是我逐梦的引领人。

在2001年到2011年这十年时间里，我都是学校的“年轻老师”，比赛机会、外出学习机会、讲座提升机会都给了我。在这些活动过程中，特级教师曹锦群、教研员许江安引领下的包河化学团队，还有我所在学校的化学团队给了我很大的帮助。

十年里我参加了四次省级比赛，十年里我开始每天撰写教育随笔并逐渐养成了习惯，十年里我开始注重课堂上学生创新思维的培养。比如：每届学生的第一节化学课我总是让他们写一篇“我要学化学”的随笔，记录下第一次接触化学的激动和对未来化学学习的憧憬；最后一节课我又让学生写一篇“化学给我留下了……”的随笔，首尾呼应！又比如：这些年我一直带学生参加科技创新比赛，积累了很多经验，更活跃了我的思维，在课堂上常迸发一些灵感，上到活性炭那节，想到了防臭鞋垫；上到浓硫酸的挥发性，想到了防腐瓶盖；上到氯气、次氯酸钙的消毒杀菌，想到了人民币灭菌新方法；上到双氧水在二氧化锰催化下制氧气，想到了校园安全防暴器；等等。

在逐梦的过程中很艰辛，但因为有专家的引领、领导的关怀，还有同伴的互助而显得温馨。

3.筑梦

在逐梦的过程中，我逐渐发现，教育梦想靠一个人是绝不能实现的，应该启发更多的人有自己的追求。这需要引领，更需要以身作则，这是我来到望湖这片热土后的一大职责。

这是一所年轻的学校，年轻老师居多，他们充满朝气但缺乏经验，他们有梦想但不够清晰，所以需要我用更高标准要求自己、提升自己，从而更快更好地唤醒他们心中的专业梦想，成就望湖！

感谢学生们陪伴我，给我机会去接触他们、教育他们，正因为经历着他们的天真烂漫，经历着他们的快乐成长，我才甘愿接受平凡。

感谢年轻老师们用他们的青春、朝气激励着我，正因为经历着他们的不断成长，我才甘愿做绿叶。

启梦、逐梦、筑梦，我将努力前行！感谢在梦想的路上陪我前行的人！

十一、李伟成长故事

在平淡中努力，在艰辛处收获

——我的成长故事

合肥实验学校　李伟

李伟，中学高级教师，1999年9月参加工作，曾获安徽省中学化学教师实验竞赛三等奖、包河区“课题科研先进个人”，所带班级曾获包河区“先进班集体”，参加各类教学比赛获省级奖1次、区级奖4次。

教学主张：努力让化学学习影响孩子的一生。

有人说：“教师教学的生命周期是用学生的成长周期来计算的。”一届又一届的毕业生，看似周而复始、单调重复，但这却是教师教学生涯的标尺，是一名教师教学生命周期的一次又一次的轮回，犹如四季更替，春华秋实。我是一名普普通通的化学教师，在教学路上，伴着学生的成长，在平淡中努力，在艰辛处收获，由青涩到成熟，不断成长……

1.一张试卷，让我成了你

小时候我一直是个普通的学生，不突出也不落后，学习态度还有点不认真，凭着一点小聪明上了高中，遇到了高中化学老师江新生老师，他同时也是学校的副校长，矮胖的小老头却激情四射，能量十足：变幻莫测的化学实验，总是有点斜15° 的板书，三笔两划就画出跟课本差不多的装置图，每每化学课上到激动处会手舞足蹈，并且中、英、俄三语教学，课下喜欢引吭高歌，课堂内外总围着一大帮学生。

喜欢化学且化学成绩还不错的我，也算是江老师的爱徒之一。高一下学期的一次考试，别人都考得不错，我却没发到试卷，正纳闷时，江老师让我下课去他办公室。刚到办公室，江老师立刻收起了平时的笑脸，怒斥道："你这家伙，辜负了我对你的期望，这张试卷，其他人都比平时考得好，你再看看你，不是看错，就是算错，打草稿就是在试卷边上点点画画，你这样的态度什么都做不好！"停了好一会，他从抽屉中拿出一张试卷，"我专门从小学老师那里找了一张数字计算的试卷，你好好练练，别让这些小绊脚石把你绊倒。"

我无地自容，认认真真将两张试卷重新做了一遍，交给江老师检查以后带回家贴在床头，以示警醒。从此，我一改学习马马虎虎的态度，开始认真学习，成绩逐渐由不错变得越来越好，几年以后我也成了一名化学教师。

2.一届学生，让我开启职业人生

1999年9月，我被分配到离家百公里外的一所乡村中学，虽然条件简陋，但学校沿河而建，绿树成荫，素雅别致，我立刻喜欢上了这里。刚放下包裹行李，去校领导处报到，我傻了眼，由于两位老师工作调动，我将接任高二两个班的化学教学工作，对于刚参加工作的我来说，这是一个巨大的挑战，但面对挑战我没有退缩！

一方面，我将自己大学学习的各种理念、知识、能力、方法等与实际相结合，大胆地付诸教学实践。另一方面我主动向身边的老师讨教，学习他们的教学经验、富有实效的教法、灵活有用的教学技巧、细致的班主任管理细节，一有时间我就去听他们的课，也经常请他们来听听我的课，帮我不断改进。最关键的是，由于农村孩子上学迟，高二的学生和我年龄相差不多，课堂上他们称呼我"小李老师"，私下里喊我"老大"，所以我们之间都是无障碍沟通、无障碍交流、无障碍管理，很多班主任解决不了的问题，我一个眼神、一个动作、一句笑话就轻松搞定。校园里，一群半大的孩子和我一个"大孩子"一起学，一起玩，一起疯。我们一起做数理化高考题，看谁做得快、做得对、方法多、方法巧，我们一起和其他年级比赛篮球和足球……学着、玩着、疯着，我的教学工作越走越顺，领导、老师、学生对我十分认可；学着、玩着、疯着，我送走了我的第一届毕业生，学校也取得了建校历史上最大的突破——全县高考集体二等奖、毕业会考二等奖。我也作为教师代表在校表彰会上发言，从此开启了我的职业人生。

3.一次优质课比赛，让我融入包河化学教师的幸福家园

在农村学校区域调整的背景下，我带着不舍，离开奉献了6年青春的肥西官亭中学。来到了合肥市第二十八中学。当时的二十八中还属于合肥市属学校，虽位于合肥，但从教研的氛围来看，我感觉和“乡下”差不多，大家基本都是“闭门造车”，我也是沿用在乡下学来的“土方法”和“土经验”来开展教学，效果也是时好时坏。

不久，合肥市属学校“下放”到各个区，学校第一次安排我参加包河区优质课选拔，第一次见到了身兼包河区化学、生物、小学科学教研员的许江安老师。由于我只是用“土方法”来参赛，所以过程和结果都不理想，这时候许老师跟我说：“李伟，你们二十八中调整到区里，你就是包河区化学大家庭的一员了，你一定要经常来参加我们的教研活动，不断提升自己。”

从这以后，我一直积极参加包河区的教研活动，享受到了无比浓厚的教研氛围，不自觉融入其中。特别是有几位大师级的老师，深深地影响着我。

许江安老师是培养大师的大师，许老师总会用满满的正能量影响着包河区每一位化学教师。许老师搭建了一个特别强大的平台，在这个平台上我们一起不断升级教育理念，提升自己教育教研教学的水平，提高自己打造幸福感的能力……在这个幸福家园的背后，许老师和曹老师共同组建了一个团队，在这个团队的打造下，鹿钰锋、刘亮荣、黄也明、杨静、陶柳森、钱锁、郭巧乔、吴静静、李杨……包河区一个又一个优秀的教师走出包河，走出合肥市，走出安徽省，走向全国。

江乐霄特级教师是个励志的大师。首先，江老师本人就是一个励志的榜样，认真做人，踏实做事，不懈进取，在取得高级职称以后仍然创造着一个又一个精彩，这本身就鼓励着我们包河乃至整个合肥化学教育

者们。其次，无论是对学生还是徒弟，她总能敏锐地捕捉到他们身上的闪光点，再将闪光点转变成优点，将优点转变成特长。江老师总是像姐姐一样，给我最大程度的肯定和鼓励，同时也坦诚地指出我的不足，让我少走了不少弯路。江老师的言传身教让我明确了自己的努力方向。

曹锦群特级教师是睿智的大师，看问题、想事情总有不同的角度和不一样的深度。他总说："我们要不断地挖掘、挖掘、再挖掘……"挖着挖着就挖出了与众不同的深度，每每挖出的都是精彩绝伦的成果。他在回忆自己成长历程时总是强调："大家都说这样是不可能的，我偏不，我一定要千方百计想出解决的办法……"我想这应该就是"曹特"睿智的思想，于是成就了令我景仰的高度！

刘继宏校长是执行力的大师，一次参加观摩课活动，还没结束刘校长就召集四十八中的几名老师，商量如何将观摩课的内容变成中考模拟题。这使我立刻联想到刘校长曾经坚持10年带学生开展课外科技创新，坚持11年几乎天天用教育日记更新自己的博客。这样的执行力背后是怎样的坚毅？

我们幸福家园的每位成员都从这些身边的大师身上感受他们的人格魅力，接受他们的熏陶，学习他们的特长。

4.一个课题，让我拓宽自己的视野

2010年9月，许老师带领包河区的化学和生物老师一起申报了省级课题"初中生物、化学学科有效实施'科学探究'的实践研究"。我和同事们一起参与了"中学化学实施课外科学探究的实践研究"的三级子课题。

从一无所知到顺利结题，在整个参与过程中，我收获特别多：学会了用科学探究的思想去开展课题，学会了建立自己的文档存放体系，带学生共同完成了一批科学探究的案例。在开展课题和带学生进行科学探究的过程中，我意识到自己是传统应试模式下教育出来的学生，当我作为教师时，会习惯性地将应试和分数看成教育的唯一。直到参加了"初中生物、化学学科有效实施'科学探究'的实践研究"的课题研究，才真正跳出来，通过科学探究颠覆了自己旧的教育观念，由此才知道只有不断拓宽自己的视野，才能不落伍。

这正好契合了我现在学校（合肥实验学校）的科研要求：“勤于在研究中工作，精于在工作中研究”。

感谢许老师，让我有机会给自己一点点时间，在碌碌无为中停下来、静下来，一一细数那逝去的时光，透过几个记忆的碎片，让自己铭记那些在成长道路上帮助过我、激励过我的人和事！过去的岁月里，我喜欢跟学生在一起，一路走来，留下了一串串歪歪扭扭、深深浅浅的脚印，平淡而且琐碎，却从未停止追求的脚步。这就是我，一个普通化学教师的成长路上的几个小故事。

十二、武学良成长故事

走在奋斗的路上
——我的成长故事

合肥市海顿学校　武学良

武学良，男，1982年出生，合肥市海顿学校化学教师，办公室主任。2015年荣获全国化学实验说课二等奖，2014年和2016年分别获“合肥市优秀教师”“合肥市美德教师”称号。

教学主张：兴趣是最好的老师，专业能力也是高尚的师德。

1.懵懂几年，踯躅前行

用“懵懂”这个词代表我工作之初的状态有点矫情，实际上我想表达的是当时的我真的不懂怎么做教育科研。2003年我参加工作，当时在一所市属初中，我当了六年的班主任和化学老师。我们学校很小，包括我在内学校总共只有两名化学老师，全市初中级别的教研活动也比较少，我很少有什么学习的机会。那时，我只知道埋头苦干，凭着周末家访，去网吧“抓”学生等苦干精神，写了几篇较生动的班级管理总结，有一次获得了校级班主任管理征文第一名。但真的不知道教学研究怎么干，也没有人指导。我也参加了几次实验比赛和教学比赛，可成绩都不好。

后来，通过学校领导的介绍，我才有了参加中考阅卷、实验监考的机会。我的学校虽是市属，但坐落在包河区，经其他老师的介绍，我认识了包河区教研员许江安老师。于是，在许老师帮助下，我才有了参加包河区组织的教师实验及教学比赛的机会。但因缺乏指导，依然没有取得好成绩。我曾在一次市级公开课上，听过特级教师曹锦群的评课，从此知道了“曹特”的称呼，但他当时根本不知道在一个角落里听课的我是谁。

2.走进包河，沃土滋养

2010年，市属学校区划调整，我被分到南园学校。南园学校是一所优质学校，中考化学成绩取得过全区第一、全市第四的好成绩，几位化学老师都是优秀的老师，他们对我有很大的帮助。终于，我走进了包河化学教育幸福家庭。许江安老师是我们的教研员，区里初中教研活动很多，活动中每次都能听到“曹特”发言点评。我深深地被包河化学浓郁的教育研究氛围所感染，为“曹特”等专家的教学水平和艺术所折服，我要抓紧学习。

自此，教研活动我场场参加，教学比赛我积极参与。我的比赛成绩逐步提高，多次获得区级一等奖。此后，我鼓起勇气承担了两次全区公开课的任务，结果获得一致好评；我年年参加中考阅卷和实验监考工作，还尝试参加模拟试卷的命制和审题工作；我参加了许老师领衔研究的省级课题，因工作认真，被评为课题研究先进个人。其间，刘继宏校长、江乐霄校长、俞建生老师等多次给予我鼓励和帮助。

3.名师膝下，借力成长

看到“曹特”的徒弟个个成“星”，看到江乐霄校长、刘继宏校长手下的师弟师妹们也快速成长。2013年，我决心拜在“曹特”门下。有强烈事业心和敬业精神的“曹特”，平时就对我们很关爱，这次，又欣然收下我这个徒弟，我非常感激。“曹特”的指导使我对工作的态度和专业上的认识发生了根本改变，我知道师父敢说“把每一节课都当作公开课来上”这么足的底气，都是来自多年来一贯的敬业精神和不断的研究。我逐渐知道了什么叫做科学探究，什么叫做发展全体学生、以学生为主体，我似乎找到了教学研究的一些方法。

2013年，我来到了海顿学校。海顿学校原是南园学校东校区，这一年，它独立建校，成立了新的领导班子。校长刘昌福紧抓学校教学，大力提倡教科研治校。由于领导的鼓励和信任，我承担了学校办公室的工作，走上学校的行政岗位。岗位的改变让我更加清醒地认识到自己的不足和学习的必要性。我明白教学工作是学校的核心工作，是学校发展的生命线。我每年承担3个班的化学教学工作，还兼任化学实验员和教研组长。

此时，在“曹特”的指导下，我又承担了由刘校长提出的海顿学校第一节“海顿大课堂”校级公开课的任务。后来，我又承担了数次区级视导、学校交流上公开课的任务，都得到老师们的好评。2014年，我获得区生本智慧课堂比赛一等奖第一名。2015年，在师父和许老师等多位专家的指导下，历时几个月，历经区、市、省层层选拔，我获得了省化学实验说课一等奖第一名，并代表安徽省参加全国比赛荣获二等奖。同年，我还被推荐参加合肥市信息技术展示课比赛，获得市一等奖第一名。我同时参加了市初中化学培训基地送教下乡活动，撰写的论文也获得了省级一等奖。

这几年，我和同事们一起努力奋斗，2014—2015年将海顿学校在全区的名次提高了9名，逼近区内第一方阵。因化学学科成绩在各学科中表现突出，我在2014年和2016年分别获评“合肥市优秀教师”和“合肥市美德教师”荣誉称号。在2016年包河化学名师论坛上，我作为代表发言谈成长经历，获得区教体局局长陈雪梅的高度肯定。我也被推荐为合肥市教师实验操作指导专家和省基础教育专家库成员。

业余时间，我坚持阅读，经常写作，荣获包河区“书香教师”称号，也获得全国“心悦四方”读书联盟“阅读之星”称号。我坚持每周或每两周打一次羽毛球，下午的零碎时间，我会到篮球场去打球，我还参加了区摄影培训班……

“曹特”常说：“把工作做好，把身体锻炼好，把生活过好。”许江安老师说：“做事先做人。”众人拾柴火焰高，在我成长的路上，我有师父“曹特”、许老师、江校长、刘校长等专家的高层次指导，有刘亮荣校长、鹿钰锋主任等同龄“星级”兄弟们的帮助，也有黄也明、杨静、陶柳森、钱锁、郭巧乔、吴静静等“新星”师弟师妹们的帮忙，谢谢你们。

成长的路上，我在前进和退却面前常常徘徊，但想到曹孟德在败退华容道上哈哈大笑，想到曾涤生“屡败屡战”的崛起精神，想到身边专家长辈的鼓励帮助，我就有了坚定的信心。我会把师父“曹特”看做成长目标，我要继续迈步前行，铭记感恩。

十三、陈晓峰成长故事

与幸福同行

——我的成长故事

合肥市第六十一中学　陈晓峰

陈晓峰，女，合肥市第六十一中学化学教师。2014年、2015年分别荣获录像课、微课全国一等奖，2016年荣获第四届全国中小学化学实验说课一等奖。

教学主张：授人以鱼不如授人以渔。

我的成长道路如同破茧成蝶的过程，在这个过程中，有你们的陪伴就是与幸福同行。

“时光如白驹过隙，转瞬即逝”，以前写文章常用这句话，只觉得它很有文采。现在，静下心来写成长故事时，突然发现自己已经从教8年，对它便有了一种从未有过的真切体会。

1.迷茫

犹记得刚到合肥，第一次听的公开课是敬小容老师的“探究膨化食品袋中气体成分”。敬老师的课声情并茂，深入浅出，课后各位老师的点评更是让我至今难忘：江乐霄校长的点评入木三分，刘继宏校长建议利用广告视频进行导课，曹锦群老师的点评更是让人感觉酣畅淋漓。我第一次感受到上课还有这么多的学问，上课也是一门艺术。那个时候我就在想：如果我能像敬老师那样优秀，如果我能得到曹老师的指导，那该是多么幸福的一件事情。

我是不幸的，因为我从事了自己并不喜欢的职业，我觉得它很枯燥无聊。我又是幸运的，因为包河区化学教师这个团队改变了我对这份职业的看法。基于许老师搭建的“青蓝工程”平台，我有幸拜黄也明老师、曹锦群老师为师，达成了我最初的愿望。在各类比赛中，我还受到区里各位前辈及兄弟姐妹的帮助，我感到很幸福。

2.感恩

在2014—2015学年度的“生本智慧”课堂展示活动中，由于公开课经验不足，教学基本功不够扎实，我的课有些问题，黄也明老师特意抽出半天的时间与我分析上课的情况。最让我敬佩和感动的是她将其他老师的课进行录音，我们在一起边听录音边分析每位老师上课的优缺点，讨论某个教学环节是否能更进一步优化。

从2015年3月的第一期简报到如今的第十九期简报，记录着我加入曹锦群初中化学名师工作室以来成长的足迹。曹老师的钻研精神与蓬勃朝气深深地感染着我，让我在茫茫大海中找到了方向，他成了我教学路上的引路人。

2016年参加全国中小学实验说课比赛的一幕幕恍如昨日，这是我人生中幸运的一年。这一年里，我获得了人生中的第一个大奖——全国中小学实验教学说课比赛一等奖。所有人都向我表示祝贺，但我想说，是曹老师和许老师认真敬业的精神使我不敢松懈，是他们的支持与鼓励使我有机会走上舞台，展现自己。

从酷暑到寒冬，半年的时间里，二三十次的磨课，六十一中的会议室、科大附中会议室、四十八中的会议室，都留下了老师们的身影。如何让思路清晰明了，如何把课件做得更精致美观，如何把说课稿修改得更完善，如何使表情更自然从容……他们对细节的完美追求，常常让我自叹不如。为了我的比赛，曹老师特意提前结束了旅游的行程，指导、帮助我厘清实验思路；许老师不厌其烦地听我说课，告诉我听后的感受，让我及时修改说课稿；省教研员夏建华老师、市教研员苏仕标老师关键时候的点评，李扬老师的亲身示范，朱成东老师、戈益超老师、刘亮荣校长、武学良老师的出谋划策，同组郭丰年老师、张伟老师的鼎力相助，是他们的默默无闻成就了我比赛的成绩，帮助我快速成长！

3. 成长

"要做事，先做人。""把每一节课都当作公开课来上。""一个人做人成功，不成功是暂时的；一个人做人不成功，成功也是暂时的。"每一句话我都铭记于心，我想说："作为一名包河区的化学老师，我很幸福！感谢一路上有你们，让我顺利成长！虽然我不是最优秀的，但我一定要做最努力的，我要向曹老师看齐，虽然任重道远，但我一定会勇往直前！"。

十四、贾艳炜成长故事

不忘初心，砥砺前行

——我的成长故事

合肥市第五十六中学　贾艳炜

贾艳炜，2001年6月毕业于合肥市教育学院，同年9月任教于合肥市第五十六中学，荣获包河区优质课评比一等奖，获得"包河区优秀党员"和"合肥市优秀教师"称号，2004年所带学生获全国化学竞赛安徽省二等奖。

教学主张：化学即生活，让孩子们在化学的学习中享受生活。

记得刚从学校毕业，我选择做一名人民教师，无论是对生活还是对工作都充满了憧憬。带着这份激情，我欢欣雀跃地去学校报到。汽车在弯曲而又颠簸的乡村公路上慢慢地行驶，经过一个半小时的车程，终于到达学校。看着那小小的校园、陈旧的教学楼和教师宿舍，我顿时有点心灰意冷，怀疑自己是否选错了职业，在这样差的条件里如何生存，如何工作？我带着这样的不安走进了课堂，开始了人生的第一节课。当我走进教室，看着那一张张稚嫩的脸、一双双清澈的眼睛，听着那一声声“老师好”，我的心里倍感温暖。原来农村的孩子是那样质朴，那样惹人怜爱，我的心里感觉充实了许多，自信了许多。既然选择了这里，那就准备好接受一切，不要再埋怨条件有多艰苦，心里有多不甘，想想那些可爱的孩子们，我要在这里开辟出属于自己的一片天空。

工作的前几年，我不仅担任了两个班的化学老师，还做了一个班的班主任。那里的孩子大多数是留守儿童，有些学生比较调皮，上课不仅迟到、不听讲、不做作业，而且还常常溜出去上网，对其进行思想教育不仅不思悔改，甚至有的还会出言顶撞。经过一段时间的努力，班上这样的学生渐渐地少了，他们都有了巨大的转变，能理解老师对他们的管教，体会父母的艰辛，认识到自己的责任和应尽的任务，在教室里也能看到他们读书的身影，他们的成绩也在一天天地进步。在教学上，我虚心地向其他有经验的教师请教，多听他们的课，学习他们的教法。课后成立兴趣小组，统一时间进行讨论，互相学习，实行互帮政策，做到不放弃任何一位学生。在自己积累教学经验的同时，学生也收获了知识。

近年来，新课改的实施让教师在课堂上由过去的“控制者”变为了“组织者、引导者与合作者”，之前教学中积累的很多所谓的“经验”如今已过时，教师要想跟上当今教育发展的步伐，就需要寻求主动发展，树立新的教育理念，拓宽学术视野，调整教学行为，努力提高专业化水平，实现专业化成长。我校从2014年开始引入“高效课堂”模式，即以导学案为抓手，以小组合作为模式，引导学生在课堂上自育自学，我有幸全程参与了学校的课改活动，感触颇深。高效课堂的实施策略就是个人先学—小组交流—班级交流—教师点拨，被称为课堂教学的“四流程”。

（1）个人先学：教师把要讲的内容变成学生先学的一个前置性作业，提前布置给学生，让学生先学。

（2）小组交流：学生有了先学的基础，回到课堂，就可以进行小组交流。由于每个学生都有自己的学习心得（无论多少，无论对错），都想与同伴分享，此时课堂上教师就要给学生这样的展示机会。教师通过评选“优秀小组”的方式，促进小组成员之间的互帮互学。如此的评价坚持两周，这个小组的合作学习气氛一定会很快地成长起来。

（3）班级交流：小组交流之后，还要在班级层面进行交流。课堂实践表明，经过小组的初步研讨，学生提高了对知识理解的深度和广度，同时也会大大提高班级研讨的质量。班级研讨主要有两方面内容：一是对小组交流中已经学会的知识进行补充和分享，二是交流小组学习中存在的分歧、疑问和没有学会的知识。

（4）教师点拨：教师点拨被称为课堂教学最后的安全保障。万一学生还是没有学会，老师在这个时候要进行适当点拨。

十年树木，百年树人！教育不是一朝一夕的事，更不是墨守成规的工作，路漫漫其修远兮！当你时刻把自己的教学提高到“影响一生”的高度去对待时，当你时刻有意识地通过学习、研究、反思这三种途径来武装自己时，你就会不断地提高自己的教学水平，实现自身的专业化成长！不忘初心，砥砺前行！

十五、刘亮荣成长故事

用爱教育，点亮精彩人生

——我的成长故事

合肥市第四十六中学　刘亮荣

刘亮荣，1982年出生，2005年安徽师范大学毕业。合肥市第四十六中学海恒分校副校长，合肥市专业技术拔尖人才，合肥市骨干教师，包河、经开两区学科带头人，曹锦群初中化学名师工作室成员，江乐霄初中化学名师工作室成员，刘亮荣初中化学名师工作室主持人，合肥市名校长工作室成员，合肥市化学骨干教师培训基地指导专家，省课题研究先进个人，省课改先进个人，区优秀教育工作者，区优秀党员，合肥师范学院客座教授，舒城、无为、蒙城等地教师集中培训讲师，应邀在全省各地进行中考化学复习教师讲座30余场。曾获省、市、区优质课大赛一等奖，省、市、区实验基本功大赛一等奖，全国德育精品课、全国优秀电视课例、全国实验课例展演一等奖。

教学主张：用爱教育，点亮精彩人生。

爱是一种态度！你想遇见一个美好的人，就先让自己美好，当你具备了一种爱的能力，并抱着爱的态度去面对别人的时候，你就很容易被持有相同态度的人接受，开启阳光灿烂的未来！

1.我感知到的爱

陶行知说过：“爱是一种伟大的力量，没有爱就没有教育。”爱是教育的基本原则和方法。从孔子的“仁爱”到墨子的“兼爱”，再到陶先生的“爱满天下”，无不体现爱对教育的深刻影响。

我是一个来自贫困家庭的孩子，在我8个月大时父亲就去世了，我脑海中没有父亲的丁点印象。所以，父爱对我来说从小到大都是缺失的，从这个方面来看，我是不幸的！然而正是因为这样的特殊家庭环境，培育了我不怕吃苦、顽强拼搏的意志品质，让我比同龄的孩子懂事都要早，让我比一起长大的小伙伴们更自律。同样，也让我比现在很多年轻人更懂得珍惜，珍惜现在的美好生活和我热爱的教学工作。我时常在想，我真的很幸运，因为，无论是我作为学生的求学阶段，还是从事教师职业以来的工作阶段，总是遇到许多对我关怀备至的老师、领导以及细心呵护我专业成长的学科领袖，他们用自己的爱去帮助需要帮助的学生和正在成长的年轻教师，他们默默无闻、无私奉献，用爱诠释着对教育的理解。

学生时代，我遇到了一位我感激一生的老师——路文艳老师。高一时，班主任路老师得知我家庭困难的情况后，课间把我叫到一个无人角落，问了学习近况后说："你家远，每天在学校不回去，吃盒饭不营养(那时学校没有食堂)，下周起每天中午到我家吃饭，就当我多养一个儿子！"我当时很感动，从来没有一个老师跟我说过这样的话，老师没有因为我是农村孩子而嫌弃我，反而如此关心、呵护我！为了不给老师添麻烦，我谢绝了路老师。再见到她时，她面带微笑，却以命令式的口吻说："不到我家吃饭可以，我每天给你1块钱，加一个荤菜，不要再吃2块的素盒饭了！还有，我买了个水瓶，每天我冲好开水，中午放学你到办公室拎，供你中午在班里喝！"说完，她随手往我的裤兜里硬塞了10块钱，我还没有反应过来，她转身就走了！我一个人在那里愣了好久，泪水在眼眶直打转！再后来，每一次路老师给钱我都拒绝了，但是七中校园里每天中午都会出现一个瘦小的营养不良的小伙子拎着一个特殊意义的开水瓶出入物理组办公室。这是一位老师对学生的爱，是世界上一种特殊的情感，是一种不计回报、无私的、神圣的爱，一直影响着我，影响着我对学生的爱……

走上工作岗位，从事化学教学工作以来，我遇到了影响我一生的两位化学学科领袖——曹锦群老师和许江安老师。我的师父曹锦群是安徽省著名的特级教师，是安徽省初中化学届的权威，有着精湛的教学技艺和超强的人格魅力，能够跟随师父学习是我的幸运。这些年来，师父不仅在工作方面给我指导，更多的是在做人、与人相处、待人接物、生活态度等方面引导我，像父亲一样影响着我。记得，2010年，我参加安徽省优质课大赛前夕，为了准备一个好的课题及实验设计，师父多次到学校进行示范和指导，有的时候午休时想到一个好的灵感立即给我打电话，然后到实验室与我一同研究，这种执着、认真的态度令人敬佩。比赛前两天，下大雪，师父亲自驱车带我前往比赛地点，比赛前一天晚上更是听我试讲到深夜。我在合肥市上市级公开课、省级公开课，每次都与师父商讨课程环节及实验设计，而师父总是不遗余力地帮助我将课程设计到极致。为了让我有更多的锻炼机会，师父帮我争取到编写《基础训练》的机会，一校、二校、三校……在这个过程中我不仅提升了试题编写的能力，还培养了做事认真的态度。同时，师父引导我加强中考复习的研究，让我给省内其他地区化学老师进行中考复习讲座，在锻炼了能力的同时，还提升了中考研究能力，让自己始终站在研究者的最前沿！这是师父对徒弟的爱，这是一种谆谆教诲，是一种期待……

许江安老师就像姐姐一样呵护、指导我，她做事认真、负责的态度，精细、周全的过程管理，精益求精的精神永远值得我去学习！为了包河区年轻教师的专业成长，许老师付出了她的青春，在她和师父的带领下，包河化学人创造了一个又一个辉煌！2010年，我作为合肥市优质课评比第一名代表合肥市去省里比赛，为了有更好的效果呈现，许老师和江乐霄校长帮我改教案改到凌晨2点多钟，我做好课件发给许老师，她跟我说："你辛苦了，早点休息，我们来帮你改，你明天再准备！"其实，辛苦的是她和江校长，我参赛她们却加班加点地帮我修改文稿，感动之情无以言表。在许老师的带领下，我们共同完成了省级课题"初中生物、化学学科有效实施'科学探究'的实践研究"。在这个过程中，许老师不辞辛劳地带领我们整个课题组团队开展活动、收集资料、整理汇编，最后成功结题。正是在这个过程中我熟悉了课题研究和实施的整个环节，思路也更加清晰，后来自己还申报并主持了合肥市级课题"课外科学探究在走读和寄宿学校中的应用”“化学课堂观察的案例研究”（与科大附中戈益超老师联合申报），提升了自己的课题研究能力和科研水平，而这些都是在许江安老师默默支持下进行的。

除此以外，在包河化学大家庭里，江乐霄校长对我提供了无私的关怀和帮助，提供了各种学习的机会和展示的平台；刘继宏校长像哥哥一样呵护和指导我；鹿钰峰主任像师兄弟般提供热情的帮助；戈益超老师在课题方面、武学良主任在试题研究方面都帮助过我；不得不提的是合肥市第四十六中学化学组这个优秀团队，在宁传新和吴家芬两位老教师的带领下，在周莉、杨静两位组长的积极协调下，我快速成长。

我一直觉得自己很幸运，在自己的成长过程中能够遇到这些富有爱的教育人，他们用自己的方式诠释着教师这个角色，他们是我成长中的贵人！

2.将爱继续传递

包河化学是一个充满爱的团队，身为其中一员，我倍感骄傲和自豪！我们要让这种爱的力量延续，传递给后来的每一个人，这样我们才能不断地成长和进步。我努力坚守“有情有义地做人、有声有色地工作、有滋有味地生活”的人生信条，传播爱的教育，精彩整个教学生活。

（1）友爱——有情有义地做人。

记得许江安老师跟我说过这样的一句话：“一个人做人成功，不成功是暂时的；一个人做人不成功，成功也是暂时的。”我的理解是，做人要懂得感恩，要有情有义，友爱地对待别人，这样你才能得到爱的回应。对待同事，要怀着一颗感恩的心，相互帮助，相互促进，在帮助别人的同时自己也得到发展。对待学生，要发自内心，不掺杂任何个人杂念，用心关爱、呵护，用自己的行动去鼓励学生、影响学生。

（2）热爱——有声有色地工作。

一个人的态度直接决定了他的工作行为，决定了他对待工作是尽心尽力还是敷衍了事，是安于现状还是积极进取。我们应该以饱满的热情投入教学事业中。我热爱我的教学工作，也热衷于试题命制和实验研究，我会继续保持这种高度的热爱，争取让自己的教学效果更上一层楼。

（3）爱惜——有滋有味地生活。

一辈子要养成运动和阅读两个好习惯。养成良好的运动习惯，拥有健康的体格，人一辈子才能活得轻松愉快。养成良好的阅读习惯，一辈子跟古今中外的贤者、智者对话，才能汲取更多的知识和营养，人的精神就会强大起来。当一个人拥有了健康的体格和强大的精神，幸福指数才会高。

最后用自己喜欢的一段话与大家共勉："每一个优秀的人，都不是与生俱来带着光环的，也不一定是比别人幸运。他们只是在任何一件小事上，都对自己有所要求，不因舒适而散漫放纵，不因辛苦而放弃追求。雕塑自己的过程，必定伴随着疼痛与辛苦，可那一锤一凿的自我敲打，终究能让我们收获一个更好的自己！"

十六、王家友成长故事

让感恩成为一种习惯

——我的成长故事

合肥市第四十六中学南校区　王家友

王家友，1975年出生，合肥市第四十六中学南校区教师。2012年12月获得安徽省初中化学优质课评比一等奖，2016年10月获得全国初中化学优质课评比一等奖。喜欢运动，酷爱游泳、足球、篮球、羽毛球。

教学主张：用心拥抱事业，用爱浇灌心灵，用情描绘未来。

要想成为一名优秀的教师，就得有一颗感恩的心。因为感恩，才有爱心，才会爱生活，爱从事的工作。有了爱心，才能长智慧；有了爱心，才会努力，才会勤奋，才会反思，才会坚持，才会成长。

1.感恩逆境

21年前，告别了学生时代的我，回到自己的家乡，成了一名乡村中学教师。第一次以教师的身份走进我的母校，感觉一切都是那样美好。然而，醉酒方知酒味浓，为师才知为师难啊！才几天的时间，我就真正意识到教师需要承担的责任，三尺讲台站上去容易，站好可真难啊！难道这就是我要为之奋斗一生、奉献一生的事业吗？我有点茫然。这时候，校长吴纯彬（我的初中物理老师）看破了我的心事，对我说："教师的工作是细致的、繁琐的，甚至是很苦很累的，但教师干的是良心活呀！"听了校长语重心长的话语，我豁然开朗：起始于辛劳，收结于平淡，这就是教师的人生写照啊！在这里，我担任了七年的班主任和化学老师。这是一所规模很小的农村中学，只有我一个化学老师，教研活动很少，我几乎没有外出学习的机会。1998年中考，我校化学平均分居全区第八，优秀率居全区第三。（当年全区七十七所中学，我校其他学科最好排名第四十五名。）因为教学质量突出，当年我被评为"区级优秀教师"。

2003年9月，因为爱人工作调动，我来到宣城市华星外国语学校（私立学校）。这里没有机会参加区、市级教研活动，在这工作的五年，我静心钻研教学，其中三年我所教班级中考化学平均分名列宣州区第一。

2.感恩团队

2009年9月，带着梦想，我来到宣城市第十二中学（宣城市规模最大的初中）。这里有一个非常优秀的化学教研团队：一个市教坛新星，两个市优质课一等奖获得者，还有三个非常优秀的中青年教师。2010年，我的同事——戴雯婷老师获得了安徽省初中化学优质课评比一等奖，这对我触动很大，我暗暗下定决心：一定要参加下一届优质课大赛！在教研组长的带领下，我抓住一切机会参加各级化学教研活动，汲取营养。我利用学校每学期的教学开放周跨学科听课，并且主动承担校级、区级公开课的任务。在这些教研活动中，我有幸结交了很多化学界的专家、名师，特别是宣城市化学教研员徐泓老师、宣城六中魏明贵老师（宣州区初中化学名师工作室主持人）、雁翅初中陈和庆老师（2010年省化学优质课一等奖获得者）。

2012年，我主动申请参加优质课大赛。赛前，在选题上我一直很纠结：是选择“探究贝壳的主要成分”，还是选择“探究膨化食品包装袋内气体的主要成分”？于是我把两节课的教学设计分别发给徐老师、魏老师和陈老师，请他们给我意见和建议。经过他们的顶层设计和指导，我决定选择“探究贝壳的主要成分”。在我校教研组团队、徐老师、魏老师和陈老师的帮助下，经过不懈努力，我一路过关斩将，通过了层层选拔，有幸作为宣城市代表参加2012年安徽省初中化学优质课比赛。从市赛到省赛，徐泓老师十余次请来宣城市各个学校的化学精英为我磨课，每一次的磨课，我都收获颇丰！在黄山市参加省赛的前一天晚上，徐老师和我校化学团队还在对我的课进行细心雕琢！我非常感动！

这次比赛虽然遇到了很多困难，但在我校化学团队和徐泓老师的帮助下都逐一解决了，整个过程十分艰辛但充实而快乐。一次次地试上，一遍遍地磨课，我的教学设计越来越完善。功夫不负有心人，最终我获得了省优质课一等奖。作为一个老教师还能参加省优质课比赛，我很幸运，感谢给我机会、给我帮助、给我支持的每一个人，特别是十二中的化学团队和徐泓老师！

3.感恩包河

2015年9月，怀揣着更大的梦想，通过人才引进，我来到合肥市包河区。2016年10月，在宣城市化学教研员徐泓老师、包河区化学教研员许江安老师、江乐霄老师的帮助下，我获得了全国初中化学优质课一等奖。在包河，有许多值得我尊敬和学习的老师，他们让我进一步领会了“奉献”的真正含义，激励我每天早读课之前早早来到教室，和孩子们一起晨读，从不间断。在包河，有许多优秀的“家人”：区化学教研员许江安老师、曹锦群特级教师、江乐霄特级教师、刘继宏校长，还有一大批朝气蓬勃、积极向上的兄弟姐妹。在包河，有许多让我感动的学生，每次与他们擦肩而过，面带微笑的一句“老师好”让我倍感温馨！感恩有你们，是你们让我这个刚来包河的新成员有种回家的感觉！

怀揣一颗感恩的心，让感恩成为一种习惯，在你我心中扎根！

十七、陶柳森成长故事

感谢有你，不断前行

——我的成长故事

合肥市第四十八中学望湖校区　陶柳森

陶柳森，1982年出生，合肥市第四十八中学望湖校区化学教师。曾获得省初中化学优质课评比一等奖，获2016年度“一师一优课，一课一名师”部级优课。

教学主张：教育不是灌输，而是点燃火焰。

1.走进包河，感受温暖

我自2005年8月参加工作以来，度过了近14个春秋，也在好几所不同类型的学校任过职。2012年8月，我来到包河，走进四十八中，深切感受到了包河化学大家庭的温暖，感受到包河化学团队团结向上的精神，感受到以许老师、“曹特”、“江特”、“刘校”为代表的专家型老教师的无私奉献精神和教学智慧的魅力。

我清楚地记得，第一次上校级公开课的紧张和失败，本以为很简单的一个实验：倾倒二氧化碳灭高低蜡烛，课堂上就是灭不掉，让我不知所措。后来，在“刘校”和四十八中教研组的评课议课中我才感受到初中化学的不简单。后来在教研组老师的帮助下，我进一步完善教学设计，注意实验操作细节，注重课堂语言，有了很大的改进。

在包河的第一年，给我最直接的感受是包河化学教研活动多，在每一次的教研活动中，都有老师甚至名师上课，这在我以前的工作环境中几乎是没有的。在每一次公开课中，我都会感受到上课老师的用心，每节课都是精心设计的，每节课都有独具匠心的改进，每节课的实验设计都与众不同、各具特色，每节课的语言都是精益求精的。我更能感受到，每节课背后教学团队的力量，几乎都有许老师、“曹特”在背后的默默付出。

2. 专家引领，促进成长

当我在羡慕别的老师展现课堂教学的风采时，机会也悄然来到我的身边。2016年4月，我得以参加“江特”组织的“美育与化学课堂融合”公开课活动。这次活动是我教学生涯中一次重要历练，是一次重要的开始。为了这次活动，我想了很多课题，最终，在“刘校”和俞老师的帮助下，我确定了以“由溶洞想起……”为课题，在磨课过程中，更是得到了苏老师、许老师、“曹特”、“江特”的帮助和指导，感受到了专家的教育智慧和教育理念，以及他们处理课堂教学的艺术。我在包河化学同仁的帮助和指导下，以此为起点，不断地完善，最终以“二氧化碳与石灰水反应的实验探究”为主线设计了一节探究课，这节课最终获得了2016年省初中化学优质课评比一等奖。

我庆幸来到了包河，我庆幸我是如此强大的团队的一员，我庆幸我能遇到如此多甘于奉献的专家。我记得，深夜11点多，“刘校”打电话询问说课情况，将他想到的每一个细节告诉我，还让我保持良好心态。我记得，“曹特”亲自来到望湖，跟“刘校”讨论我参加市赛的课题，并给出了溶液pH的解决方案，让我看到了本不可能进行的一节课变成了现实。我记得，许老师一次次电话询问准备情况，逐字逐句地帮我修改教学设计和说课稿，细心、耐心地指导我的肢体动作。我记得，“江特”不断地给我鼓励，帮我修改说课稿，反复推敲说课稿的每一个关键词，为我的说课添上了一道亮丽的色彩。我更是记得俞老师每一次磨课前后忙碌的身影，晚上睡觉的时候都在帮我思考实验设计，他不厌其烦地听我反复说课，给我指出每一次说课中出现的问题。我还记得黄也明、钱锁、卞阳阳、沈凤舞等老师给我的帮助。如果我没有来到包河，没有走进四十八中，这一重要的教学历程我将不会拥有，我也不会幸福地站到省优质课比赛的舞台上，谢谢你们，感谢有你们。

3.标杆力量，不断前行

包河化学涌现出这么多的名师大家，一个重要的原因就是标杆的力量，他们作为资深的化学教学专家，不但始终站在教育的第一线，更是为每一位年轻教师的成长添砖加瓦。在标杆的引领下，我会不断前行，沿着专家走过的路一步一个脚印行走，走在不断学习、不断成长的路上。

十八、江乐霄成长故事

温暖前行，收获满满

——我的成长故事

合肥市第六十五中学　江乐霄

江乐霄，1966年出生，合肥市第六十五中学副校长，包河区学科带头人，包河区曹锦群初中化学名师工作室成员，包河区名校长工作室成员，高新区江乐霄初中化学名师工作室主持人，合肥市优秀班主任，合肥市优秀教师，合肥市学科带头人，合肥市江乐霄初中化学名师工作室主持人，安徽省化学协会理事，安徽省优秀教师，安徽省特级教师，合肥师范学院特聘教授，安徽省、河南省“国培计划”培训主讲教师，多次应邀在省内外进行中考化学复习讲座、教师专业培训讲座。曾获省、市、区优质课大赛一等奖，全国优质课评比录像课一等奖。

教学主张：用心播种，用爱耕耘。

记得一位老师曾写过这样一首诗：“有一首歌最为动人，那就是师德；有一种人生最为美丽，那就是教师；有一道风景线最为绮丽，那就是师魂。不要说我们一无所有，我们拥有无数颗炽热的心，我们用爱播撒希望……”的确，“教育是事业，事业的意义在于奉献；教育是科学，科学的意义在于发展。”正是有无数平凡的教师甘为人梯，才能将文明的火炬一代一代传承下去。正因为我的生命中有许多“大师”引领、“至爱”同伴互助，才得以一路温暖前行，收获满满。

1985年7月，我从徽州师专化学系毕业，分配在淮南矿务局第八中学。没有满19岁的我，像一个中学生一样懵懂，每天与自己年龄差不多的高中生打成一片，上课我是老师，下课我是玩伴，被学生称为“小江老师”。由于跟学生亲密无间，无话不谈，刚工作就带班主任的我，与学生一起成长，顺利完成了教学工作，也收获了满满的师生情。2003年的一天，我值班时一位学生课间跌倒受伤，我马上带他到合肥友好医院治疗，一边配合医生，一边安慰学生。这时，急救室主任正在巡查，听见我的声音跑进来问：“你是小江老师吧？”我疑惑地看着这位中年的主任说：“你认识我？”我心想我都快40岁了，怎么还叫我“小江老师”。那位主任看出我的心思，连忙说：“我是您的学生，您不认识我了？我叫尹良好，矿八中毕业的，您的第一届学生……”美好温暖的一次邂逅。淮南人热情、厚道，八年的时间里我没有自己洗一次被子，都被办公室的大姐们抢着带回家洗了；我没有一次节日独自过，都被同事轮流带回家过节。八年的温暖，至今铭记，也让我把淮南当成了第二故乡。

1993年，为了解决夫妻分居困难，我调到合肥，在省工业设备安装公司工作。这是一所企业子弟学校，从幼儿园到初中，全是单班，所以我带化学的同时也带过小学自然、小学数学、初中生物。单班教学没有任何压力，但当时的美女校长李永东看出我的懈怠，告诉我：“我们的学生大多是同事的孩子，一定要尽心尽力哦。”学校就我一个化学教师，李校长鼓励我走出校门，多参加教研活动，多向兄弟学校的老师学习。当时我们属于合肥市西市区，这里的名校很多，在教研活动中我认识了科大附中的曹锦群校长、工大附中的王荣梓校长、五十中史馆胜主任、四十八中陈素珍主任。他们是我当时接触到的化学名家，多年来得到他们许多指导和帮助，我的教学能力逐步提升。在1996年的西市区教坛新星比赛、1998年的西市区教师基本功比赛中，我都获得了区一等奖，我还被评为“西市区优秀教师”。这个团队中的曹校长，由于我们师出同门，被我亲切地称为“大师兄”，他给我的帮助最多，不但允许我随时请教，还带我一起编写《基础训练》《毕业班综合练习册》等教辅资料，让我对教材的把控能力快速提高。这位大师兄早就成了我的“恩师”，不仅在业务上指导我，还为我搭建了许多平台，在以后的教学比赛中更是从顶层设计到教学过程研讨全方位地指导我，使我多次获奖。在“曹特”名师工作室中，我不仅业务水平明显提升，还学会了发挥团队作用，让我在以后的工作室管理中有思路、有方法，能在大家的帮助下顺利完成工作。“曹特”的指导让我受益终生，所以在2016年的包河区师徒结对活动中，我虔诚地填写了“师徒结对协议”，真诚地喊了“曹特师父”！

2003年，合肥行政区划调整，我们加入了包河区的新集体。记得划转的那一年第一次参加市化学教研活动，我就问曹校长，谁是我们的教研员，他说：“你看那个最漂亮的就是。”没想到我们的教研员许江安老师不仅美丽，而且是一个十分敬业，做事认真、精细、周全的好领导，还是一个充满爱心、充满正能量的大姐。她带领大家听课、评课，带领大家做课题，带领大家开展科学探究，不但提升了大家的教学素养，也打造了一个业务强、师德好的包河化学教育团队。记得2008年市优质课比赛，由于我区优秀教师都在各级比赛中获过大奖，所以那一年参赛名额有多余的，许老师说：“乐霄，你去参赛吧。”我很犹豫，因为那一年我都42岁了，是一个“成熟型教师”，很怕参赛。此时，许老师鼓励我相信自己二十多年的积累，相信包河教育团队，放下包袱积极参赛。报名后，她和“曹特”、刘继宏校长等包河区精英多次给我磨课，细致地指导每一个教学环节，在市里比赛她更是全程陪同，我终于获得此次合肥市优质课一等奖第一名。这次比赛不但让我如愿以偿地获得大奖，而且帮我突破了教师的平台期，为我拓宽了教育教学的平台，为我的专业发展注入了力量。如今的许老师在我的心里从领导、导师发展为亲人了，我、她、瑶海区的许杨主任成了“三姐妹”，一起工作，一起休闲，温暖无比，幸福满满！

从一个普通老师成长为特级教师，还得感恩我的另外四位“恩师”：合肥市原教研员蒯世定老师、合肥师范学院姚如富教授、安徽省教科院夏建华主任、合肥市教研员苏仕标老师，没有他们的引领和指导，没有他们搭建的平台，没有他们为我争取的机会，就没有我今天的成就。他们给予我的帮助太多太多，每次的帮助，每一次的鼓励，都化成暖流，温暖至今，幸福永远。

一路走来，同伴互助是我力量的源泉。记得2008年参加市优质课比赛时，我校只有2个毕业班，根本无法进行多次磨课，四十八中的刘继宏校长让我备好课到他们学校上课，不但多次协调班级，还带领四十八中强大的化学教师团队不厌其烦地细心指导我，我才能获得成功。还有身边的小伙伴们更是全力支持：鹿钰锋让学生连夜送“奥运火柱”，胡正林、刘亮荣、武学良一次次的电脑调试……后来，我在包河这个团队的“青蓝工程”中成了蓝方，一批优秀的年轻教师来到我身边：黄也明、吴静静、范海燕……他们勤奋好学、积极进取，与他们一起成长，是我的又一个发展契机。

“小时候，我以为你很美丽，领着一群小鸟飞来飞去；小时候我以为你很神气，喊上一声就能惊天动地。长大后，我就成了你，才知道那间教室放飞的是希望，守巢的总是你；长大后，我就成了你，才知道那块黑板写下的是真理，擦去的是功利……”这首人们耳熟能详的歌已经传唱了几十年，以前听到它，我觉得很美；现在听到它，我觉得很真实！很温暖！一个个优秀的榜样，一个个德艺双馨的导师，一个个互敬互爱的同伴，让我们爱教学、爱生活，温暖前行，收获满满！

成就篇

化学名师成长个案展示

第九章 安徽省部分化学名师成长历程简介

了解中学化学名师的成长历程对中学化学教师的成长具有重要而积极的引领作用。中学化学名师的成长历程从表面上看因人而异，从本质上看却有一定规律可循。

本章采用文献法、访谈法、观察法等对安徽省19位中学化学名师进行个案研究。通过名师成长历程的真实写照，展现名师成功的影响因素；通过整理名师的优秀教学论文和教学案例，挖掘名师的教育教学理念和教学风格，期望为促进中学化学教师的自我成长和专业化发展提供借鉴。

一、杨明生老师成长历程

杨明生，1963年出生，1984年安徽师范大学化学系本科毕业，2006年获得安徽师范大学化学教育硕士学位。安徽师范大学特聘教授和教育硕士导师，享受国务院特殊津贴。1984年至1995年在霍邱县三中历任班主任、教研组长、团委副书记、教务副主任等职，1995年8月调任霍邱县二中副校长，1998年8月任霍邱二中校长、党总支书记，2014年调任霍邱县一中校长、党委书记。1995年被评为安徽省特级教师，2014年获首届“中国化学会化学基础教育奖”，2017年被评为正高级教师。曾获安徽省先进工作者、全国教育硕士优秀学员等荣誉称号。

杨明生是一名集教学、科研、管理为一体的全面发展型的化学名师，至今已发表近600篇教研论文。

杨明生老师是一位坚守霍邱县教育的中学校长，本科毕业后的三十多年中，一直在学校的管理和自身的教育、教学、科研工作中奋发图强，敢于创新，爱岗敬业，甘于奉献。从早期放弃到中国青年政治学院（中央团校）青年工作系攻读硕士研究生，到近些年来他多次谢绝北京、上海、江苏南京、浙江宁波等地的学校向他发出的担任校长或教师的高薪邀请，一直坚守家乡教育，为家乡的教育事业奉献自己的才华与智慧。

1.主要荣誉

杨明生老师所获的主要荣誉见表9–1。

表9–1　杨明生老师主要荣誉一览表

时间	荣誉
1995年10月	安徽省优秀教师
1997年7月	安徽省第一届教坛新星 安徽省青年科技奖提名奖
1999年4月	安徽省特级教师
2000年4月	安徽师范大学客座教授
2001年2月	安徽师范大学教育硕士研究生兼职导师
2002年12月	安徽省中小学教材审定委员会化学学科组长
2004年7月	安徽省化学会常务理事
2012年5月	安徽省先进工作者
2013年8月	安徽省江淮好校长
2014年8月	全国首届“中国化学会化学基础教育奖”
2017年3月	安徽省正高级教师

2.教学成绩

在课堂教学方面，杨老师对提高普通中学化学教学质量进行了潜心的探索和研究，逐步摸索出一些化学教学规律与方法，他把比较教学法和发现教学法合二为一，创立了“比较发现法”，顺应了教育改革的大趋势，在全国中学化学教学界得以推广。在很多教师惯用题海战术来提高学生学习成绩的时候，杨老师却在提高课堂效率上潜心研究，大胆实践，不给学生订阅教辅资料，不给学生留课后作业，从根本上减轻了学生的课业负担，但学生的化学成绩总是名列前茅。

3.科研成果

杨老师先后发表了近600篇教研论文，其中在《化学教育》《化学教学》等国家级核心学术期刊上发表论文50余篇，其中，有多篇被中国人民大学复印报刊资料全文转载。他在关于台湾高中化学课程的研究方面颇有心得，共有9篇研究论文发表于《化学教育》，所申报的课题“大陆与台湾地区高中化学课程比较研究”获得省级立项。在他担任课题负责人的5个省级课题中，“高中化学课程资源开发与利用研究”课题成果获安徽省第七届优秀科研成果三等奖，“中小学思想道德建设及习惯养成教育研究”课题成果获安徽省第八届优秀科研成果一等奖。另有《高中生活，从这里起步》论著获安徽省基础教育课程改革教学成果一等奖。

4.专业成长

杨明生老师的专业成长经历见表9-2。

表9-2　杨明生老师的专业成长经历表

职称或荣誉	时间	所教学科(或所学专业)	主要成长途径
—	1980年9月—1984年6月	化学师范	大学学习
—	1984年7月—1987年9月	化学	老教师的引领，同行的帮助，教学相长
初级职称	1987年9月—1993年2月	化学	校本培训进修
中学一级教师	1993年2月—1994年12月	化学	赛课、磨课、评课
中学高级教师	1994年12月—1999年3月	化学	课题研究，撰写教科研论文
特级教师	1999年3月至今	化学	教育行为研究，开发校本课程
安徽师范大学客座教授	2000年4月至今	化学	搭建教研平台，记录教学事例
教育硕士研究生	2003年—2006年	化学	践行终身学习理念
正高级教师	2017年3月至今	化学	—

总结上表，我们可以把杨明生老师的专业成长经历概括为五个阶段：新手阶段、熟练新手阶段、胜任型阶段、业务精干型阶段、专家型阶段。

我们对杨明生老师进行了三次采访，杨老师把自己的专业成长经历概括为三个时期：

第一时期：探索期。

第二时期：成熟期。这个阶段的标志，一是开始注意对教学实践的理论总结，二是已经形成了自己的教学风格。

第三时期：创造期。这个时期具有以下三个方面的特点：

（1）对事业、对学生的挚爱，这是走向成功的动力。

（2）对教育发展的前瞻性和预见性，这直接关系到一个老师的发展方向；

（3）具有较强的科研能力，这标志着一个创造型教师的水平。

杨老师的专业成长经历说明，任何事物的发展都是一个辩证否定的过程，是一个不断自我否定、自我超越的过程，教师的发展也不例外。

“探索期”是一个老师完成职业肯定的过渡阶段；“成熟期”是对“探索期”的否定，也是一种发展；处于“创造期”的老师对未知东西的探索，表面上似乎与“探索期”类似，但二者有本质上的区别，前者是学习和模仿，后者是开拓和升华。

杨老师回忆说，在专业成长的道路上有许多难忘的事：

（1）发表的第一篇文章：在1989年第9期《现代中学生》上，题目是《氧化还原小结》。在样刊的目录上，他写上这么一句话：“这是他播下的第一粒种子，它一定会生根发芽结果。”

（2）发表的第一篇教育言论：在《皖西日报》上，题目是《从陈果、刘思影自焚事件，看加强与改进青少年德育工作的迫切性》。

（3）写的第一本书：《做一位合格的中学生》，分为行为与习惯篇、方法与策略篇和理想与做人篇。这本书连续再版，已经发行十万余册。

（4）最艰难的一项决定：1992年，我原计划报考北京师范大学刘知新教授的教学论研究生，由于种种原因，未能报上名，只好从共青团系统报考中国青年政治学院。经过四个月的准备，我以全国第十二名的成绩考取了中国青年政治学院，但思考再三最后选择了继续留下来担任班主任。

在杨老师的博客“老杨树下”，他这样写道：“老杨树下，不尽都是荫凉，也有落叶，在春天的季节里，老杨树枝繁叶茂，荫凉多起来了，落叶也少了许多！但恰恰在这个时候，人们并不在意树下有多少荫凉，而更计较落叶的多少！”从中我们看到了一位守望家乡教育、不断追求卓越的名师的可贵品质。

二、张勇老师成长历程

张勇，1964年出生，1985年7月参加工作，历任安徽省涡阳县第四中学、亳州市第一中学校长。安徽师范大学首届教育硕士，安徽师范大学和合肥师范学院兼职教授、硕士生导师，曾为教育部名校长领航班学员（全国64人，安徽仅1人）。已在国家核心期刊发表论文百余篇。

1998年9月获“全国优秀教师”和“安徽省模范教师”称号，2006年4月获“安徽省特级教师”称号，2013年5月获正高级教师资格，2015年10月获全国化学教育系统“先进工作者”称号，2016年5月获“中国化学会化学基础教育奖”，主持的“中学生化学学习动力研究”课题的成果获安徽省基础教育课程教学成果奖一等奖。

2016年10月，张勇被引进到海南省陵水中学任校长。2016年12月，张勇名校长工作室授牌仪式在陵水中学隆重举行。下面是《中国教育报》对张勇的成长经历的专题报道（收入本书时有改动）。

张勇：植根历史，仁智育人

张勇，1985年开始参加工作，历任安徽省涡阳第四中学、亳州第一中学校长。任教学科为中学化学，系中学特级教师。2016年10月开始，担任海南省陵水中学校长。

对自己影响最深的教育著作：《世界经典教育案例启示录》（林华民编著）。教育教学中最有成就感的改革创新：应用元认知心理技术，促进学生自主学习。学校发展中亟待解决的问题：在教师队伍建设方面，如何增强教师的职业认同感、价值感，降低教师的职业倦怠感。

2016年10月，离开安徽省亳州市，前往海南省陵水中学担任校长之前，张勇有些不舍。亳州市，是他的故乡，也是他执教生涯开始的地方。这座城市是道源圣地，也是曹魏故里，历史文化背景悠远深邃。生于斯长于斯的张勇，教育思想也与这座城市有着千丝万缕的联系。

从1997年开始，张勇的校长生涯前后近20年，在多年的教育实践和教学管理中，他的教育思想脉络也逐渐由朦胧模糊至清晰明确，形成了“仁智教育”这一植根于历史文化的教育理念，并在一所所学校的办学实践中不断完善和发展。

推行分层教学，萌生仁智教育思想

1997年7月，张勇通过公开竞聘成为安徽省涡阳第四中学的副校长，2005年10月成为校长。在这8年的办学管理中，学校的办校文化在他心中留下深刻的印记。涡阳第四中学是由香港爱国人士谭兆先生捐资兴建的公办高中，他捐资助学的直接原因是崇尚道家文化，而涡阳是老子故里，道家文化的发源地。谭兆先生的义举和教育情怀让张勇明白，本土的文化思想也可以并且应该成为学校文化建设的源头活水。老子“上善若水”“道法自然”等思想与当下育人理念和方法不谋而合，这促使张勇开始认真研究、挖掘本土历史文化中的教育理念。

涡阳第四中学在建校之初，办学条件和生源质量都不尽如人意，甚至被称为“十无”学校。怎样在完善硬件建设的同时，尽快给学校发展制定合理发展目标和发展规划，尽快提升教学质量？张勇转向古代教育家孔子寻求答案。他发现，即使教育背景多次变迁，但“有教无类”“因材施教”的教育思想却永不过时。在此思想影响下，他开始对学生实施“分层教学”。

涡阳第四中学首届514名高一学生根据学习成绩，被分成初一、初二、初三、高一四个层次进行教学，学校针对不同层次的学生采取不同的教学方案，补缺补差。“不让一个学生掉队，每天进步一点点”“让不同层次的学生都有所收获，都能体验成功”，这是张勇推行分层教学的初衷所在。

张勇现在还记得，当年实行分层教学后，学校一名中考成绩并不太好的学生，从初一起点班开始上课，学习成绩慢慢提高，自信心逐渐提升，最终高考时该名学生以全校文科第一、全县第三的成绩被重点大学录取。“因材施教，分层教学”也成为涡阳第四中学的教育品牌，以后每届学生都实行分层教学，教育质量提升迅速。张勇认为，这是古代“因材施教”教育思想和现代“以生为本”教育理念的具体实践，是教育智慧在当下教育的实际运用。

这样的成功经历，让张勇更加重视从道家和儒家传统文化中汲取营养，并运用到教育教学之中。“道法自然”，是对规律的敬畏与尊崇，在教育上就是对教育规律的遵循；“因材施教”，这是指向人的个性发展，返璞归真，回归教育的原点，以生为本……在对传统文化和现代理念的比对中，立德树人成为最鲜明共同点，张勇心中“仁智教育”的种子自此萌发。

挖掘学校文化，仁爱指向行动

2012年9月，张勇的校长生涯进入第二个阶段：他被调到亳州市的百年老校亳州第一中学当校长。上任之前，张勇早已对这所学校的文化源起有所了解。亳州第一中学是1910年由美国传教士创建的教会学校，文化特点鲜明，但这所百年老校的教育发展方向仍是一个待解的问题。毋庸置疑，在“应试教育”的现实背景下，高考升学率依然是衡量一所学校教育质量高低的重要指标。社会期许带来的压力，对于亳州第一中学的改革来说，也是一种难以突破的屏障。学校的传统教学，走的是题海和机械训练等“应试教育”的老路，在当前教育背景之下，显然不合时宜。于是，张勇上任后的第一件事就是研究学校历史文化，整合并激活学校的思想资源，从而应对当下的教育现实境况，谋划未来发展。

为此，他潜心研究教会学校的特点和学校发展的历史，与老教师、老校长和老校友交流、座谈，获得了非常丰富的一手资料。最令他惊喜的是，通过访问最初办学人的后代，张勇发现这所学校在办学之初就建立了较为完整的办学制度，这主要体现在以下几方面：一是有明确的办学理念，即以“仁爱”为办学理念；二是有较为完善的课程体系；三是有“学必知、知必用”的教学模式；四是有明确的办学模式和科学性、现代性、示范性的办学目标。在广泛了解和深入挖掘之后，张勇发现“仁爱”“求真”是学校一直以来遵循的基本理念，这种思想在离退休老教师身上留下了不灭的印记，在年轻教师耳濡目染中留下了不变的基因。于是，文化立校成为张勇的必然选择。

之前学校的管理经验，让张勇明白理念最终要转化为具体的实施办法和显性的实践成果，才有实际价值与意义。因此，在学校文化发展过程中，仁爱思想须“知行合一”，应该在行动中得到落实。对此，张勇及其管理团队有着紧迫的发展诉求。他们通过科学的规划布局着力打造了“五大校园”，即“书香校园、人文校园、活力校园、智慧校园、幸福校园”。在这样的氛围中，学校的仁爱文化无处不至。亳州第一中学的教师们还清晰记得，张勇上任伊始，就带着学校领导班子在20天内建成了9个教师集体备课室，要求桌椅空调、电教设备、茶水供应要超过校长室，让教师安心备课，潜心研究，有尊严地进行教学研究。他的做法也成为他在学校推行仁爱文化的注脚。这种“仁爱”与温暖，从教师再传递给学生，逐渐渗透到每一个课堂，浸润于每一项活动中。

引入心理分析，让学生乐学智学

张勇认为，学生培养是一个复杂的话题，但“大道至简，万流归宗”，症结在于如何处理学校与学生的关系。他在教学实践中发现，学生学习出现的动力不足、基础较差、粗心、偏科、考试焦虑等问题，往往与学生的心理障碍有关。解决这些问题，不能依赖教师和家长的空洞说教和单独补课等方式。学生学习兴趣培养的关键，是了解学生的心理。对教育心理学有所研究的张勇，尝试在学校中采用心理分析技术和元认知心理干预技术，对存在问题的学生进行集体辅导和单独培训，有针对性地解决部分学生学习障碍问题，效果显著。他说，这是科学研究的结果，也是教学智慧的体现。

应用心理专业技术手段，尤其是运用元认知心理干预技术指导学生学习，逐渐成为亳州第一中学提高教学质量的一大抓手。学生的学习障碍解决了，心理问题迎刃而解，自然而然就会爱上学习。张勇还请元认知专家到校对全校教师进行普及培训，对学校心理健康教育教师、班主任和部分骨干教师进行专业培训，让他们掌握元认知干预技术和学习分析技术。教师通过开办“学习力提升营”，对学生进行团体辅导和个别辅导，运用心理技术手段解决学习障碍问题，从而达到解决心理问题的目的。

2016年，张勇被引进到海南省陵水中学任校长。到任以后，张勇对陵水中学的发展历史、学校文化、办学特色、教师队伍、教育现状等进行了调研。他深深地感觉到，陵水中学的优美环境与办学文化，与其“仁智”教育思想是相互呼应的。

山的智慧与水的哲学，成为他在陵水中学开启教育新征程的落脚点。他提出的“仁智教育，山水文化”，是对陵水中学历史文化的提炼。在此基础上，他进一步实施学校文化发展战略，上下贯通，以“仁智教育”和“山水文化”为统领，构建学校课程体系，体现学校特点、地域文化和民族特色，在教师的实践中、在课堂上、在学生身上落地生根，促进学生的全面发展。

在陵水中学，“仁智教育，山水文化”的蓝图已经在张勇心中勾画。

从涡阳，到亳州，至陵水，近二十载。张勇愈发坚定了一个信念：让仁智教育的种子在陵水落地生根；引进积极心理学的观念，激发师生积极向上心态，主动作为，有所建树。如今，他仍在继续探寻“仁智教育”的生长点，使这一思想能有更广阔的教育土壤。

三、李为民老师成长历程

李为民，1955年出生，安徽师范大学化学系本科毕业。宣城市名校长、宣城市专业技术拔尖人才、安徽省中学化学特级教师、安徽省第十一届人大代表、安徽省政府特殊津贴专家、安徽省十佳江淮好校长、全国五一劳动奖章获得者。长期担任宁国市宁国中学校长、党委书记。下面是安徽省教育宣传中心主办的《教育文汇》关于他成长经历的报道（收入本书时有改动）。

教育园地的痴情守望者

题记

在教育园地里，他像一把犁铧，辛勤耕耘，无怨无悔地为学生播撒着希望的种子；在管理岗位上，他像一面旗帜，猎猎飘舞，昂扬向上地引领学校谱写着璀璨的华章；在日常生活中，他像一根标杆，稳健正直，潇洒地展示着自己高雅脱俗、多才多艺的人格魅力。

业界赞誉他为“专家学者型校长”，同事们评价他为“睿智型校长”，文学圈子里称呼他为“诗人校长”；而他给自己的描述则为：培桃育李为民忙，痴情教坛一书生。

他就是全国五一劳动奖章获得者、安徽省政府特殊津贴专家、安徽省十佳好校长、中学化学特级教师、宁国中学党委书记李为民。自1982执教于宁国中学，从普通的化学教师到一校之长，三十多年如一日，用爱心、责任和智慧忠诚执着地坚守校园，为宁国教育事业的发展、为宁国人民的子女享受优质高中教育做出了无私的奉献。

骨子里的教育情结

李为民出生于教师之家，父母亲都是20世纪50年代初的小学教师，或许是家庭教育环境的熏陶，儿时的李为民对“教师”这个职业便有一种特别的情愫。踩着那个年代的步伐，1975年，李为民高中毕业后下放到农村插队落户，并在当地一所初中担任了近四年的民办教师，山区教育的落后以及农村孩子们对知识的渴望，让他深刻体会到教书育人者所肩负的沉甸甸责任，更加坚定了终生从事教育的决心。

正因如此，1977年恢复高考后，李为民没给自己更多的选择，直接报考了安徽师范大学，并如愿以偿地被化学系录取。1982年，他以连续四年校级“三好学生”的优异成绩毕业，主动放弃了留在高校工作的机会，毅然决然地回到了这片生他养他的土地，在宁国中学担任了一名普通的化学老师，从一名普通教师到一校之长，这一干就是30多年。

30多年来，凭着对教育事业的情有独钟，李为民同样没给自己更多的选择，他一次又一次地放弃了改行的机会，当年与他同时分配到宁中执教的本科毕业生，现在只剩下他一人无怨无悔地坚守着，从一而终地实践着自己最初也是最真的人生追求。“或许是学生们需要我，或许是我只适合干教育，或许是我已习惯于教师这一职业，但不论是什么，我这一生注定与教育有缘。”

教学教研的行家里手

“干一行爱一行，干一行精一行”，从第一次踏上讲台的那一刻起，这句话便成了李为民朴实的工作理念和执着的奋斗目标。在化学课教学中，化学如何化抽象为形象，化枯燥为生动，李为民为此苦心研究，不断地完善和提高自己的课堂教学艺术。他的教学风格活泼生动，收放自如，当年的学生回忆说：“李老师的讲课妙趣横生，他在讲解化合物碳酸钙知识时，引用明代名臣于谦的《石灰吟》导入新课，‘千锤万凿出深山，烈火焚烧若等闲。粉骨碎身全不怕，要留清白在人间’。在讲解电子轨道排布时，用白居易的诗句形象地将其比喻为‘大珠小珠落玉盘’。这些给我们留下了十分深刻的印象，至今难以忘记。”在李为民老师的课堂上，原本枯燥抽象的化学原理成了学生们的一种视听享受。

课堂上李为民是备受学生欢迎的好老师，课堂下他是潜心教研的求索者。在教学之余他广泛阅读各类有关教学的书籍，出版了30余万字的专著，多篇专业论文发表并获奖，主持完成了一项国家级课题、两项省级课题的研究任务。此外，他还积极参与教育教学改革，及时获取学科教学改革的前沿信息，不断提高自己的教学业务能力。扎实的专业知识、精湛的教学水平、过硬的教研能力，使李为民在强手如林的宁国中学教师队伍里脱颖而出，迅速成长为一名安徽省知名的化学教师，被化学界同仁们推选为安徽省化学学会常务理事、副秘书长，宣城市化学学会理事长，宁国市化学教研会理事长，多次担任安徽省学科教学评比的专家评委。2008—2012年，他连续两届担任安徽省特级教师评委会成员并兼任理科评审组组长。

自1990年走上学校管理工作岗位后，李为民始终以一个优秀教师的标准要求自己，长期坚持在一线课堂教学，始终没有停止过教学业务上的积极进取。他的一系列专业荣誉如：宣城市化学学科带头人、宣城市科学技术拔尖人才、安徽省中学化学特级教师、安徽省政府特殊津贴专家，都是在担任校长期间获得的，也都是靠教学专业的硬功夫“铸”起来的。一名好校长首先应该是一名好教师，李为民真正做到了这一点。

善待师生的仁爱情怀

李为民的手机开机语和QQ空间扉页上，都留有醒目的八个字：善待别人，善待自己。这是他为人处事的座右铭。

徜徉于德育天地，李为民爱生如子。无论是在担任班主任期间，还是在以后的管理者岗位上，他都视学生为子女，给予学生学习、生活上无微不至对的体贴与关心。在担任班主任期间，班上学生病了，他让在市医院工作的妻子亲自诊治；住校学生需要生活用品，他让学生到他家里取；农村学生家长来校看望孩子，他都热情招待家长到家里吃饭；每个周末，他都骑上自行车去农村学生家家访。

1988年，家住宁墩乡的女生万某因学习成绩落后产生了弃学的念头，他一周三次去该生家里耐心地做思想工作，最后亲自将学生带回学校继续就读。

家住板桥乡的学生汪某，自幼丧母，父亲患有精神障碍，家境非常贫寒，三年的高中生活，他对这位学生关心备至，资助他顺利完成了高中学业，1992年这位学生考入了全国重点大学——西北农业大学。入学不久，该生又患上了肺结核病，他得知后，分两次共汇款2500元给该生治病，以后每月寄去100元，给该生补充营养。这位学生在收到李为民老师汇款后的回信中写道："李老师，您前后两次给我的汇款及师母的来信都已收到，您寄来的钱太多了，简直让我受宠若惊，这些钱大概是您半年的工资吧，叫我怎能心安理得地接受呢？所以，我这里请求您允许我退还一部分……你们现在甘愿分担我这样一个穷孩子的病痛、忧愁和困苦，给我带来了希望和力量，这种真情与爱心，我无法表达我的感激和敬爱之情……"看，多么感人的心灵呼唤，多么真挚的爱的奉献！如今这位学子已学业有成，成了中国海洋大学一位知名教授。每每谈及李为民老师，他的感恩之情便溢于言表。

学生毕业离校后，李为民依然牵挂满满，关心着他们的婚姻、工作和生活。每年正月初三，学生们都会从全国各地相约登门给当年的班主任李老师拜年，"正月初三"成了师生们25年来不变的约定……

2013年国庆节期间，还是这批学生自发相邀相聚，在青龙湖的游船上，为年近60岁的李为民老师举行了一次十分隆重的祝寿活动。2011年7月，一位他当年的学生，如今的商海骄子，为感恩老师的教育培养，安排李为民夫妇专程去东非肯尼亚草原游览，观赏动物大迁徙。谈及此事，李为民感慨地说："学生们对我太好了，让我充分感受到了当教师的自豪与骄傲。"师生之情，能如此厚重久长，真的很感人。

于细微处见精神，李为民以情感人。在教师队伍的建设与管理方面，他像善待学生一样善待着每一位教职员工，将人性化的理念渗透工作的细枝末节。他向教职工庄重承诺：有困难，找校长！教职工的子女就学、爱人工作调动、购房买车等事情，有困难找到他，他都会出面奔波，全力帮助解决。教职工伤病住院，他会亲自到医院探望；教职工结婚，他都要题写一幅贺喜嵌名联送上，并高兴地为他们证婚；教职工每年生日，学校都会以不同的形式表示祝贺，如2004年，他在送给157位教职工的生日礼品相册的扉页上亲笔题写嵌名联表示祝贺，此事一时间在社会上传为美谈。宁国市作协主席华和平先生看到这些嵌名联后深有感触地说："给157位教职工创作生日嵌名联，而且还针对每位教职工的学科、岗位和性格特点，是个相当艰难的活，这不仅仅需要深厚的语言功底，更需要对每位同事有相当的了解，行行字字都凝聚着校长对教职工的关怀和深情。"此外，李为民还坚持每年为整十岁年龄的教职工举行祝福活动，每年重阳节为全体退休教职工举行敬老茶话会，每年为教龄满三十年的教职工举行慰问座谈会，每年请高三毕业班教师亲属来校参观座谈。如今，在宁国中学高中部，李为民的人性化管理理念已经融入学校工作的点点滴滴、方方面面，渗透学校文化的血液中，成了构建和谐校园的重要支柱。

举重若轻的管理能力

自1998年担任校长至2013年卸任，李为民在宁国中学校长岗位上连续干了16年，这在"宁中"历史上绝无仅有，在全省示范高中里也不多见。俗话说，存在就是合理的。16年里他始终保持昂扬向上的精神状态，16年里他引领着一所学校始终稳定健康地发展，16年里他始终受到教职员工和社会各界的好评，真的不容易。这其中的合理性，教育界同仁们的见解是：李为民有思想、有智慧、有能力。

李为民的管理智慧，表现在思路清晰、求真务实和改革创新。1998年他上任伊始，就果断地决策全力抓好三件事，即：筹办六十年校庆、争创省级示范高中、完善学校制度文化。三年时间内，实现了抓好三件大事的预期目标：隆重举行了建校以来的首次校庆活动，取得了圆满的效果；成功争创了省级示范高中，使学校跃升新台阶；制定了各项规章制度和校园文化的识别形象，使学校终于有了健全的管理制度、明确的文化理念。当笔者问及李为民新官上任为什么要烧这三把火，他简洁明快地答道："为了学校有人气、有名气、有规矩！"烧完这三把火后，李为民立即将工作的重心落实在了提升教学质量和推进校园建设上，他幽默地说这是要让宁中出脱得才貌双全。

围绕这一工作重心，李为民在教育教学质量管理上坚持推陈出新：特招班的培养模式、鸿志鹏举班的开设、三位一体的年级指导组管理方式、行政干部联系毕业班的做法、分层教学的探索与实践、青年教师的高考模拟考试、毕业班学生远足及学生跑操等激情励志活动的开展等，都是在安徽省教育界首开先河的成功做法。2004年，他以个人魅力以及多年来与企业界良好的诚信合作关系，赢得了夏鼎湖先生个人出资千万元建教学大楼，将一所高品位、高起点、大手笔的校园矗立在世人面前。

李为民用智慧与能力取信了全校的师生，赢得了社会的赞誉，也让宁国中学的发展阔步向前。16年来，他所引领的宁国中学各项事业全面进步，学校先后荣获"安徽省校务公开先进单位""安徽省青少年德育教育示范基地""安徽省传统体育项目学校""安徽省教书育人先进单位""安徽省高中会考先进学校""南京军区空军招飞先进单位""全国教育现代化技术实验学校""全国青少年普法教育先进单位"等称号，连续三届荣获"宁国市民主考评优秀公共服务单位"，连续四届被省人民政府授予"安徽省文明单位"。16年来，宁国中学有9人次摘取了宣城市高考状元桂冠，向清华、北大输送了20多名优秀学子，使一所原本普通的县级中学迅速声名鹊起，享誉皖南，一跃跨入安徽省高中名校之林。

积极向上的生活态度

"一个优秀的人是一本好书"。这本书可能装帧精美、内容深邃，也可能散淡纯朴、浑然天成，而读李为民这本书则是厚重中见恬淡。

2013年8月，李为民主动要求从校长岗位上退下来，虽然学校行政事务性工作少了，管理压力轻了，但是，他却依然为教育工作忙碌着，他的生活依然充实而富有情趣。在校党委书记岗位上，他认真履行着把握学校发展方向、加强师德师风建设的职责，全力支持帮助校长开展行政管理工作。党的十八届三中全会后，他及时部署了在全校师生中学习贯彻会议精神的工作，并联系学校实际，亲自为党员教师举办了两次党课知识讲座。作为宣城市政协委员，他积极参政议政，为地方经济建设和社会发展献计献策，他所提出的《关于深化我市教育改革的建议》和《实施文化强市战略，打造宣城文化品牌》的建议，均被列为宣城市政协大会上的重点议题，受到宣城市委、市政府领导的高度重视，时任市委书记批示："李为民这个发言很好，所提的建议值得市委、市政府和相关部门参考研究，并在今后的工作中予以吸纳。"时任市长批示："李为民委员的发言内容翔实、视角独特，针对性和操作性都很强，请相关部门负责人认真研究，提出落实意见。"2013年年底，他被安徽省人民政府特聘为省级教育督学，担负起了督查、指导全省教育工作的重任。与此同时，宁国市教体局为他挂牌成立了"李为民名校长工作室"，选派了十一位年轻的中小学校长接受他的传帮带。他坚持多年义务宣传中华民族传统美德，在校园里建设起了一条三字经长廊，自告奋勇地为教职工宣讲、解读《三字经》《弟子规》等国学传统知识，义务为我市市委党校、市容管理局、市法院、中医院及中小学等多个单位进行为人处事礼仪知识讲座，为全市出租、公交车司机进行职业道德礼仪知识培训讲座。

熟悉李为民的人都知道，他生活严谨，为人正派，清高脱俗。闲暇时，理工科出身的他却爱写些诗词逸性养心，唐诗、宋词成为他的案头、书柜、枕边的必备书籍。关注和研究本土地域历史文化，是李为民的又一业余爱好。近年来，他先后撰写发表了诸如

《沈括与宁国》《宁国三宝——牡丹宣石山核桃》《曹雪芹在红楼梦创作中的宁国情结》《谷雨时节话宁国牡丹》《敬亭山缘何声名鹊起》《李白的独坐敬亭山别解》《杨虎其人》《小溪口感怀》等一系列颇有见地和影响的文章，为挖掘宁国历史文化积淀做出了积极的贡献。

李为民以对教育的热爱与责任、执着与追求成就了自己美丽的人生。

四、董宝平老师成长历程

董宝平，安徽师范大学化学系本科毕业，教育硕士。安徽省特级教师，安徽省高中教育评估专家库成员，安徽省科技辅导员，江淮好学科名师提名奖，安庆市政府特殊津贴专家，安庆市化学学科带头人，安庆市科协系统先进个人，枞阳中学化学正高级教师，枞阳县有突出贡献的中青年专家，枞阳县优秀政协委员，董宝平高中化学名师工作室主持人。下面是他评选安徽省江淮好学科名师的宣传材料（收入本书时有改动）。

立德树人，启智导思

——安徽省特级教师、江淮名师董宝平事迹介绍

董老师三十年如一日，兢兢业业，忠诚党的教育事业，热爱本职工作，学高为师，身正为范，为人师表，德艺双馨，在教育教学工作中取得了显著成绩。尤其在他被评为安徽省特级教师以来，在各级领导的培养和同事们的关怀下，爱岗敬业，勇于创新，淡泊名利，甘于奉献，思想上和业务上不断成长、成熟，为枞阳中学近年来教育教学质量的腾飞做出了重要贡献，在平凡的岗位上做出了不平凡的业绩，赢得了胜似金杯、银杯的社会口碑，更获得了学生的一致好评和学生家长的广泛赞誉。

1.关爱学子，润物无声

董老师多年担任班主任，并一直从事化学学科的教学工作，时

刻不忘自己教书育人的神圣使命，用一颗爱心点燃学生求知的火把。

董老师对待班里的每一个学生都一视同仁，不放弃任何一个学生，这是他多年来坚持的教育原则。对于成绩差的学生，董老师从学生现有的基础出发，培养他们的自信心，及时表扬学生取得的每一点进步。对于家庭经济困难，一时舍不得购买学习资料的学生，董老师常常看在眼里，记在心里，悄悄地自费购买后赠送给他们。为了激发学生的化学学习兴趣，董老师有一个习惯，就是组建化学兴趣小组，开展化学研究性学习活动。在化学兴趣小组活动中，没有学习资料和研究资料，董老师就自费购买，然后供学生借阅，从而实现培养学生学习化学兴趣的目的。为了培养创新型科技人才，董老师总是喜欢组建枞阳中学科技创新活动小组，对学生进行科技创新指导。在组建科技创新活动小组之前，董老师首先进行组织动员，动员的方式就是举办竞赛讲座和科普讲座，让学生了解竞赛的意义，认识科技在生产、科研和生活中的价值和作用，介绍国内和国际上开展奥林匹克化学竞赛活动和科技创新竞赛活动的历程，对学生进行思维方式和创新方法方面的训练，如大脑风暴法、发散思维法、求异思维法等，同时带领学生进入化学实验室进行化学实验探究，深入农村进行调查研究，指导感兴趣的学生进行小论文写作等。未名湖畔、清华园内、天山脚下、大洋彼岸，都有董老师所教学生的身影。董老师在教育学生的过程中有两个特点：一是他认为培养学生掌握正确的学习方法比传授知识更重要，学生掌握了正确的学习方法，可以最大限度地获取知识；另一个是要教学生做一个有思想的人，一个有思想的学生就会有独立判断、正确分析问题的能力，在未来成长道路上可以最大限度地挖掘出自身的潜质潜能，成为“学会学习、学会做事、学会生活、学会生存”的人。

2.精雕细刻，构建生命课堂

董老师认为教育事业是爱心事业，教师只有关爱学生，才能让爱产生教育的智慧。在平时教学中，他教学严谨，备课认真，及时批改学生作业，课后耐心为学生辅导。为提高教育教学水平，每年他都订阅化学教育教学方面的报纸杂志，认真学习并做读书笔记，不断提高自己的理论水平。一分耕耘，一分收获。董老师教学30多年来担任了12年班主任，担任了近20年高三毕业班教学工作，他所教学的毕业班高考化学成绩多次在全县同类学校中排名第一。

董老师作为一名化学教师，非常重视实验教学。众所周知，化学实验工作很辛苦，还经常与有毒、有害物质接触。但董老师为尽快改变学校实验教学的落后面貌，经常超负荷工作，白天在旧仓库里寻找仪器和药品，晚上在实验室鉴定、提纯试剂。为了使学生的学习贴近生活、贴近社会，从20世纪90年代开始，他先后探索“实验、引导、探索”教学法和“兴趣—创新”教学法，现已形成“化学实验（或生活实际）引导，学习兴趣激发，知识层面拓宽，创新能力培养”的教学特色。在教学上，董老师教学思想端正，教学行为规范，教学思路清晰，教学理念新颖，教学中密切联系学生的生活实际，引导学生运用化学视角观察身边的生活，观察社会，培养学生的人文情怀。在课堂上，董老师注重创设问题情境，激发学生积极思维，启迪学生的心智，贯彻素质教育的思想，开展探究性学习和研究性学习，培养学生的创新精神，重视化学实验教学，培养学生的动手能力。由于他教学方法新颖，条理明晰，语言生动，学生觉得上董老师的化学课是“美”的享受，“真”的感悟。

董老师除了上好课之外，还注意“第二课堂”活动的开展。多年来，他利用休息时间辅导学生开展化学竞赛和科技创新，取得了可喜的成绩。

3.热爱教育，投身教育科研

在教育、教研和教改的道路上，董老师走出了一条不平凡的路。他顺应时代发展，实现了由“教书匠教师”向“科研型教师”角色的转换。董老师非常重视教学过程的细节研究，关注课堂细节并进行全方位教学反思，撰写的论文《在化学教学中进行科学素质教育的实践》发表于2008年《化学教育》第9期；董老师总结自己多年来的教育教学经验，撰写的论文《试谈化学学科特色与提高化学课程教学质量的策略》，发表在2014年《中学化学》第2期。2000年任高级教师以来，他一直笔耕不辍，在《化学教育》发表论文6篇、《化学教学》发表论文2篇、《中学化学》发表论文11篇、《中学化学教与学》发表论文4篇，另在省级刊物《教育实践与研究》发表论文多篇。为了提高理论水平，2000—2003年，董老师利用寒暑假等假期到安徽师范大学攻读在职研究生。

董老师一直关注教育改革的方向，及时更新教学观点，目前已经完成国家级科研课题“校本课程开发的研究与探究”、省级科研课题“中学化学地方教材开发的理论和实践”、市级科研课题“安庆市普通高中化学教学质量评价研究”等的研究。董老师主持完成的各级课题已达7项，被同事们称为“课题王”。其所研究的课题都取得了预期的实验性成果，其中，“中学化学地方教材开发的理论和实践”因研究成果突出，获得安徽省教育厅颁发的安徽省第六届优秀教育科研成果一等奖。“校本课程开发的研究与探究”和“新课程下探究教学法理论与实践研究”获得安徽省教育厅颁发的安徽省基础教育课程改革教育教学成果奖三等奖。另有2项安庆市课题分别获得安庆市教育局颁发的优秀教育科研成果二、三等奖。2008年，董老师应安徽省教育科学研究院之邀，负责编写九年级教材，2009年8月由安徽教育出版社出版发行，供安徽省初三学生使用。

4.注重创新，化学教学有特色

21世纪是科技创新的世纪，未来的人才是创新型人才。在如今应试教育愈演愈烈的形势下，董老师顶住压力，坚持带领学生搞科技创新。仅2008—2013年，就有20多项创新项目分别获得安庆市科技创新大赛一、二、三等奖。尤其可贵的是，在董老师的努力下，2013年，纵阳中学终于实现了安徽省科技创新奖“零”的突破，学生汪伟岸获得安徽省科技创新项目三等奖。2014年10月，董老师指导学生方超等进行手机底座支架方面的创新研究，开发出了多功能手机底座支架，获得了2015年安徽省科技创新成果奖。2015年5月，董老师指导学生施王明进行垃圾桶方面的创新应用研究，实现日常生活中的垃圾桶变静止放置为自动运送和自动返回，这一项目成果成功申请了国家专利。在董老师的指导下，有100多人次获得奥林匹克化学竞赛省奖和市奖，有5人发表了自己的论文，有38个科技创新项目100多人次获得省市科技创新竞赛奖，更为可喜的是，有4项成果获得国家知识产权局颁发的专利证书。

5.甘为人梯，热心工作室主持人

董老师全身心地投入教育教学实践，潜心钻研教材教法，严谨治学，专心教学科研，勤奋学习，教学教研水平不断提高，形成了独特的教学风格，在全市化学教育界享有很高的声望，成为安庆市化学名师。他更关心青年教师成长，热心青年教师培养工作，耐心指导青年教师备、教、改，发挥名师的引领、示范和辐射作用，赢得了青年教师的普遍爱戴。作为名师工作室主持人，董老师在教学教研方面处处起示范带头作用，制定了工作室工作职责、工作室管理制度、工作室总体工作规划、工作室量化考核细则，他要求工作室成员在课堂教学实践后及时反思，直观、具体地总结教学中的经验，发现教学中的问题，并找出解决问题的办法，同时，研究教材和学生，优化教学方法和手段，丰富自己的教学经验，将实践经验系统化、理论化，提高教学水平。在董老师的示范引领和指导下，白云中学刘丽娟老师参加优质课比赛，获得了安庆市优质课一等奖和安徽省优质课三等奖的优秀成绩；浮山中学吴义生老师成长为安庆市优秀教师、枞阳县骨干教师；枞阳中学施其胜老师成长为枞阳县化学学科带头人；枞阳中学杨正红和安庆十中汪凤霞老师等成长为县区优秀教师。

五、魏香三老师成长历程

魏香三，1964年11月出生，1987年毕业于安徽师范大学化学系，毕业后一直在教学第一线，从事高中化学教学、教研工作，2013年被评为首批安徽省中小学正高级教师。现为蒙城八中副校长、蒙城县化学名师工作室主持人，安徽省教育科学研究省级课题鉴定专家库成员，亳州市高级教师评审委员会委员。

1.主要荣誉

魏香三老师所获的主要荣誉见表9-3。

表9-3　魏香三老师主要荣誉一览表

时间	荣誉
2007年9月	安徽省模范教师
2009年9月	安徽省特级教师
2010年12月	全国基础教育课程改革教学研究成果三等奖
2011年11月	第二届全国教育改革创新优秀教师奖
2011年12月	享受市政府特殊津贴
2012年9月	“江淮好教师”提名奖
2013年3月	安徽省基础教育课程改革教育教学成果三等奖
2014年10月	市学术和技术带头人
2017年2月	安徽好人
2018年4月	中国化学会化学基础教育奖

2.主要成果

魏香三老师所获的主要成果见表9-4。

表9-4　魏香三老师典型成果一览表

时间	成果
2003年第6期	①《对化学教材中研究性课题的分析》发表在《中学化学教学参考》
2014年第17期	②《中学化学名师工作室建设》发表在《化学教育》
2016年第11期	③《“互联网+”使化学教学精彩纷呈》发表在《化学教与学》
2017年第2期	④《例谈解析晶体结构的几个问题》发表在《化学教学》
2014年	⑤《高中化学探究性实验(选修)》由安徽科学技术出版社出版

3.成长报道

2016年3月15日，《中国教育报》以《埋头苦干，扎实推进科研工作》报道了魏香三的成长经历（收入本书时有改动）。

埋头苦干，扎实推进科研工作

——记安徽省蒙城县化学名师工作室主持人魏香三

魏香三，正高级教师，1987年毕业于安徽师范大学化学系，毕业后一直在教学第一线，从事高中化学教学、教研工作，由于教学、教研工作成绩突出先后被评为安徽省模范教师、安徽省特级教师，获得第二届全国教育改革创新优秀教师奖、安徽省“江淮好教师”提名奖等荣誉称号，他在荣誉面前从不沾沾自喜，为了使更多的优秀青年教师脱颖而出，他主动请缨，在蒙城县教育部门教研室的大力支持下，率先成立化学名师工作室，并取得了丰硕的成果，所带的团队连续三年被蒙城县政府部门授予“教科研先进集体”称号。

默默无闻，埋头钻研教学工作

魏香三毕业后被分配到薄弱学校，在艰苦的环境下，他从不叫苦，而是认认真真上好每一节课，他经常和同事谈如何提高课堂教学质量，如何培养学生的学习兴趣；在高考招生人数较少的情况下，依然钻研课堂教学，如今走上工作岗位的学生对魏老师的课仍然念念不忘，他们常说：没有魏老师对教学的执着，我们很难成才。在教学上，他严格要求自己，认真钻研课标、教材，上好每一节课，努力提高课堂教学效率。在教学中他把自己作为研究对象，实现教学前反思，教学中反思，教学后反思；不断优化课堂教学模式，突破教师教、学生学的传统模式，注重采用新的教学形式，使教学常教常新；对新的教育理念，他身先士卒，积极推广并实施了“四环节教学模式”，为其他教师树立了榜样；他的“一节特殊化学课”被亳州电视台专题报道，“探究铁及其化合物的氧化性和还原性”一课被安徽基础教育资源网名师名教活动收录，“一种重要的混合物——胶体”课堂实录在安徽省“2012年中国教育电视优秀教学课例评选”中被评为三等奖，在2014年教育部门“一师一优课、一课一名师”中，他的一节课被评为部优课。他对自己的教学实践不断地进行理性反思，研究符合自己教学理念的理论，总结具有推广意义的教学策略，形成独具特色的教学流派。他还积极在阜阳市、亳州市、利辛县、蒙城县等地举行公开课教学和开设专题讲座，以推动课堂教学改革。

无私奉献，培育众多优秀教师

魏香三的课堂教学独具特色，为了使更多的教师能脱颖而出，他与青年教师结成对子，指导青年教师备课、上课、批改作业等，达到了精准帮扶，使很多青年教师成为名师。魏香三常常感觉这样培养教师速度太慢，他主动找到蒙城县教育局教研室，把想成立化学名师工作室的想法与教研室主任进行交流，教育部门非常支持，最后以教育部门的名义成立蒙城县化学名师工作室。

为了提升蒙城县化学名师工作室的整体水平，他自费给各成员订阅了《化学教育》《化学教学》《中学化学教学参考》等杂志，购买了窦桂梅的《做一名有专业尊严的教师》、朱永新的《走进最理想的教育》、袁梦的《专家型教师的成长之路》等书籍，他要求各成员要明确自己的方向和目标。他深知要想提高成员的素质，必须靠教研，只有在教研中才能使各成员得到锻炼和成长。在教育部门的大力支持下，蒙城县化学名师工作室积极开展各项活动，如送教下乡、送教到薄弱学校，承担市县的课改工作及市县中高考研讨会等，每一次活动都有主题、有内容、形式多样；他要求成员在一学年内上一节公开课、开一个专题讲座、写一篇教学心得，年终进行总结和评比；同时蒙城县化学名师工作室还承担着一项省级科研课题“高中化学探究性实验校本课程的开发和实施”、一项市级科研课题“模型建构与化学课堂教学有效性的研究”；目前工作室有10多篇论文发表在国家、省级刊物上，“高中化学探究性实验校本课程的开发和实施”课题成果《高中化学探究性实验（选修）》已出版发行，经过各成员的共同努力，他们在教学、教研上都取得了很大的进步，素质得到了进一步提升。目前有1人被评为安徽省中小学正高级教师，有1人被评为亳州市特级教师，有1人被评为亳州市学科带头人，有2人被评为亳州市骨干教师，有3人被评为亳州市教坛新星等，蒙城县化学名师工作室连续三年被蒙城县授予“教科研工作先进集体”。

艰苦奋斗，保持优秀教师的品质

无论是辅导青年教师，还是担任化学名师工作室主持人，他从不计较个人得失，把荣誉让给年轻教师；无论是组织公开课活动，还是教研活动，在每一次活动前，他认真制定详细的工作方案，尽可能使每一次活动都达到最佳的效果；特别是送教到农村学校、薄弱学校等，他亲自上阵，为了不增加学校负担，他自己承担费用，特别是在腿上静脉曲张严重的情况下，他仍旧站着给学生上课，从不离开教学第一线，他的这种精神成为青年教师学习的楷模。

脚踏实地，推进教研工作

为了推进教研工作的开展，魏香三的宗旨是教研要“根植于课堂，服务于课堂”。为落实新课程理念，他积极开展行动研究，带领工作室成员走进农村学校、薄弱学校、优质学校听课，研讨课堂教学改革，以身示范，上公开课。2011年4月他在蒙城八中上了一节“一种重要的混合物——胶体”公开课，课后所有参会教师都参与了点评，大家一致认为：这样的课堂教学高效，能提高学生学习的积极性。经过化学名师工作室成员的讨论和论证，以及外出参观学习，工作室找到了适合本县的课堂教学模式，目前蒙城八中已作为安徽省课堂教学改革的试点单位。在精准帮扶学校时，他协助学校制订教研工作方案，推动学校教研工作的开展，所到学校教研工作都有起色。为提高化学名师工作室成员的教科研能力，他以课题为抓手，带领成员进行研究，他主持的省级科研课题“高中化学探究性实验校本课程的开发和实施”已经顺利结题，其成果已推广使用，受到教师和学生的一致好评；他主持的省级科研课题“构建研究性学习的评价模式”成果被评为2010年国家基础教育课程改革教学研究成果三等奖，主持的市级科研课题“对高中化学发展性评价体系的探索”成果获2013年安徽省基础教育成果三等奖。他是学校教研工作的推进者，他为蒙城县教育做出了突出的贡献。

（安徽省蒙城县第八中学、蒙城县化学名师工作室供稿）

六、徐泓老师成长历程

徐泓，男，1969年出生，正高级教师（2017），安徽省特级教师（2011），安徽省优秀教师（2001），享受安徽省政府特殊津贴（2008）。1991年7月毕业于安徽师范大学化学系并分配至安徽省宣城中学任教，2002年进入安徽师范大学攻读教育硕士学位，2009年调至宣城市教育局教研室任化学教研员，发表教研论文50余篇。下面是徐泓老师成长的总结材料。

立德树人，争做区域内学科教育教学的领头人

——任现职以来开展教学研究与教育科研工作总结

自2001年任中学高级教师以来，无论是在教学岗位，还是从事教研工作，我一直把“坚持服务意识，不断提升自我”作为自己的职业使命和人生信条，以高质量地完成教学研究和教育科研任务为己任。

一、坚持教研为学生、教师和学校服务

（一）服务于学生

2001年至2008年我先后承担宣城中学2002届（高三）、2004届、2007届（高三）和2008届化学教学工作。在教学上我认真钻研，探索教育教学规律，改进教学方法，努力提高课堂教学效率。我带的学生在高中会考、高考和各种竞赛中成绩优异，尤其是任现职以来，教学成绩突出，2004届的杨洁同学获安徽省高中化学竞赛一等奖；2008届所带班级会考优秀率达87.5%，合格率达100%，并有3人获安徽省高中化学竞赛三等奖。值得一提的是，这些教学成绩

都是在所授学生为普通班（非重点班）的情况下所取得的。我也因此获安徽省化学优质课评比一等奖，被评为“安徽省优秀教师”，享受安徽省政府特殊津贴。2008年任宣城市化学教研员后，我仍坚持深入课堂，先后在宣城中学、宣城二中、广德中学、宁国中学、泾县中学等开设示范课和学生专题辅导讲座14次，既直接掌握了学生化学学习状况等第一手资料，促使自己在实践中研究、在实践中反思，也为教师做好了表率。我于2011年获安徽省“特级教师”称号。

（二）服务于教师

作为一名具有高级职称的教师，我深知：不仅自己要有扎实的业务知识和过硬的教学水平，还应关心青年教师的成长，主动参与学校的教育管理工作。2001—2004年我担任宣城中学年级组长期间，积极为年级组建设出谋划策，与同事协力合作，帮助年轻班主任做好班级管理工作，2004年有三位年轻班主任所带的班集体获“宣城市优秀班集体”。2000—2005年我担任生化教研组组长，虚心向同行学习，积极指导青年教师，多次获学校“先进教研组”表彰。2005—2008年我担任学校教研处副主任，积极推动校本教研工作，完善学校有关教研制度（如修订学校教科研奖励条例、教研组量化考核方案等），尤其是2006—2007、2007—2008学年主持工作期间，积极开展各种教研活动（如举办青年教师论坛、开放周活动、听课月活动、校园网教研信息栏目的建设、恢复《宣中教研》的编撰等），加强了学校师资队伍建设，我个人也被评为宣城市直机关工委“优秀共产党员”。

2008年我担任宣城市化学教研员以来，致力于化学教学研究工作，把为全市化学教师做好服务工作，促进教师专业化发展，提高全市化学课堂教学效率作为工作的重要目标。一是通过搭建各种平台，增进教师间的交流与学习。通过“宣城化学教研网”为教师提供最新教研信息、发布我市教师的教研成果、共享教学资源、开展网络研讨等。目前，网站不仅成为我市化学教师学习和交流的地方，也成为他们与省内外同行交流的窗口。除此之外，每年还举行教师培训和专题性的研讨会，营造浓厚的教研氛围，如2008年8月举办了“全市基础教育改革九年级化学骨干教师暑期培训会”，来自全市的近二百名初中化学骨干教师参加了培训；每年针对高三复习工作的“复习教学研讨会”，以研讨课和论坛的形式传递教师在提高复习效率方面的好的经验。二是通过举办各类优质课、研讨课，促进青年教师的迅速成长。自2008年以来，我市教师在安徽省优质课评选中连续八年获省一等奖，其中宣城中学戴雯婷、宁国市霞西初中谭天贵获全国中学化学优质课一等奖；宁国津河中学徐启芬、宣州区雁翅初中陈和庆、广德县励志中学黄留、宣城六中魏明贵、宣城中学程琳、宣城二中唐冰和黄雪、宣城十二中王家友、绩溪中学张霏、旌德梓阳学校鲍云玉等12人获省优质课一等奖。在指导过程中，我亲自参与从选择课题到教学设计，再到反复磨课的教学各环节。如2009年针对徐启芬老师的课，先后在宣城中学、宁国津河中学和宣城二中与教师一起反复研讨、多次磨课，全流程帮助教师作课，作课不仅帮助授课教师成长，更是促进一起参与作课的其他教师的专业成长。三是通过亲自上示范课的方式，充分发挥自己的学科带头作用。在2007年高三复习教学研讨会和2009年广德中学教学开放日期间，我分别上了《元素化合物复习》和《铁的重要化合物》公开课，得到了同行的肯定。四是通过深入课堂听课和学校调研的机会，发现问题，开展研究，指导教师，撰写调研报告。2008年以来每年深入课堂听课不少于60节。五是通过开设讲座的方式培训教师。在我担任教研员以来，在县级以上教师培训工作中先后开设讲座30余次，其中2010年为福建农村化学骨干教师开设了“实现教师专业发展的‘高境界’”的专题讲座；2012—2013年应安庆师范学院邀请担任“国培计划”（初中化学）研修项目专家；2015年应人民教育出版社邀请担任2015年“国培计划”（初中化学教研员和高中化学教师）研修项目专家；2012—2016年间应安徽师范大学邀请先后六次参与教师培训工作等，得到了一致好评。

二、坚持学习，不断提升自身专业水平

（一）加强业务学习和研修

坚持不断学习，努力提升自己的专业理论素养。2003年我考取安徽师范大学研究生（因当年担任2004届高三年级组长和教学工作，根据学校安排主动推迟一年入学），完成的硕士论文获优秀等次。2003年10月至2004年9月参加由安徽师范大学承办的安徽省中小学骨干教师培训；2006年6月至7月参加由华东师范大学承办的普通高中新课程骨干教师培训；2015年8月参加了由阜阳师范学院承办的教研室主任及骨干教研员研修。

（二）积极开展课题研究

1.主持省级重点课题“新课标下高中化学课堂教学中学生活动设计的研究”并顺利结题。该课题于2006年申报立项（编号为JG06174），我作为课题的第一负责人，主要完成了课题的申报、研究规划、课题成员培训、组织实施和管理工作，完成了六个“主题式活动设计案例”，起草了“单元式活动设计体例”并编撰了《必修1》模块的教学设计案例集。经过三年多的实验与研究，取得了较为丰富的成果。一是在多元智能理论和活动教学理论的基础上，结合现阶段我国中学化学课程改革的特点和具体情况，丰富和完善了高中化学课堂教学设计中学生活动的内容，特别是其中有关主题式活动设计研究。通过在实践中开展一些实用性、综合性强的学生活动，在一定程度上弥补了目前化学教学中“学生实验”缺失的不足。二是在课程标准的基础上，研究新课标下化学课堂教学中学生活动的两种类型：单元式活动（又称活动元）和主题式活动设计。对于单元式活动的研究，通过几种典型活动方式的设计，形成包括具体活动设计和设计意图（以使学生外显的物质活动和内在的思维活动相统一）在内的“小型”活动元，并最终成为“插件”而灵活便捷地运用到化学课堂教学中；对于主题式活动设计的研究，更多的是在借鉴了国外一些课堂学生活动设计案例的基础上，结合笔者的实际教学体验，总结出的设计模式、流程以及自主开发的典型案例。在

两种不同类型的学生活动方式设计过程中，力图体现理论与实践相结合。三是汇编了“主题式活动设计案例选”和“高中化学必修1教学设计案例”（单元式活动设计）。四是课题研究过程中提升了教师的理论水平，促进了教师的专业化发展，尤其是青年教师的迅速成长，化学学科已成为宣城中学的优势学科。五是将教学目标在学生活动中的落实研究，通过研究成果（高中化学必修1教学设计案例）应用于课堂教学，大大提高了化学课堂教学效率。并通过与研究性学习相互渗透，取得了较好的效果。六是在《化学教育》《化学教学》《中学化学教学参考》《化学教与学》等期刊发表论文10余篇，培养了青年教师，打造了一支优秀的学科教师团队。该项成果先后获安徽省第八届教科研成果一等奖、安徽省基础教育课程改革二等奖。

2. 主持省级重点课题“高中化学必修模块纸笔测验试卷编制与命题研究”，该课题于2010年申报并被省教育科学规划办公室批准立项（编号为JG10400），由我担任第一负责人，全面负责课题的申报、研究方案的制订和研究实施等工作，负责“化学模块测验命题说明”的编写工作，该课题已于2015年12月顺利结题。

3. 2009年参与由省教科院夏建华主任负责的“高中化学优质教学及典型案例研究”重点课题研究，负责“教学目标的设计与落实”部分的研究工作，撰写题为《体现新课程的三维目标，关注学生的全面发展》的研究报告和课例点评近三万字，该课题成果已由人民教育出版社出版。该成果同时在2014年获国家级教学成果二等奖（是我省唯一一项获奖成果），我为成果持有人之一。

4. 2015年参与由省教科院夏建华主任负责的“中学化学数字化实验与传统实验的融合研究与实践”课题研究，该课题成果《数字化实验与中学化学教学深度融合》于2016年5月由安徽教育出版社出版，我担任副主编。

（三）撰写教科研论文

在开展教学实践和课题研究的同时，还充分利用参加各种教研活动的机会，认真反思，不断总结，开展行动研究，积极撰写教科研论文。我任现职以来，先后在《化学教育》《化学教学》《中学化学教与学》等杂志发表教研论文40余篇，特别是任教研员工作以来，仅2010年就有6篇文章发表在国家级刊物上，其中《竹节中气体组成的探究》和《例析化学课时教学目标的设计误区及其对策》发表于《化学教学》2010年第1期和第4期；《对“不完全燃烧产物可燃性的实验探究”一课的评说》和《高中化学实验教学现状及对策》发表于《中学化学教学参考》2010年第4期和第10期；《优化教学常规环节，促进教师专业发展："铁的重要化合物"教学全程感悟》和《利用“食品脱氧剂”测定空气中氧气含量的系列设计》发表于《化学教育》2010年第8期和第11期。此外还有多篇论文获省级以上奖项，其中，《一节高效而有意义的优质课》获全国一等奖、《自制模型识氢键》获全国三等奖，另有2篇获省一等奖、1篇获省二等奖。此外，和他人合作完成的实验创新作品获全国化学实验创新大赛二等奖1次，全国化学数字化实验创新大赛一等奖2次、省一等奖3次。

（四）参与教学评价研究和教学用书的编写工作

自2008年以来，先后六次受聘参加省级教学评价工作，多次参与编制《考试说明》和《初中学业水平测试纲要》，得到省教育招生考试院的肯定。2006年参与由安徽省中小学教材审定委员会审查通过的，上海科技教育出版社出版的《普通高中研究性学习》的编写工作；2009年和2010年参与编写由安徽省中小学教材审定委员会审查通过的，安徽教育出版社出版的《同步作业》3册。2015年参与编写由安徽省中小学教材审定委员会审查通过的，安徽教育出版社出版的地方教材《环境与可持续发展教育》七年级上册和八年级上册。

在做好化学教研工作的同时，我还担任市教育科学规划办秘书，参与全市的课题管理工作，以及《宣城教育》编辑工作。本人被评为市第一届和第二届教研先进个人、市第二层次学术技术带头人、市第一届中学化学学科带头人、优秀教研员等称号。在未来的工作和学习中，我将继续努力，不断创新，争取在工作岗位上创造更优异的成绩。

七、周开军老师成长历程

周开军，1964年1月出生，淮北市西园中学副校长，正高级教师（2018），特级教师（2009），全国师德楷模（2011），淮北市优秀教师，淮北市学科带头人，淮北市首批教育名师工作室“首席名师”，国培项目评审专家，安徽省首批教育评估专家。获国家级“园丁奖”2次，全国“优秀个人”3次，全国“优秀教学团队”3次，有88篇教学论文获奖，主持国家级课题5项、省级课题1项，其中，课题研究成果荣获省二等奖1次，教学录像课荣获国家级一等奖4次。指导学生参加奥林匹克竞赛，有291人次获国家、省、市奖项，指导青年教师参加各项比赛，有20多人次荣获国家、省一等奖。下面是周开军老师成长的总结材料。

学生成长的助推剂，教师进步的催化剂

——淮北化学特级教师、首席名师周开军事迹材料

1984年毕业后，我当上了一名初中教师。参加工作后，我不敢有片刻的偷懒，因为我要报答父母的养育之恩，要对得起自己的良知。我更深深地知道：共产党员不仅仅是一种称呼，更是一种荣誉，一种使命。此后，争做一名合格党员，争当一名优秀教师的意念，就在我的心中悄悄地萌芽、扎根。

一、立足专业，以自身的成长带动学生和教师团队的成长

1999年，西园中学作为一所新建的市直初中，办学方向、办学定位、办学结果给每位教师提出了新的挑战。当时我刚从农村学校调过来，深感身上责任的重大，从农村来到城市，是贪图安逸，还是不懈追求；是满足现状，还是继续创业，成为我面前重要的抉择。我知道，对于一个事业型的人来说，热爱与追求是春风劲吹，事业永远是绿色的希望；对于一个创业者来说，激情与奉献是不竭的动力，事业永远充满着生机。于是，我与我的同仁们便选择了这条创

业之路。吃咸菜大馍，住低矮平房，生活条件差，我不觉得苦，因为这片教育的沃土，充满着市委市政府以及市民的期望。同时，学校领导公正无私的管理方略和充满激情的工作状态，使我感动，使我敬业，使我严谨，催我奋进。

从事教育三十多年，我历任教师、教导处主任、副校长等多个工作岗位，但从没有离开过我挚爱的讲坛。

化学教学要重视培养学科思维，我力争让课堂活泼有序，让同学和老师的思维时时迸发出智慧的火花。引导学生发问，让学生在思考中进步，在探究中成长，在讨论中完善思维并培养兴趣。为了把握学生的学情，我除了认真备课以外，凡是要求学生做的题目我自己先做。三十多年来，学生提出的各种问题，我都会耐心细致地给予解答，赢得了学生的敬仰，甚至被学生们称为“活题库”。经过我辅导的学生在各级各类学科比赛中屡屡斩获大奖，因此，我也获得了学生和家长的交口称赞。

我不仅化学教得好，在与同事相处中更是始终保持着开放的心态，既是良师，也是益友。作为学校的教导处主任，我把自己的教学心得和成长经验毫无保留地与年轻教师分享，一个又一个年轻教师在我的督促和指导下不仅站稳了讲台还成了淮北名师，教学科研能力在淮北教育界不断提升，教师赛课和学生中考成绩均在淮北市名列前茅。

二、团队协作，研究与分享，建设一流的名师队伍

作为淮北市周开军初中化学名师工作室的首席名师，我深知责任重大。作为特级教师，我带领工作室的成员认真搞教研，研究课堂、研究学情、研究教学方法、学习先进的教学理念。经过几年积累，工作室的成员们个个都是学科名师，他们教学效果好、理念新，是淮北市名师工作室的模范代表，我所领导的“周开军初中化学名师工作室”2013、2014、2015连续三年被评为国家级“优秀团队”，我连续三年被评为国家级“优秀个人”。

在做好研究的同时，我还经常带领名师团队送教下乡，与教学

条件相对薄弱的学校和兄弟学校交流经验，如濉溪县龙华学校、烈山区山后学校、濉溪县新城中学、濉溪县刘桥中心校、相山区淮坊路中学、杜集区实验中学、烈山区昕昕中学、淮北市人民路学校等，每到一处我总是带头上示范课，给老师做报告，交流教学和管理经验，把自己多年的研究成果和心得与大家无私分享。多年来，名师团队足迹遍布淮北多个乡村，为兄弟学校送去了最丰盛的学科“大餐”，也赢得了淮北教育界的尊重和崇高声誉。

三、终身学习，不断完善，率先用信息化带动专业发展

在做好教学和管理的同时，数年来，我坚持学习，不断进步和完善自身，作为学校分管教学业务的副校长，我在认真做好教学常规管理的同时，利用业余时间钻研信息技术，并将其与教学管理结合起来，努力在学校教学中推进信息化教学技术运用。我在淮北教育界率先开展了对慕课、微课、翻转课堂的研究，拥有了自己的慕课网页。在教学中，我把信息技术引入课堂，用翻转课堂、微课等新技术拓展了学习的时间和空间，既提高了学生学习的兴趣，也充分利用了学生的时间，提高了教学的效率。虽然年过半百，但我学习和钻研的劲头不输给任何一个年轻人。

信息技术的进步，带动了我校教师专业能力向更高、更深的层次发展，转变了学习方式，促进了学科教学与新技术的深度融合。

四、辐射引领，名师典范，从教学生到教老师

多年来，我一直担任教师继续教育培训工作，负责化学学科及新课程理论的培训。2007年，我提出的复习课教学模板，更是在全市推广。2011年和2012年我当选“国培计划”安徽省农村中小学骨干教师培训项目培训专家，并于2012年作为安徽省特级教师赴皖北和大别山地区巡回讲学。此外，我还曾多次受邀参加国家级、省级教研会议并做大会专题报告，充分展示了我市新时代教师风采。我所带领的名师工作室被淮北市教育局评为“2011年度优秀名师工作室”，本人被评为“优秀名师”。2014年我又被授予淮北市第二轮次首席“教育名师”。

从教学生到教老师的转变，是对我教研成果的充分肯定。在担任各级各类的培训教师的过程中，我把自己的新理念宣传出去，引领和带动了一大批教师的专业成长。赵凌燕、张国栋、张文忠、丁元元、张园园、高卫、刘辉、周精华分别在国家级、省级教学赛中获奖。同时我还参与淮北市初中化学实验操作考试试题的命制、评分细则的制定，并对全市评分老师进行培训。

从教半生，与化学教育和学生结下了不解之缘，我甘愿做学生成长的助推剂，做教师成长的催化剂，天下大事必作于细，古往今来必成于实。作为一名共产党员，任何时候，都要坚信空谈误国、实干兴邦。任何时候都要明白：搭一次花架子，就把学生心伤一回；走一次过场，就与教师的距离远一分。

八、李从林老师成长历程

李从林，1972年10月出生，1996年7月阜阳师范学院化学教育专业毕业，同年到淮南二中工作，曾任淮南二中政教处主任，淮南师范学院特聘化学学科指导教师。从教20多年来，先后获得淮南市学科带头人、淮南市青年岗位能手、安徽省教坛新星、全国优秀教师、安徽省特级教师等荣誉，享受淮南市政府特殊津贴，2017年晋升为安徽省正高级教师。2018年7月受聘于北京101中学，任化学备课组长。

1.论文代表作

李从林老师的论文代表作见表9-5。

表9-5　李从林老师论文代表作

时间	论文代表作
2011年第5期	《化学自学能力的培养浅谈》发表在《安徽教育》
2011年第4期	《人教版高中化学必修教材中实验与科学探究栏目的实施与思考》发表在《淮南师范学院学报》

续 表

时间	论文代表作
2014年第9期	《基于“问题引领”下的化学教学设计》发表在《化学教与学》
2015年第5期	《构建以实践能力为核心的卓越教师培养体系探索》发表在《教育教学论坛》

2.科研课题

（1）2008年参与国家级科研课题“新课程背景下必修模块教学策略的研究”并担任子课题负责人，课题已顺利结题；

（2）2009年参与省级科研课题“校本课程的开发研究”，课题已顺利结题；

（3）2012年主持省级课题“以课例研究为载体的校本教研的实践研究”。

3.总结感悟

（1）要有自己的职业规划。

职业规划不是最终要取得什么样的成绩，而是要确定实现怎样的教育理想以及为之付出的努力。新手期的教师要在熟悉教材、探索教法上下功夫，在有了一定的经验积累之后就要思考如何进行学法指导以及如何实现课堂教学的优质高效。在此基础上，还需要不断学习新的教育理念、教育方法，大胆探索，不断创新，努力形成自己的教学风格。

（2）要保持对工作的热情。

刚参加工作的教师绝大多数都会对自己的工作充满热情，干劲十足，也想通过努力展示自己、证明自己。随着他们对社会、学校、学生了解不断深入，必然会产生很多困惑，甚至怀疑当初的选择，工作热情也逐渐消退。如果是这样，就很难成为一名优秀的教师。从事任何行业都会遇到困难，都会产生一定的职业倦怠，尤其是生源不好的学校，多年的辛苦劳动看不到收获，更容易在教学上放松要求。不管身处何种环境，静心教书，潜心育人，专心做事；耐得住寂寞，忍得住清贫，不忘对教育事业热爱的初心，砥砺前行，才有可能有所建树。

（3）要形成自己的教学风格。

每个人的受教育经历不同，成长道路不同，气质性格不同。教师不能墨守成规，应当结合自身特点，创新教学方法，更新教育理念，充分展示自己教学上的长处，或语言机智幽默，或课堂深刻严谨，或性格活泼开朗，或善于启发点拨，一个教师的教学风格就是他独特的“气场”，必然对学生有着天然的吸引力。在长期的教学实践中，李从林老师在传授知识的同时注重培养学生的科学素养与人文精神，使学生成为一个全面发展的人，学会终身学习的人，课堂教学上逐渐形成“理性、深刻、探索、反思”的教学风格。在班级管理上以爱为先导，积极倡导“学生自主，教师引导，互帮互助，共同进步”的班级管理模式。

李老师说：“在我的成长过程中，经历了学校的搬迁（2012年学校全面搬迁到新校区），工作岗位的变动（从教研处到政教处），但没有改变的是我一直站在教学的第一线，从未脱离过教学，对教学的热情也没有丝毫的减退，我一直努力去实现自己的教育追求。”

九、后勇军老师成长历程

后勇军，1968年7月出生，现任马鞍山市第二十二中学化学教研组组长。1988年7月毕业于芜湖师范专科学校化学系，1993年7月毕业于安徽师范大学化学系，2001年8月结业于南京师范大学化学与环境科学学院研究生课程班化学教学论专业。1995年11月被评为中学化学一级教师，1999年12月被评为中学化学高级教师，2018年2月晋升为中学化学正高级教师。

1. 主要荣誉

后勇军老师的主要荣誉见表9-6。

表9-6　后勇军老师主要荣誉一览表

时间	荣誉
1999年7月	市首届高中化学骨干教师

续 表

时间	荣誉
2001年9月	市优秀教师、市师德标兵
2006年6月	市优秀班主任
2007年9月	省优秀教师
2007年10月	新课程改革先进个人
2007年12月	市教育科研先进个人
2008年8月	省第三届教坛新星
2009年7月	市高中化学学科带头人
2010年12月	第六届全国优秀班主任
2012年3月	省特级教师
2013年9月	马鞍山市第五届导师团导师
2015年8月	马鞍山市后勇军化学工作室主持人

2. 教学主张

激发学生探究化学的热情，感受教学相长的快乐，让课堂充满活力，学以致用。

3. 教育理念

教育的魅力在于“激励，唤醒，鼓舞”。

4. 主要成就

（1）教学与研究齐头并进。

承担省市级示范课、观摩课、公开课共19次；引领校本培训、校本教研活动，开设专题讲座共15次，其中，省级讲座3次、市级讲座12次；先后主持省级课题2项、市级课题3项，省级课题“基于POE策略的高中化学‘四重表征’课例研究”荣获安徽省教科研成果二等奖，3项市级课题荣获市级课题研究成果一等奖；参与国家级课题一项，该课题荣获全国教育信息技术优秀研究成果奖；积极参加省、市级以上教育部门组织的各种活动，其中，国家和省级获奖论文共有8篇（全国一等奖2篇，全国二等奖2篇，省一等奖1篇，省二等奖2篇，省三等奖1篇），教育科研活动获奖共有27项（全国一等奖4次，全国二等奖6次，全国三等奖1次，省一等奖3次，省二等奖4次，市一等奖9次），发表教育教学论文17篇（在国家级学术刊物上发表论文11篇）；多次参与编写和修订安徽省教材审定委员会审定通过的高中化学教学用书。

（2）班主任和教研组工作成绩突出。

从教以来，担任班主任工作22年，并长期担任宏志班班主任，工作努力，重视良好班风和学风的形成，关心和关爱每一位学生的成长，所带班级荣获“省先进班集体”称号1次，“市先进班集体”和“市五四红旗团支部”称号6次。担任化学教研组长19年，根据本组的实际情况，积极开展校本教研，借助省市级课题的研究和实施，构建研教结合的校本教研模式，拓展教研活动的新思路，促使教研组工作由事务型向学习型、研究型转化，教研组多次荣获“市先进教研组”“市学习型先进教研组”和“市工人先锋号”等称号。

（3）培养指导青年教师成绩显著。

近年来借助导师团和工作室平台，采取上示范课、开设专题讲座和组织教研教改等多种方式，进行翻转课堂教学尝试，将传统实验和数字化实验融合，对教师进行指导与培训。所指导培养的青年教师在国家、省、市教育部门举办的各类教学评比活动中获奖共34人次，其中荣获国家级一等奖3人次，国家级二等奖7人次，国家级三等奖1人次，省级一等奖4人次，省级二等奖4人次，省级三等奖2人次，市级一等奖13人次。

（4）省数字化实验创新观摩课获得好评。

2014年12月30日，被推荐参加安徽省数字化实验创新观摩课，讲授内容为高一化学必修1第三章第二节“几种重要的金属化合物”，获得一致好评。合肥一中化学特级教师李友银在专家点评环节是这样评价这节课的：后勇军老师的这节课是一节“高科技的课”，采用微课、翻转课堂和POE策略——理念新，运用数字实验——手段新，利用校园网在线学习测试——应用新；是一节“新探究课”，围绕氢氧化亚铁的制备，通过发现问题—探究问题—解决问题—迁移应用，实现科学探究；是一节“创新的课”，后老师在化学课堂将信息技术和数字实验深度融合，通过探究让学生质疑化学课本，学生提出用针筒取用氢氧化钠溶液的新创意等；是一节“高效率课”，后老师引导学生获取知识—培养技能—质疑创新—归纳整理—学以致用。本节课环环相扣，层层递进，后老师娴熟驾驭课堂，师生同频共振，实现三维目标。

十、蒋平老师成长历程

蒋平，1962年8月出生，1984年7月毕业于安徽师范大学化学系，同年分配至舒城中学任教。1995年被评为安徽省优秀教师，1996年被评为安徽省焦陂奖优秀教师，同年被破格晋升为中学高级教师，1997年被评为安徽省首届教坛新星；2001年被评为安徽省模范教师，2002年被评为安徽省特级教师；2012年被教育部中国教师发展基金会授予“全国特色教育先进工作者”荣誉称号，2017年晋升为正高级教师。现任安徽省化学会化学教育委员会常务理事，安徽省教育学会中学化学教学专业委员会常务理事，安徽省“研究性学习”课程教学研究会理事，《新高考》杂志特聘命题与研究中心专家和审稿人，《中学生化学》杂志编委。

自1984年起，从事高中化学教学和班主任工作，所授学科高考、会考成绩均列市同类学校前茅；辅导学生参加全国高中化学竞赛；多人获省级奖；指导学生进行研究性学习，成果获省一等奖，为清华、北大和中科大等一流高校输送了一大批优秀学生。关注青年教师成长，注重对青年教师进行辅导和培养，指导多名青年教师在省、市、县级教学大赛中获奖。

在《化学教育》《化学教学》《中学化学》等期刊发表论文四十余篇，参加编写安徽省普通高中研究性学习教材，主编或参编多本教学辅导用书。作为课题组副组长，主持并完成了“十一五”规划重点课题“数字校园建设研究”，该课题荣获安徽省基础教育课程改革教育教学成果二等奖。作为课题组组长，主持并完成了省级科研课题“高中化学自主分层教学模式的研究”，该课题获舒城县科学技术进步奖。

十一、李友银老师成长历程

李友银，1957年7月出生，国家“英才计划”化学学科工作委员会委员，教育部“国培计划”专家库专家，合肥师范学院兼职教授、教育硕士专业研究生导师，安徽省特级教师，享受安徽省政府特殊津贴。

1. 主要荣誉

（1）2015—2016年度中国化学会化学基础教育奖（中国化学会）；

（2）2015年先进工作者（中国教育学会化学专业委员会）；

（3）2006年安徽省特级教师（安徽省政府）。

2. 主要成就

辅导的学生七次进入全国化学冬令营，获金牌五枚，银牌六枚，其中两人获全国化学冬令营金奖第一名和第六名；在《化学教育》《化学教学》《中学化学教学参考》等期刊上发表多篇论文；教学论文、实验创新、数字化实验多次获全国大赛一等奖；主持中国化学会“十一五”规划课题和多项省级课题；参加人教社高中化学教材的可行性研究及数字实验融入教材的前期工作；尝试STEAM课程的开发与建设；赴辽宁、重庆、河南等地进行了多场讲座和观摩教学；被学生评为合肥一中“学生心目中的好老师”。

3. 主要成果

李友银老师所获的主要成果见表9-7。

表9-7　李友银老师典型成果一览表

时间	成果
2009年第2期	《高锰酸钾加热分解过程研究》发表在《化学教育》
2013年第10期	《基于数字化实验的原电池能量转化效率研究》发表在《化学教育》
2014年第4期	《基于POE策略的“碳酸钠和碳酸氢钠的性质”教学研究》发表在《中学化学教学参考》
2014年第23期	《对强碱弱酸盐溶液pH与温度关系的研究》发表在《化学教育》

续 表

时间	成果
2016年第5期	《铝盐与氢氧化钠反应生成氢氧化铝沉淀的实验探究》发表在《化学教育》
2017年	《中学化学实验探索与思考》由安徽科学技术出版社出版

十二、邓仪老师成长历程

邓仪，1983年毕业于安徽师范大学，中学高级教师，安徽省特级教师，安徽省教坛新星，安徽省中学化学教学专业委员会常务理事，芜湖市中学化学教研大组组长，芜湖市第十二中学化学教研组组长，芜湖市化学化工学会理事，芜湖市化学名师工作室主持人，安徽师范大学化学专业硕士研究生导师。

邓老师是安徽省芜湖市第十二中学的一名化学名师，从教30余年，学生、家长、同行、领导对她的印象一直都是认真、热情、有责任心。她关爱学生，研究教学，为了学生的发展而不懈努力。

1. 主要荣誉

邓仪老师近年来的主要荣誉见表9-8。

表9-8　邓仪老师近年来主要荣誉一览表

时间	荣誉
1999年	安徽省高中化学优质课评选二等奖，安徽省化学优秀自制教具评选二等奖
2000年	芜湖市教坛新星
2002年	安徽省教坛新星
2004年	芜湖市首批骨干教师
2009年	芜湖市优秀教师
2011年	安徽省先进女教职工
2012年	安徽省特级教师
2013年	芜湖市首批名师工作室主持人，安徽省基础教育课程改革先进个人
2015年	安徽省江淮好学科名师

2.教研成果

从大学毕业走上讲台，邓老师始终坚持在教学一线。在教学中研究、在研究中教学是邓老师追求的、努力践行的教学境界，她的课受到学生们的喜爱，她的教学激发了学生学习化学的兴趣，提升了学生的科学素养，帮助学生形成科学价值观。她的学生在省毕业会考、高考中获得了优异成绩，她的学生撰写的化学学科小论文获得省、市级奖项，她的学生中有很多选择在大学继续学习化学专业，有的也成了大学、中学化学教师。

重视课题研究，善于发现教学中的问题，是邓老师提高教学质量、提升专业水平的重要抓手。邓老师主持或参与了数个国家级、省级、市级课题研究，如主持的省级课题“基于科学素养培养的中学化学实验教学研究”等；撰写的化学教育教学论文获安徽省中学化学教育教学研究优秀论文评选一等奖，数篇论文发表于国家核心期刊上。

3.专业成长

在教学中，邓老师从研究教材到研究学生，再到自觉进行教学反思，在教学中不断学习教育教学理论，在教学中发现问题、研究问题、解决问题，努力践行在教学中研究、在研究中教学。在教师的专业发展中，积极参加教学研讨、观摩公开课、积极参与教学比赛。邓老师在1987年化学优质课比赛中获芜湖市二等奖，这是她从事中学化学教师行业第一次获奖。后来，她在上好常态课的基础上，参加了市级、省级化学教学比赛，在赛课、磨课和评课中迅速成长，并在这个过程中体会到了教学反思的重要性。

在教学中研究、在研究中教学还体现在教学问题的课题研究中，邓老师在教学中注重发现教学问题并开展课题研究，参与和主持了数个国家级、省级、市级课题，撰写的数篇化学教学论文获得安徽省化学教育教学优秀论文评比一等奖，并发表在国家核心期刊上。邓老师被聘为安徽师范大学化学专业硕士研究生导师，2010年被省教育厅选派赴西藏进行送教讲学活动。

4.培养教师

培养教师是邓老师专业成长过程中的闪光点，在多年的工作中，邓老师一直给予芜湖市青年化学教师化学教学教研方面的指导、帮助，为他们创造交流的机会、搭建展示的平台。多年来，芜湖市一大批青年教师在化学优质课评选中获得国家级、省级一等奖，撰写的论文也获得国家级、省级奖项，一批青年教师成为芜湖市骨干教师、芜湖市化学学科带头人。

正是邓老师对教师这一职业发自内心的爱，才使她在平凡的岗位上闪耀出美丽的光彩。

十三、张殿秀老师成长历程

张殿秀，1972年5月出生，中国民主促进会成员。1994年安徽师范大学化学系化学教育专业本科毕业，2005年安徽师范大学教育系研究生课程进修班结业。现为安徽省阜阳市一中化学组高级教师，曾获阜阳一中首届教师大奖赛理科组一等奖，获阜阳一中教科研十佳个人、阜阳市首届学科带头人、阜阳市首届名师、安徽省民进先进个人等称号，曾主持市级课题“开放型中学化学理论与实践的研究”“中学化学中‘体验学习’的研究与实践”，省级课题“中学化学中‘体验学习’的实践研究”。

长期奋斗在教学一线的张殿秀老师始终坚持新课程理念，积极进行改革和探索，从培养学生人文精神和科学素养的角度入手，坚持把培养学生的情感、态度和价值观放在首位，用化学的魅力激发学生的学习兴趣和科学探究的热情，取得了可喜的成就。

张殿秀老师为了帮助埋头题海的中学生们打开认知化学世界的大门，在课内课外不断地尝试和实践把化学知识与社会生活相互联系的教学模式。她工作的亮点之一就是在教学中不断开展化学系列知识讲座活动，如为迎接“3·22”世界水日做有关水资源、水污染的知识讲座；针对焚烧秸秆的现象，做“烟火弥漫话秸秆”的知识讲座；结合“6·5”世界环境日开展环保知识讲座或进行相应的宣传活动……她想方设法让学生充分认识化学与社会的联系，感受化学创造美丽世界的作用，快乐学习化学。

同时，张殿秀老师自觉地走教师专业化发展的道路，执着地向教学研究者迈进。在繁忙的教学工作中，她一直做教学研究的有心人，致力于把研究成果奉献给广大师生。

2016年8月，她将多年来给学生讲座的16个专题结集出版了化学科普读物《从天空到海洋》。这本书是她20余年教学工作的总结，既为中学化学教师提供了丰富的备课资源和样板，也为中学化学教师学会利用多种资源，深刻发掘课程的内涵，在教学中充分渗透人文精神和科学素养做出了示范。这本书中，“遨游天地间”让学生在天地间的化学物质中徜徉；“化学史上照亮中国历史的几把火”让学生认识到化学在历史发展长河中对人类社会的推动作用；“那些走入现实的神话”让学生在神话和现代化学科学成果间来回穿越；“化学创造美丽世界”“弥散在珠光宝气中的化学”“在中国古典中寻找化学的芳踪”让人感受到无处不在的化学美，体验到化学学科的魅力；“悬壶济世在人间”又让学生深切感受到化学的实用性；“世事纷扰为哪般”则让学生意识到普通的化学物质与社会、与生存空间的联系……

在展示化学魅力的同时，张殿秀老师没有忘记指出目前存在的环境、资源、能源等问题，以及人们对这些问题的困惑、误解，她通过生动的案例证实了化学科学在解决这些问题中的强有力作用，充分展示了化学的正能量。

为了完成这本书，张殿秀老师阅读了大量的资料，走访了相关的单位和个人。本书的形成过程，也是她专业成长和追求卓越的过程。这本书也是阜阳一中首次公开出版的校本教材，正如她所言：我希望通过自己的努力，能在教学上更进一步，不仅成为一名专业合格的教师，还能成为孩子们心灵的雕塑者，能让孩子们在繁重的课业中，感受到化学学习带来的一抹亮色。

十四、夏建华教研员简介

夏建华，1959年4月出生，中学高级教师，安徽省教育科学研究院化学教研员，中国教育学会化学教学专业委员会副秘书长、常务理事，安徽省教育学会中学化学教学专业委员会副理事长兼秘书长。多次参加教育部考试中心组织的高考化学试题评价工作，教育部组织的化学学科课程改革培训和研修，安徽省基础教育课程改革相关文件的起草工作；主持安徽省化学高考、高中学业水平考试和中考命题及评价工作。先后被省政府授予安徽省优秀教师、特级教师，市劳动模范称号，享受国务院政府特殊津贴。

在《课程教材教法》《化学教育》《化学教学》等期刊上发表化学教学论文50多篇，其中3篇获全国一等奖；出版著作6部，代表作有《高中化学优质教学及典型案例研究》。

2014年，夏建华教研员主持申报的“省域内全面推进高中化学优质教学的研究与实践”课题，荣获教育部首届基础教育国家级教学成果二等奖。这是当年安徽省唯一的一项基础教育国家级教学成果奖。

2007年，夏建华教研员承担了教育部课程教材研究所“十一五”重点课题——“新课程背景下高中化学优质教学研究”，并在全省范围内组织实施。2012年1月，人民教育出版社出版了该课题的标志性成果《高中化学优质教学及典型案例研究》。该课题成果通过理论探索和典型课堂教学案例研究，确立了以优质课引领常态课，让优质课走进常态课，全面提高了安徽省高中化学教学质量的研究目标；揭示了高中化学优质教学的基本内涵与质量标准，提出了实施化学优质教学的十大策略；开发了运用课堂观察技术与方法评价高中化学优质教学的系列典型案例；创新了以“四级”优质课评选为抓手引领常态课的教研工作方式；搭建了有效推进安徽省高中化学教学全面走向优质教学的平台；产生了一批具有较高学术水平和推广价值的研究成果，有力促进了化学教师的专业化发展和学生的全面发展，全面提高了全省高中化学课堂教学的质量。

十余年来，该课题取得了显著成果，在省级以上刊物发表相关论文96篇，论文获省级以上奖项24篇，其中9篇获全国一等奖，并在省内100多所学校举办讲座宣讲成果。更为可喜的是，全省17个市的大部分化学教师都参与了优质教学的实施与推广，常态教学走向优质教学已经成为广大教师的自觉行动，该课题成果在省内普及、省外开花，并捧得国家大奖。

十五、汪峰教研员简介

汪峰，1963年5月出生，1988年毕业于淮北师范大学，2004年至今为淮北市教研室化学教研员，2015年被评为安徽省特级教师，2018年被评为安徽省正高级教师。首批安徽省教师资格考试面试考官，首批安徽省中小学教师培训专家，人民教育出版社课程标准教材培训团专家，教育部“国培计划”示范性集中培训项目专家，江苏师范大学、淮北师范大学、安庆师范大学等校特聘培训专家，安徽省骨干教师培训专家。

近年来，汪峰教研员发表文章10余篇，其中核心期刊5篇；主持、参与省、市级课题10余项，其中一项荣获安徽省教育厅基础教育新课程实施成果评选二等奖，一项荣获安徽省教育科学研究优秀成果三等奖；编著了安徽省教师培训指定用书《初中化学有效教学模式》（北京师范大学出版社2014年版）；“质量守恒定律”教学案例被人民教育出版社九年级化学教师用书上册选用；先后7次参加安徽省教育厅组织的、中小学教材审定委员会审定通过的教学用书编写工作；指导教师参加优质课评选，9人次荣获国家级一等奖及以上奖项，13人次荣获省级一等奖；先后10次参加《安徽省高考考试说明》（化学）和《安徽省普通高中学业水平考试纲要》（化学）的编制与修订工作；2012—2015年先后四次作为学科组长主持安徽省高中学业水平考试和补考试题命制工作。

汪峰教研员主要荣誉和奖项见表9-9。

表9–9　汪峰教研员主要荣誉和奖励

级别	主要荣誉和奖励
市级	2011年被评为淮北市第二批学科带头人
	2012年被淮北市委、市政府授予“淮北市优秀教师”称号
	2013年被淮北市委、市政府授予“淮北市第二届优秀人才”称号
	2015年被评为“淮北市第三批学科带头人”
省级	2011年荣获第八届安徽省教育科学研究优秀成果三等奖
	2013年荣获安徽省教育厅基础教育新课程实施成果二等奖
	2014年享受安徽省政府特殊津贴
	2015年被评为“安徽省特级教师”
国家级	2009年被评为“全国优秀教研员”
	2010年被评为全国高中化学优质课评选“特等奖”指导教师
	2012年被授予“全国基础教育化学新课程实施优秀个人”称号

十六、刘传友教研员简介

刘传友，1990年毕业于安徽师范大学化学教育专业，2003年获得化学教育硕士学位。先后在蚌埠十五中、蚌埠四中任教，现在蚌埠市教育科学研究所任化学教研员。中学化学高级教师，安徽省特级教师，蚌埠市化学学会秘书长，蚌埠市第八届科协委员，安徽省中小学教材审查专家库和安徽省中小学评价命题库成员，安徽省和蚌埠市教师继续教育培训专家，蚌埠市青少年科技创新评审专家，先后被评为“全国基础教育新课程实施先进个人”“全国优秀化学教研员”“蚌埠市首批学科带头人”“蚌埠市第二届名师”“优秀共产党员”。已在多种省级以上刊物发表论文近10篇，主持省级课题研究3项。

2014年技术援藏，帮助西藏山南地区进行实验教学和教育教学课题研究的培训工作。

刘传友教研员教研工作总结

自2006年进入蚌埠市教科所担任中学化学教研员以来，恰逢高中新课程在我省实施，为了更好地推进新课程的实施，为了蚌埠市中学化学教师迅速适应和投身新课程，我在不同阶段采用了不同教研活动方式。

一、以新课程样板校带动区域教研开展

新课程实施伊始，我市在全省就确定了以蚌埠二中和固镇县湖沟中学为代表的新课程实施样板校。为了更好地落实新课程的理念，转变学校和教师的教学理念和教学行为，我确定了以蚌埠二中为中心的新课程实施引领机制，教研活动采用了“四个一”的教研模式：一次教研组主题发言、一堂观摩研究课、一次教学设计说明、一次评课活动。在蚌埠二中进行两次活动后，我又组织其他学校以此为模板进行相关的教研活动，有力地推动了新课程在各个学校的深入开展。不仅在市区开展这样的活动，每三年市区与市属三个县轮流开展区域教研互动活动，采取了同课异构、送教下乡等形式，使各个层次都能协同发展。

二、课堂观察促进课堂教学评价的专业化

随着新课程的开展和教研活动的深入进行，教师们的研究意识逐渐加强，同时反映出在听课评课方面存在的缺陷。为了引领教师们从听评课的经验化走向专业化，我又与老师们成立了不同学段学科中心组，成立了听评课共同体，学习相关的理论和案例，研究制定相应的工具量表，并在实施过程中逐渐从市区走向边远和薄弱学校。通过三年的实践，老师们感受到现在听评课有着眼点了，纷纷要求加入共同体，并且积极要求作为授课教师接受评价，充分认识到课堂观察给他们带来的诊断作用。

三、以优质课评选为抓手落实新课程的自我培训

自我省实施新课程以来，每两年安徽省都要进行优质课评选活

动。为了充分体现优质课评选的内涵和辐射作用，我们把优质课评选定位为一次最好的培训过程，把优质课评选规范为以下几个阶段：(1)各个局属学校和区县推荐，目的是促进校本教研活动有内容、有定位；(2)推荐上报的教师进行说课比赛，目的是促进老师们加强理论学习和思考教学设计的原理和依据；(3)在此基础上进行上课评选，目的是引导和促进教师落实新的教学观念和改善教学行为，并在此基础上选拔出参加教学展示的教师和参加省优质课评选的教师；(4)教学展示阶段，由于老师们平时工作繁忙，不能随堂听取教学比赛的课，我们将选拔出的优秀教学案例展示给老师们，这样就能给优秀的老师一个展示的舞台，又能引领全体老师深入开展新课程的教学。同时通过评议，还能使参赛老师的课堂教学更加完善，到省里参加比赛更有竞争力。自新课程开展以来，无论是初中优质课还是高中优质课，我市参赛教师都在省里名列前茅，还有几位老师参加了全国优质课比赛，并获得了优异成绩。

四、以班班通、数字化实验提升教师现代技术应用能力

我们开展了以有信息技术专长的青年教师为基础的专题讲座活动，既提升了青年教师的积极性和知名度，又使所有参与教师获益。如：蚌埠三中徐浩老师对多媒体技术在教学中的应用有很深的造诣，我就在教研活动中为他搭建平台，开设专题讲座，激起了大家学习课件制作的热情；再如蚌埠五中王俊华老师对班班通很有研究，我就安排他为老师们开设了一节以班班通为教学手段的公开课，取得了非常好的效果，促进了老师们发掘班班通资源的风气的形成。随着新的科技手段的发展，传感器和数字技术进入了教学领域，为了抓住这个制高点，我们于2008年就开始了数字化实验的培训和实践活动，并且参加了省级课题“融合传统实验和现代实验培养学生素养的研究”。我在其中担任一项子课题的研究工作，我市有铁路中学、二中、九中、十二中参加，后来一中、五中也陆续加入进来。现在我市的一些初中学校也参加到数字化实验教学中来，并且取得了很多成果。例如，蚌埠二中在数字化实验教学方面在全省

甚至全国都处于领先的地位，我和蚌埠九中毛思哲老师主持的省级课题“初中化学教学中数字化实验资源开发研究”已经结题。

五、通过课题研究、论文评选促进教师走向高端

为了尽快让蚌埠市的化学教师成长为研究型教师和专家型教师，就要为他们搭建好平台，做好引领工作。我在日常教研工作中及时把一些信息转达给老师们，并且推动他们开展课题研究，在课题研究中有所积累并撰写论文，让老师们紧紧抓住课程改革带来的机遇。例如，我市在每年一次的全国新课程实施成果展示与交流活动中表现优异，在全国都排在前列，因此，我和我带领的教研室被评为“全国新课程先进个人”和“先进教研室”。现在参加这项活动的学校已经由高中扩展到初中，给老师们参加新课程实施带来了新的动力，每年都有老师和学校获得荣誉。

十七、程素芳教研员简介

程素芳，1972年出生，1996年安徽大学化学系应用化学专业毕业。黄山市教科院理科室主任，化学教研员，中学高级教师。2008年被评为“黄山市优秀教研员”，2009年被评为“全国优秀教研员”，2010年被评为“黄山市第三批学科带头人”，2012年被评为“黄山市优秀教师”，2012年被评为“黄山市第四批学科带头人”。2010年以来被省教育厅聘为“安徽省远程教育首席高中辅导教师”，被中央电化教育馆聘为2014年度“一师一优课、一课一名师”活动“优课”评审专家。个人撰写的文章发表在市级以上学术刊物6篇，获省一等奖4篇，省二等奖2篇；主持省级课题并结题2项；任职期间2次参加安徽省初中学业水平考试命题，2次参加安徽省高中学业水平测试化学学科的命题；2006年以来指导黄山市初高中化学教师参加省优质课获省一等奖8人次，全国一等奖1人次。

1. 主要经历

1996年毕业于安徽大学化学系，同年7月至2004年2月在省示范高中

休宁中学任化学教师。经公开招聘于2004年2月在黄山市教育局工作至今，任初高中化学教研员和教科院理科室主任。

2000年7月参加安徽师范大学中学教师继续教育，2013年10月参加华南师范大学一线优秀教师的“国培计划”培训并获“优秀学员”称号，2014年9月参加黄山市市委党校科干班学习，2015年12月参加北京大学黄山市教育系统干部专题研修班学习。

2. 主要成果（见表9–10）

程素芳教研员所获的主要成果见表9–10。

表9–10　程素芳教研员主要成果一览表

类别	主要成果
论文	①《醋酸与氢氧化钙能否发生化学反应教学案例与评析》一文发表于华东师范大学主办的《化学教学》
	②《离子反应归类与评析》发表于省教科所主办的《青苹果》
	③2006年《化学活动课的设计实践与思考》在全省教育科研课题管理研讨会上获省一等奖
	④2006年《新课程如何走进课堂教学》参加安徽省中学化学教研论文评比获一等奖
	⑤2006年《焰色反应实验改进》参加第二届全省中小学教师科学实验创新大赛获二等奖
	⑥2010年《白磷在水中燃烧实验的改进》获全国一等奖(中国教育学会化学教学专业委员会),并获省一等奖
	⑦2011年《优化情境教学,启发学生思维》参加安徽省中学化学优秀论文比赛获一等奖
	⑧2015年《运用微课提升化学教学效益的思考》参加安徽省中小学教师论文评选获一等奖
主持的优秀教学设计	2009年蔡建的《探究过氧化钠使酚酞先变红后褪色原因》获省高中优质课一等奖
	2010年潘建安的《燃烧与灭火》获初中优质课一等奖
	2011年程伟平的《氢氧化亚铁的制备》获省高中优质课一等奖
	2012年倪文秀的《盐酸与氢氧化钠混合是否发生化学反应》获省初中优质课一等奖
	2013年程召龙的《难溶电解质的溶解平衡》获省高中优质课一等奖
	2014年张玉珍的《金刚石、石墨、活性炭》获初中优质课二等奖
	2015年龚忠云的《探究钢铁的吸氧腐蚀》获省高中优质课二等奖

续　表

类别	主要成果
主持的优秀教学设计	2016年方雪松的《过滤适合分离哪类化合物》获省初中优质课一等奖
	2017年王新春的《酸、碱、盐在水溶液中的电离》获省高中优质课一等奖
	2018年张美霞的《燃烧与灭火》获省初中优质课一等奖
组织的典型教研案例与主持的课题	《醋酸与氢氧化钙能否发生化学反应教学案例与评析》
	《新课程如何走进课堂教学——以〈过滤适合分离哪类化合物〉为例》
	《蜡烛燃烧实验的改进》
	省级课题"初中化学活动课设计的研究"2007年结题
	省级课题"提升初中化学实验教学有效性的研究"2015年结题

十八、胡国杰教研员简介

胡国杰，1961年11月生，铜陵市枞阳县人，1982年安徽师范大学化学系本科毕业。中学特级教师，安徽省课程改革专家委员会委员，铜陵市第七、八届专业技术拔尖人才，全国教育科研先进个人。曾任安徽省地矿局三二一地质队学校校长、铜陵市第二中学教务主任、铜陵市教育局职成教科科长兼民管办主任、铜陵市教育局教研室主任兼市教育学会秘书长、安徽师范大学教育硕士兼职导师、民办桐城吴汝纶公学校长、铜陵市政府教育督导委员会办公室副主任、芜湖市繁昌县恒杰中俄双语学校挂职校长等职，现任铜陵市中小学教师发展中心主任、芜湖京师实验学校校长。2004年受国家外国专家局资助赴德国法兰克福教师教育学院进修，2012年赴美国哥伦比亚大学任访问学者。

主持的3项省重点教育科研课题"铜陵市实施教育现代化工程的可行性研究""新课程改革均衡化发展的实践研究""新课改背景下区域性教育质量监控研究"结题后分别获安徽省第一、三、五届优秀教育科研成果评比一等奖，承担教育部课程教材研究所重点课题"初中化学教师成长全书开发研究"和"高中化学优质教学评价向度研究"分别获全国优秀教科研成果二等奖。参与编写省教材审定委员会审定通过的《环境与可持续发展教育》和《高中化学同步作业》等多本教材教辅。在核心期刊发表论文36篇，由安徽大学出版社出版《实用课堂教学方法研究》、光明日报出版社出版《守望那满园花开》、东北师范大学出版社出版《零距离民办教育》专著3部。

指导青年化学教师参加全省和全国化学优质课大赛获省一等奖和全国一等奖，多次参加省教育厅组织的特级教师讲师团到各地支教，举办培训讲座三十多场次，作为教育部“国培计划”主讲教师到上海、广西、江苏等地现场举办培训讲座十多场，受到有关部门高度评价和奖励。

十九、吴从容教研员简介

吴从容，女，1976年出生，1997年毕业于安徽师范大学化学系，现任教于合肥市第四十七中学。中学高级教师，安徽省基础教育学科评审专家库成员，安徽省教师资格考试评审专家库成员，合肥市初中化学骨干教师培训基地领衔名师，合肥市师德先进个人，庐阳区兼职化学教研员，庐阳区吴从容初中化学名师工作室主持人。曾获庐阳区第一届、第二届优质课评比一等奖，合肥市实验说课一等奖，“一师一优课、一课一名师”省级一等奖，所带班级获“区级先进班级”。

吴从容教研员教研工作总结

教育理念：良师益友，与学生一路同行；追求卓越，与教师共同成长。

大学毕业后，我如愿以偿成了一名化学教师。20多年来，我始终手捧一颗爱心，怀着对教育事业的追求，以高尚的师德标准严格要求自己，不断探索和实践，以期成为一名合格的人民教师。

一、钻研教学，成为基地领衔名师

20多年来，我不断追求卓越，潜心钻研化学教学，深受学生喜爱。为了上好每一节课，我深入钻研教材，不断探索改革教学的方法和手段，努力挖掘教材的内涵。我还坚信“开卷有益”，深信“三人行必有我师”，不断向书本学习、向实践学习、向同行学习。教学中，我寓教于乐，大胆创新，采用质疑问难的方法，有效地唤醒学生的创新意识；并利用课外小实验来激发学生的兴趣，带学生制作叶脉书签，制作豆腐脑，探究鸡蛋壳的秘密等，让学生在乐中学、做中学、玩中学。为了把德育教育寄于课堂之中，我每备一节课都要经过深思熟虑，努力把现实的事例与课堂相应的知识结合起来。

近年来，我多次在区级教学比赛中获一等奖，在实验说课大赛中获合肥市一等奖，在“一师一优课、一课一名师”晒课活动中获省级一等奖。另外，还多次在部分地市做中考复习研讨方面的讲座，获得一致好评，教学论文也多次获奖。

我所在的合肥市第四十七中学理科实验考试多次名列全市前茅，2017、2018、2019年连续三年全校满分，零失误；化学中考平均分、及格率、优秀率常年名列全区前列，多次受到各级领导与学生家长的夸赞。我也因教学成绩突出，被聘为庐阳区吴从容初中化学名师工作室主持人、合肥市初中化学骨干教师培训基地领衔名师。

二、潜心教研，带领团队共同成长

在成为合肥市初中化学骨干教师培训基地领衔名师后，我多次组织合肥市化学骨干教师参加培训，并以“课例+讲座”的形式组织送培送教活动。近5年来，通过“请进来，走出去”的方式开展系列主题培训，带领学员先后走进安徽师范大学、陕西师范大学、东北师范大学，依托高校优质教育资源，在高校进行集中培训，提升骨干教师的专业知识。每年暑假组织一次专家高端研修活动，不定期组织专家团队成员进高校参加专业学术会议。

培训基地专题开设“中考复习研讨”“中考试卷评析”和“初高中衔接”等讲座活动，请省市化学专家或中考命题组专家有针对性地进行复习研讨讲座。中考结束后，组织专家和部分学员评析中考试卷，互动交流。

这5年中，化学培训基地中有1人入选“合肥市拔尖人才”，1人获“合肥市师德先进个人”；基地专家多次在全省各地作专题学术报告和中考复习研讨报告；基地学员多人多次在各级教育主管部门组织的教学评比、论文评比中获奖。基地还建成了由论文集、化学实验视频、送教课例集等组成的较丰富的教学资源库。

兼职担任庐阳区化学教研员以来，我积极为全区化学教师专业化发展营造氛围，搭建交流平台，组织开展公开课听、评课活动，参加一些省市的“同课异构”高层次学术交流，并开展评选“优秀学员”“教坛新星”等活动。近年来，庐阳化学教研团队不断进取，全区内各校化学中考成绩不断提高，更是实现了2018年理科实验考试中全区化学零失误的好成绩，区内多位老师先后在省级、市级大赛中荣获大奖。

作为一位化学教师和区化学教研员，我所取得的成绩是微不足道的。我还要用博大的胸怀拥抱每一个孩子，用先进的理念与全区化学教师共同成长。纵然我的青春逝去，但我无怨无悔！

第十章　安徽省化学优质课大赛典型案例精选

2007年，安徽省教育科学研究院化学教研员夏建华承担了教育部课程教材研究所“十一五”重点课题——“新课程背景下高中化学优质教学研究”，并和安徽师范大学化学教育研究所闫蒙钢教授合作，在全省范围内组织实验。从此建立了安徽省每年一度的中学化学优质课大赛制度。

课题组通过理论探索和典型课堂教学案例研究，确立了以优质课引领常态课，让优质课走进常态课，全面提高安徽省中学化学教学质量的研究目标。以课题研究引领教学研究，以“省—市—县（区）—校”四级优质课评选为抓手，围绕优质教学开展理论和实践研究，采取自下而上评选与自上而下推广相结合的策略，边实验，边探究，边总结，边完善，创新了教研工作模式，有效地搭建了全省中学化学优质教学培育推广平台，为省域内全面推进中学化学教学走向优质教学提供了有价值的推广经验。层层选拔的过程几乎使全省化学教师受益，每届省级大赛参与观摩的化学教师都有600多人，成果涉及面广，辐射全省各地。2014年由夏建华和闫蒙钢联合牵头申报的“省域内全面推进高中化学优质教学的研究与实践”课题项目，获得教育部首届基础教育国家级教学成果二等奖（安徽省唯一）。

中学化学优质课大赛培育了一大批善于从事优质教学的能手，推出了一系列具有示范性的优质教学典型案例，其中充满了化学名师的智慧和青年教师走向名师的历史印记，在此收录和展示2013—2017年省级化学优质课大赛一等奖的部分典型教学设计案例。

一、2013年高中优质课大赛上课一等奖典型案例

案例1“科学探究中证据的合理选择——探析铁的防腐”教学设计

安徽省芜湖市田家炳实验中学　后小年

一、设计思路

本节课力图通过以实验为主的多种探究活动，以“探析铁的防腐”为载体，培养创新思维，从微观本质分析铁防腐的新办法，并以此设计探究实验。以鲜明、直观的实验现象以及意想不到的实验结果，激发学生的探究欲望，促进学生更深刻、全面地思考和探究问题，使学生充分认识到证据的正确选择和科学分析在科学研究中是至关重要的。同时探究实验的成功也让学生进一步认识到化学知识在资源保护、社会发展等方面所起到的不可或缺的作用。

二、学情分析

本节课针对高一学生设计。从知识角度上看，学生在初中已进行过“铁钉锈蚀的条件”实验，已经掌握氧化还原反应的基本原理以及金属的还原性与活泼性关系；从能力水平上看，学生已具备一定的实验设计能力、实验操作能力、比较归纳能力；从心理特点上看，学生有强烈的好奇心和求知欲，有利于新知识的学习。而且，学生对实验又有着浓厚的兴趣，在实验中产生的认知矛盾是学生学习的驱动力。基于以上三点，本节课力求让学生能从不同角度科学分析并设计实验来探析铁的防腐。

三、教学目标

1.知识与技能

能从微观角度理解铁被腐蚀的本质，掌握铁防腐的一些新方法，初步学会科学探究中证据的合理选择。

2.过程与方法

通过实验探究等一系列活动，提升实验探究能力，运用分析、联想、类比、迁移等手段学会从现象探究本质的科学方法，合理选择和运用证据，发展创新思维。

3.情感、态度与价值观

体会化学在解决实际问题中的作用，感受科学探究中合理选择证据的意义，领悟化学服务于社会与生活的理念和价值观。

四、教学重难点

重点：探析铁防腐的新方法，建立科学的证据选择方法。

难点：探究铁防腐的实验思路，实验方案的设计，以及实验证据的合理选择。

五、实验仪器与用品

铁片、铜片、锌片、稀硫酸、H_2O_2溶液、KSCN溶液、导线夹、烧杯、镊子。

六、教学流程

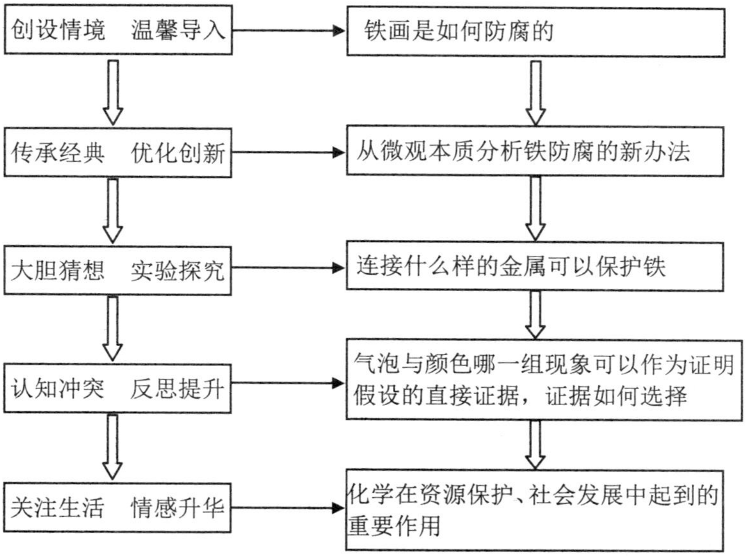

七、教学过程

教师活动	学生活动	设计意图
【导入】芜湖铁画与黄山迎客松的不解之缘 【推进】简介铁画制作工艺，思考铁画的防腐原理	积极回应	情感交融
【引导】生活中喷漆防腐是最为常见的，它有什么优点呢？ 【传承经典】喷漆简便易行，经济实用，所以沿用至今。这是一种对经典技术、理论的传承。当然这也是我们今天努力学习科学知识的意义所在	①回答 ②聆听	感受学习科学知识的重要性
【发现问题】生活中喷漆生锈的例子 【投影】喷漆的轮船为什么还会生锈？	①观看 ②回答	①创设情境 ②引出课题
【分析问题】利用化学知识分析问题的两个角度：宏观角度与微观角度 【引导】当铁与氧气、水的接触无法避免时，能否换个角度从微观本质分析铁为什么会腐蚀？ 【追问】铁生锈前后粒子是如何变化的？得到还是失去电子？	①聆听 ②思考 ③回答	①渗透创新思维方式 ②运用学过的知识来分析问题
【优化创新】基于铁被腐蚀的微观本质，设想还有哪些办法可以防止铁腐蚀？	猜想	培养学生对知识的创新运用能力
【过渡】这个设想能实现吗？实践是检验真理的唯一标准，我们可以通过实验来验证。下面就进入实验环节	—	学生听到实验会保持学习兴趣
【我们的任务】连接什么样的金属可以代替铁失去电子从而保护铁呢？	积极思考	—
【投影】根据同学们的回答和教师的引导，得出两种猜想 猜想一：连接一种较活泼金属可以保护铁 猜想二：连接一种较不活泼金属可以保护铁	—	—
【引导】钢铁腐蚀很缓慢，无法短时间内看到现象，选择什么样的环境可以加速铁的腐蚀？	思考回答	创设适宜的实验环境，培养学生解决问题的能力
【投影】试剂与用品：铁片、铜片、锌片、稀硫酸、导线夹、烧杯、镊子	—	—
【引导】我们设计实验时需要考虑两个因素： ①要进行对比实验，并控制变量； ②要通过现象来证明你的结论 设计并完成实验 了解学生实验完成情况，适时给予点拨，提醒学生实验注意事项，并对不当操作进行纠正	①分析讨论 ②设计实验步骤 ③积极发言 ④实验探究 ⑤汇报现象	学生成为课堂的主人，知识来自学生的亲身体验。有助于学生思维能力和动手能力的培养

续　表

教师活动	学生活动	设计意图
【引导】实验中溶液为什么没有颜色变化?	回答	①认知矛盾 ②激疑生趣
【投影】链接课本知识:Fe^{3+}的检验方法——Fe^{3+}遇KSCN溶液呈血红色 试剂与用品:H_2O_2溶液、KSCN溶液。	聆听	发掘教科书引领作用,运用新知识进一步设计实验方案
【思考与交流】 ①大家看到两组现象后有没有发现问题? ②为什么在连接锌后铁片上产生气泡的速度变快了,而溶液中Fe^{2+}的含量却减少了?能说明铁腐蚀快慢的现象是哪一种? ③科学探究中证据该如何选择?	思考原因并组织语言回答	对比实验现象和预期结论,产生认知冲突,激发学生学习兴趣
【思考与交流】证据本身并无错误,存在就是合理的,那么既然锌保护了铁,为什么铁上的气泡反而增多了? 【追加实验】由教师和学生共同演示在导线上串联灵敏电流表的情况	①观察 ②思考 ③交流	学生正确看待现象和本质间的关系
【启示】科学研究中要仔细分析现象,透过现象看本质,最终合理选择实验证据	聆听感悟	方法提升
【优化创新】生活中还有什么物质能直接形成电流供给电子呢?	思考回答	发散思维
【学以致用】轮船表面的防腐处理	思考回答	体现化学的实用性
【投影】金属材料的广泛使用与金属腐蚀造成的巨大损失	感悟共鸣	从化学回归社会
【收获感悟】我们今天通过探析铁的防腐了解了证据选择对科学探究的重要作用,认识到化学知识在资源保护、社会发展等方面所起到的不可或缺的作用。希望同学们在今后的学习中能善于优化创新,学会用化学的知识去解决问题,真正做到让化学服务于生活,服务于社会	—	—
【课外探究】查阅资料,针对铁画的特殊工艺,为铁画的防腐寻找一些更好的办法	—	与导入相呼应,促进课内向课外的延伸

案例2 “氯气和水反应的探究”教学设计

安徽省合肥市第五中学　周维维

一、学情分析

（1）学生已经学习过氧化还原反应的原理和某些元素化合物的知识，可以利用已学的知识来分析问题、解决问题。

（2）可能遇到的困难和问题：一是面对有毒气体，可能会有学生感到恐惧而分散学习的注意力；二是高一的学生可能缺乏科学的探究方法，探究过程可能存在困难；三是注射器及药瓶是学生平时不常用的仪器，在设计实验和完成实验时可能会有一些困难。

二、学习内容分析

通过这节课的学习，学生可以用此类方法指导后面硫、氮等元素及其化合物的学习。通过生活常识激起学生的学习兴趣，通过探究“氯气和水的反应”这条知识主线，让学生之间相互协作，学会收集与分析学习资料、提出假设与验证、自我反馈和评价。

三、教学目标

（1）通过实验了解氯气和水的反应以及次氯酸的漂白性。

（2）通过对氯气和水反应、氯水中有漂白性物质的探究，进一步理解科学探究的意义，学习科学探究的基本方法，提高科学探究能力。

（3）通过对氯气性质的探究，养成务实求真、积极实践的科学态度和与人合作的习惯，增强环保意识。

四、教学重点

氯气和水的反应。

五、教学难点

氯水中漂白成分是什么。

六、实验准备

氯气、蒸馏水、稀HNO_3、$AgNO_3$溶液、紫色石蕊试液、pH试纸、注射器、试管、点滴板、镊子等。

七、教学流程

视频—演示氯气溶解性—探究氯气与水是否反应—出现异常现象，提出新问题—探究氯水中谁能漂白—应用所学知识解决问题—交流、小结。

八、教学过程

教师活动	学生活动	设计意图
【引入】我们每天都要使用自来水,同学们遇到过这样的情况吗? 【展示】视频“自来水有味” 【过渡】自来水厂用氯气消毒,但到了居民家中自来水中仍然有味,这说明什么? 【演示】向盛有氯气的药瓶中注射10 mL水,振荡 【小结】液体由无色变为浅黄绿色,说明氯气能溶于水。氯气的水溶液称为氯水	①观看视频 ②观察实验	①从学生熟知的情境出发,产生疑问,激发学生求知欲望 ②培养学生的观察能力
探究一:氯气与水反应吗? 【假设】如果不反应,氯水中只有氯气和水,如果反应,会生成什么物质呢? 试从元素守恒的角度来猜测。 如何验证你的猜测?	①提出假设 ②分组讨论选择实验方案	①使学生处于“最近发展区” ②激起学生的探究热情
【板书】学生的实验方案和预期现象 (实验用品:氯水、稀HNO_3、$AgNO_3$溶液、pH试纸等) 【讨论】如何使用pH试纸? 友情提醒:分工合作,注意效率;如实并及时记录实验现象	①交流实验方案和预期现象 ②分小组实验	培养学生实验能力,增强合作精神
【过渡】实验中出现了意外现象,说明氯水有漂白作用。同学们有哪些疑问,想继续探究什么问题呢? 探究二:氯水中谁能漂白? 【提示】从元素守恒及电子转移守恒可知,氯气与水反应还生成了其他物质。氯水中有Cl_2、H_2O、盐酸、新物质 (实验用品:氯气、蒸馏水、小药瓶、红纸、注射器等) 友情提醒:氯气有毒,要防止氯气泄露,不要打开装有氯气的药瓶的瓶塞,拔出针管时也要注意不要带出瓶塞;两支注射器,注意干湿(气、液)分开 指导学生交流、评价实验方案	①提出问题 ②猜测一 ③猜测二 ④设计实验 ⑤交流设计的方案并评价	①增强环保意识 ②进一步提高科学探究能力

续 表

教师活动	学生活动	设计意图
【总结】干燥的氯气没有漂白性，说明能漂白的是氯气与水反应生成的新物质 【讲述】科学家通过大量实验证实了新物质为次氯酸 【资料卡片】次氯酸是一元弱酸，其酸性比碳酸还弱；具有很强的氧化性，所以能杀死水里的病菌，具有杀菌消毒作用，且能使某些染料和有机色素褪色，可用作棉、纸张等的漂白剂；次氯酸不稳定，见光分解 【问题】次氯酸分解会生成什么物质呢？	①完成实验 ②交流实验现象、结论 ③阅读	学会提取信息
【演示】利用手持技术测光照时，氯水的Cl^-浓度以及空气中氧气浓度的变化 【现象】光照一段时间之后，氯水中氯离子浓度增大，氧气浓度增大 【小结】次氯酸会分解生成盐酸，同时生成O_2	①观察实验现象 ②分析图像，推测反应生成的物质	感受曲线的魅力，提高对图像的分析能力
【追问】既然次氯酸不稳定，怎样让它稳定地留住呢？氯气与水反应能生成两种酸，氯气能与碱溶液反应生成盐吗？ 探究三：氯气与碱反应吗？ 【评价并小结】氯气能与碱反应 $Cl_2+2NaOH=NaCl+NaClO+H_2O$ 【设疑】实验剩余的氯气，如何处理呢？ 【总结】这个反应可以用来吸收尾气，也能用来制取漂白液，也可以将氯气通入石灰乳中来制取漂白粉	①写出反应的化学方程式 ②利用NaOH溶液处理剩余的氯气 ③交流现象，分析现象	①突破难点 ②增强环保意识 ③联系生活实际
【小结】这节课你学到了哪些知识，掌握了哪些学习方法，有什么样的体验和感受？你还有哪些问题想继续探究？	交流	—
【作业布置】向试管中加入约2 mL氢氧化钠溶液，滴加2滴酚酞试液，溶液呈红色，当加入一定量的氯水后，红色褪去。褪色的原因可能是什么？ 猜测一 猜测二 怎样用实验证明上述的猜测？	—	复习巩固

二、2014年初中优质课大赛上课一等奖典型案例

案例3　“探究使带火星木条复燃所需氧气的体积分数”教学设计

安徽省宁国市霞西初级中学　谭天贵

一、学情分析

学生已经学习了氧气的性质，知道氧气能使带火星的木条复燃；进行了实验室制取氧气及探究氧气性质的实验，有一定的知识储备和实验操作技能。不过学生对科学探究有一定的神秘感和陌生感，总觉得科学探究是科学家的事，不是学生能够完成的。

二、学习内容分析

本节课从学生熟悉的“氧气可以使带火星的木条复燃”入手，引导学生发现新的问题“并不是只有纯氧才能使带火星的木条复燃”，引出课题：“探究使带火星木条复燃所需氧气的体积分数”。然后按照科学探究的步骤引导学生进行探究，得出结论。在探究过程中介绍科学探究的一般方法——控制变量法、半值法。最后使用气中氧传感器测出浓度值，让学生进一步体验探究成功的喜悦。

三、设计特点

1.探究过程的完整性

本节课按照发现问题、提出问题—做出假设—根据微课资料设计实验方案—实验验证—观察、记录现象—搜集证据、得出结论—反思评价—表达交流的步骤进行科学探究，并在探究过程中融入探究方法的教学。

2.学生活动的主体性

在科学探究的所有环节，都有学生参与。在非实验环节通过有梯度的设问“如何验证气体是氧气？”“通过刚才的实验，你产生了什么疑问？”“根据刚才的微课资料，你觉得如何设计实验方案？”等引导学生去

思考、讨论、表达。在实验环节安排有教师演示实验、学生演示实验、学生分组实验，提高学生实验的参与率。

3.信息技术的融合性

本节课除了使用PPT展示之外，还运用了微课、演示实验、照相机记录学生的实验过程等信息技术，以及翻转课堂的形式多方面辅助教学。特别是在实验环节先使用传统的实验方法，再使用现代化数字仪器——气中氧传感器得出另一个结论，相互验证、对比，让学生同时感受到信息技术手段给实验研究带来的便捷。

四、学习目标

（1）能独立进行用双氧水制取氧气的实验操作，通过翻转课堂学习利用排水法收集不同体积分数的氧气，并能对所得气体中氧气体积含量进行计算。

（2）通过探究加深对科学探究各环节的认识，初步学会科学探究的一般方法——控制变量法、半值法。

（3）通过运用数字化实验，感受信息技术手段给实验研究带来的便捷，激发进一步学习的热情和探究的欲望。

五、学习重点、难点

重点：科学探究的思想、方法。

难点：实验方案的设计和对探究过程的反思。

六、学法指导

组内讨论、分组实验、反思交流。

七、教具准备

小木条、酒精灯、火柴、锥形瓶、分液漏斗、单孔塞、双孔塞、导气管、水槽、集气瓶、玻璃片、量筒、烧杯、胶头滴管、药匙、气中氧传感器、一瓶氧气、二氧化锰、6%的过氧化氢溶液、水。

八、探究过程设计

1.教学流程图

问题线	活动线	知识线	方法线
如何验证气体是氧气?	学生回答 教师演示实验	氧气的性质 氧气的验证	从学生熟知的知识入手，创设情境
演示实验说明了什么问题?你又发现什么?	思考，交流，表达，发现问题，提出问题	带火星木条复燃所需氧气的体积分数	与原知识发生冲突，发现新的问题
根据已经掌握的知识，你能否提出合理的假设?	思考，交流，表达，做出假设	空气中氧气的体积分数	针对提出的问题，做出合理的假设
根据微课内容，如何设计实验方案?	思考，交流，表达，设计实验，进行实验	过氧化氢制氧气的方法	半值法、控制变量法在科学探究中的应用
通过实验现象的记录，你得出的结论是什么?	思考，表达，收集证据，得出结论	使带火星木条复燃所需氧气的体积分数	根据现象得出结论
如何得到更加精确的值?	思考，交流，表达，反思评价氧传感器测定实验	使带火星木条复燃所需氧气的体积分数	半值法的再次利用，现代化数字仪器的使用
通过本节课的学习，你有哪些收获?	表达交流	探究的过程	表达交流，总结提升

2.教学过程

学习过程	教师活动	学生活动	设计意图及资源准备
课前准备	播放微课	观看微课	通过自学，掌握一些方法和技能
导入课题	提问：如何验证气体是氧气?	回答	从熟悉的事物入手
	演示实验：一瓶氧气能否连续让带火星的木条复燃	①观察现象 ②发现问题	多媒体，一瓶氧气，酒精灯，木条

续 表

学习过程		教师活动	学生活动	设计意图及资源准备
探究过程	提出问题	引导学生根据课题提出问题	提出问题	多媒体
	做出假设	引导	讨论，做出合理假设	—
	设计实验	①引导：如何收集不同浓度的氧气？如何计算瓶中氧气的浓度？ ②讲解半值法	讨论，设计实验，计算氧气的浓度	让学生了解科学探究的一般方法
	进行实验观察现象	①讲解实验注意事项 ②观察、记录学生实验效果，简评学生实验过程 ③演示：利用半值法确定使带火星木条复燃的氧气浓度范围	①分别收集不同浓度的氧气 ②记录实验现象	酒精灯，小木条，过氧化氢制氧气、排水法收集氧气的装置
	得出结论	引导	根据记录的现象得出结论	—
	反思评价	演示：利用气中氧传感器测出浓度的具体数值	观察并记录现象	感受科技与化学的联系
	表达交流	教师点评学生收获	学生谈谈收获	—

案例4“是真的吗？——探究爆炸盐溶于水后的产物”教学设计

安徽省阜阳市第十五中学　李杨

一、教学背景分析

今天，化学已成为推进现代社会文明和科技进步的重要力量，帮助我们解决了生活中的很多问题。作为科学教育的重要组成部分，新的化学课程倡导从学生和社会发展的需要出发，发挥学科自身的优势，将科学探究作为课程改革的突破口，激发学生的主动性和创新意识，促使学生积极主动地学习，使获得化学知识和技能的过程成为理解化学、进行科学探究、联系社会生活实际和形成科学价值观的过程。

在这个背景下，本节课通过让学生探究爆炸盐溶于水后的产物，引导学生从化学的视角去发现生活的有关问题，培养学生运用化学知识和科学方法分析和解决生活中简单问题的能力，增强学生的社会责任感。

二、学情分析

学生已经基本掌握了氧气的实验室制取及检验方法，知道二氧化碳会使澄清石灰水变浑浊，也知道碱性物质会使酚酞变红。初步了解了科学探究的基本程序，同时也具备了简单的实验操作技能。这些都为本节课通过实验探究爆炸盐溶于水后的成分奠定了基础。但学生还不了解碳酸盐的检验方法，对于具有漂白褪色作用的物质也不了解，同时还缺乏实验方案的设计能力。因此，在教学过程中，让学生通过小组内、小组之间讨论、合作探究的方式解决问题。在探究过程中，增强合作精神，提高实验能力，并培养学生的自信心。

三、教学目标

1.知识与技能

（1）知道爆炸盐溶于水后的主要产物。

（2）理解探究物质的一般方法。

2.过程与方法

通过小组讨论、合作探究，初步学会设计实验、连接仪器及检验碳酸盐的方法。

3.情感、态度与价值观

通过实验探究，初步树立用化学知识解决日常生活简单问题的意识。

四、教学重点

（1）通过实验，知道爆炸盐溶于水后的产物。

（2）实验方案的设计。

五、教学难点

学会设计实验进行探究。

六、教学用具

（1）学生分组实验用品：爆炸盐、澄清石灰水、稀盐酸、二氧化锰、热水、可乐瓶、卫生香、火柴、双孔橡胶塞、注射器、烧杯、药匙、输液管、输液瓶、橡胶管、玻璃棒、废液缸、吸管。

（2）教师实验用品：爆炸盐、酚酞、番茄、白布、喷壶、药匙、玻璃棒、烧杯、玻璃水槽、镊子。

（3）教学辅助用品：多媒体课件、摄像头。

七、教学方法

本节课以实验探究为主，但是由于学生缺乏一些必要的知识积累，要避免让学生觉得难度过大而丧失兴趣。在教学引入中由生活中常见现象和学生喜欢的节目入手，增强趣味性，在较难的实验方案设计上，采用了小组内及小组之间的讨论、合作探究的方式来降低难度。同时为了避免学生只关注自己的实验设计而忽略其他组的实验方案，在教学中采用了摄像头同步展示的方法让全体学生都可以参与到每一组的讨论与设计中，增强学生间的互动交流。

八、教学流程

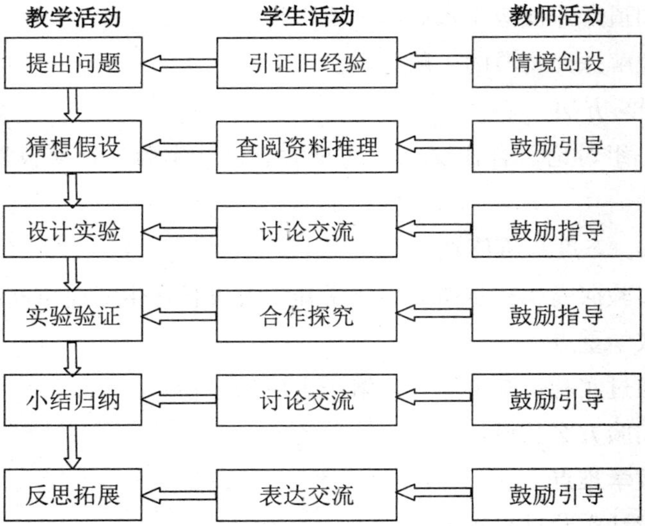

九、教学过程

活动流程	教师活动	学生活动	设计意图
情境创设	①播放歌曲和视频 ②展示爆炸盐 ③提问：爆炸盐水溶液可以瞬间去污是真的吗？	欣赏、观察、思考、猜测	激发学生兴趣
学生实验	指导、配合	由2位学生配合实验，用爆炸盐水溶液清洗滴加番茄汁的白布	
演示实验	在爆炸盐水溶液中滴加酚酞	观察现象	由酚酞先变红后褪色引入本节内容
提出问题	爆炸盐溶于水生成了什么？	查阅资料并思考	复习回忆实验探究流程
猜想假设	板书并帮助学生排除部分不合理假设	猜想假设	
设计实验	①根据学生猜想内容，设置不同的问题和装置让学生抽签 ②走动指导	小组抽签并设计实验	分散难点并让学生认识到生活中很多材料可以用来进行化学实验
展示设计	①摄像头展示学生设计 ②板书、简单点评	分组展示设计目的、方法、装置及气密性检验方法	增强小组之间的交流，使学生明白其他组的设计目的和方法，取长补短
动手实验	走动指导	按上述方法进行实验	培养学生合作、互助精神
交流讨论	板书：现象和结论	讨论回答现象和结论	增进小组交流，如果出现有争议内容，可进一步组织学生讨论
小结归纳	由网络信息小结爆炸盐的成分及溶于水后的产物	观看课件	增强学生的自信心，在结论中体会成功
反思交流	提问：为什么爆炸盐溶于水后的产物可以快速去污	思考	激发学生的求知欲促使学生继续努力学习化学知识
交流评价	简单点评并给予学生鼓励	交流本节课收获与想法	巩固所学知识
作业	性质决定用途，爆炸盐溶于水后还可以有什么作用	思考并回家后动手实验	提升能力
拓展延伸	多媒体展示化学在生活中的应用	观看课件	将化学与生活紧密结合，感受化学创造美好生活

三、2015年高中优质课大赛上课一等奖典型案例

案例5“再探浓硝酸的强氧化性”教学设计

安徽省合肥市第一中学　汪结义

一、学情分析

（1）学生在高一已经学习过氧化还原反应的原理和相关元素化合物知识，可以利用已学的知识来分析问题、解决问题。

（2）可能遇到的困难和问题：①学生可能缺乏科学的探究方法，铜和浓硝酸反应呈绿色的原因探究可能存在困难；②注射器及药瓶是学生平时不常用的仪器，在设计实验和完成实验时可能会有一些困难。

二、学习内容分析

通过探究“浓硝酸的强氧化性”这条知识主线，力求在四个方面进行创新与突破：

（1）巧妙设计浓硝酸与铜反应实验；

（2）铜和浓硝酸反应溶液呈绿色的原因探究；

（3）手持技术实验检验炭被浓硝酸氧化。

（4）大数据分析学生学习情况。

三、教学目标

（1）知识与技能：了解浓硝酸一些物理性质；掌握浓稀硝酸的氧化性具体表现，与铜反应、与炭反应意外现象的探究；能够正确书写相关化学方程式。

（2）过程与方法：通过实验探究，体验实验探究的乐趣，养成与他人合作的习惯。

（3）情感、态度与价值观：养成求真务实、积极实践的科学态度。

四、重难点分析

重点：浓硝酸的强氧化性。

难点：浓硝酸与铜反应后溶液呈绿色的原因，浓硝酸和炭反应后CO_2的检测。

五、实验准备

（1）实验仪器：100 mL带塞的玻璃瓶、30 mL注射器（带针头）、试管、酒精灯、试管夹、CO_2浓度传感器、标准接口仪器、大数据仪器。

（2）实验药品：12mol·L^{-1}浓硝酸、泡沫铜片、氮气等。

六、教学流程

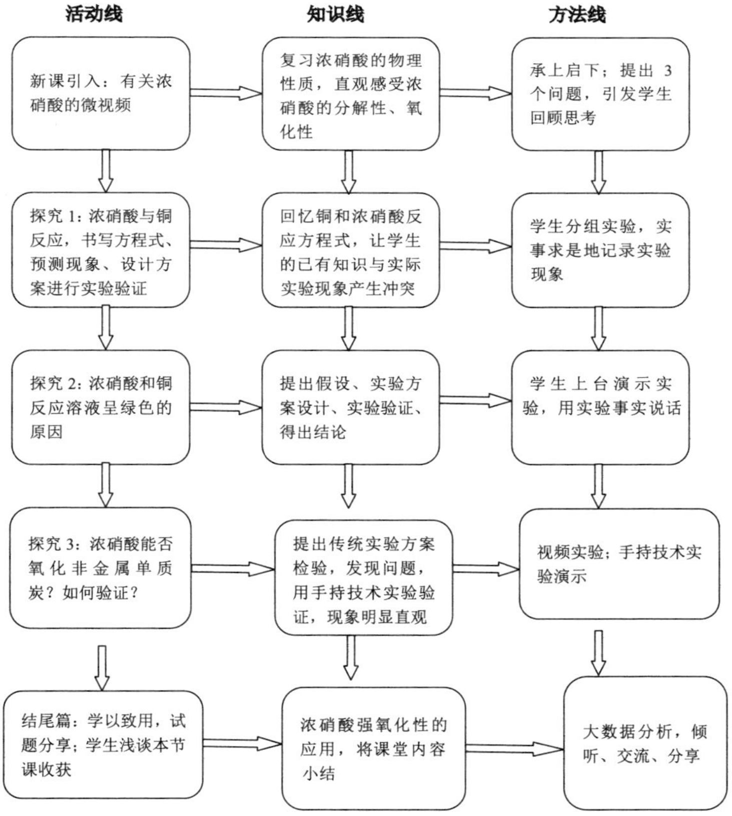

七、教学过程

教学环节	教师活动	学生活动	设计意图
环节1 引入新课	【引入】硝酸微视频 【设问】视频中为什么会产生酸雾？为什么会产生红棕色气体？	①观看，思考 ②回答	①复习高一硝酸有关知识 ②辩证看待硝酸，引发学生思考
环节2 探究浓硝酸的强氧化性——与铜反应	【设问】为什么用铝罐车运输浓硝酸？ 【板书】浓硝酸的强氧化性 【设问】证明浓硝酸具有强氧化性是选择强还原剂还是弱还原剂反应？ 【过渡】金属铜是一种常见、还原性较弱的金属单质 【板书】1. 与铜反应 【回顾】根据高一所学知识，写出铜和浓硝酸反应方程式 【设问】根据方程式预测一下实验现象 【实验】铜和浓硝酸反应实验，先设计实验方案，汇报分析方案，寻找最佳方案 【实验】根据讨论方案进行实验，并汇报现象 【设问】通过和预期实验现象相比，有什么疑问？引导学生发现问题，分析问题，最终解决问题 【实验】演示实验：用加热法验证溶液呈绿色原因 【实验】演示实验：将氮气通入绿色溶液中，观察现象	①回答 ②弱还原剂 ③书写方程式 ④描述反应现象 ⑤学生讨论，汇报方案 ⑥学生分组实验，观察记录实验现象 ⑦铜与浓硝酸反应溶液为绿色原因 ⑧提出可能的原因，并设计方案验证 ⑨两位学生上台演示这个实验，并描述实验现象，得出结论 ⑩进一步验证呈绿色的原因	①引出课题——强氧化性 ②对氧化还原反应知识应用 ③温故知新 ④分析问题 ⑤培养方案设计能力 ⑥培养动手能力、观察能力 ⑦培养发现问题、分析问题、解决问题的能力 ⑧两组实验共同证明溶液为绿色原因，体现实验严谨性 ⑨探究告诉我们一个道理：发现细微，究其根本，得其真谛

续　表

教学环节	教师活动	学生活动	设计意图
环节3 探究浓硝酸的强氧化性——与炭反应	【过渡】刚才研究了浓硝酸氧化金属单质铜，接下来研究浓硝酸与非金属反应 【板书】2.与炭反应 【设问】炭与浓硝酸能否反应？如果能反应，试写出方程式。如何验证CO_2？ 【设问】本组实验用澄清石灰水检验产物CO_2可不可以呢？ 【实验】视频实验：用澄清石灰水验证产物CO_2 【实验】演示：用手持技术实验装置检测CO_2含量变化，并现场演示	①书写化学方程式 ②观察实验现象，思考异常现象原因 ③观看实验，并思考	①考虑问题全面性 ②培养方程式书写能力 ③打破惯性思维，培养创新思维 ④产生认知冲突，引发学生思考 ⑤直观看出生成CO_2，体现手持技术实验直观性、先进性
环节4 结尾篇	【学以致用】课堂分享两道试题，用大数据进行分析 【交流】通过今天这一课的学习，大家有什么收获？ 【总结】我们对浓硝酸强氧化性探究只用了一节课时间，其实还有很多未知等待我们去探究	①思考，做题 ②交流分享 ③倾听	①运用大数据进行统计分析，检验学习效果 ②培养学生的表达能力 ③培养学生热爱科学、探索科学、奉献科学意识

案例6“钢铁吸氧腐蚀再探究”教学设计

安徽省淮南市第二中学　许光山

一、教材内容与学生学情

1.教材内容

吸氧腐蚀是人教版化学选修4第四章“电化学基础”第四节“金属的电化学腐蚀与防护”的内容。钢铁的吸氧腐蚀是金属腐蚀中常见的一种现象，和析氢腐蚀同属于电化学腐蚀，安排在第四章“电化学基础”的最后一节，是对前三节电化学原理知识的应用和总结，符合先理论后实际的认知规律，同时也体现了化学学科学以致用的初衷。

2.学生学情

在知识上，学生已经完成电化学原理的认识、理解与训练，初步掌握了比较化学反应速率快慢的方法，如控制变量法；在能力上，初步具备对实验原理、操作、装置的描述和评价能力，具有一定的归纳、演绎和逻辑推理能力；在心理上，高三学生相较于高一、高二学生，比较成熟理性，具有一定的动手能力、合作意识，对化学现象背后的原理有较强的求知欲。

二、教学重难点与目标

1.教学重难点

（1）教学重点：钢铁吸氧腐蚀的原理，钢铁锈蚀过程的探究，钢铁吸氧腐蚀能量转化的探究，吸氧腐蚀的应用。

（2）教学难点：钢铁锈蚀过程的探究，“暖宝宝”的制取及分析。

2.教学目标

（1）知识与技能：通过宏观、微观、符号曲线“四重表征”对吸氧腐蚀有进一步理解，通过吸氧腐蚀的应用达到学以致用的目的。

（2）过程与方法：通过对吸氧腐蚀过程的探究、能量实验的设计与体验、“暖宝宝”的制取与思考，训练并提升分析问题、解决问题的能力。

（3）情感、态度与价值观：通过对比“钢铁锈蚀的危害”与吸氧腐蚀的应用——“暖宝宝”，体验化学学科的价值。

三、教学流程

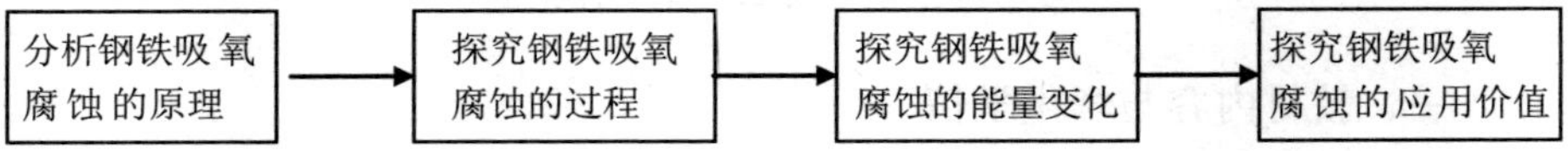

四、教学过程

教学环节	教师活动	学生活动	设计意图
一、探反应原理	【环节一】展示生活中各种锈蚀图片并播放教育视频——钢铁锈蚀的危害 【环节二】演示书本实验(视频快播),演示用氧气浓度传感器测量铁钉吸氧腐蚀的氧气浓度变化 【环节三】引导学生完成钢铁电化学腐蚀电极方程式和总方程式的书写及分析	①观察、聆听、比较 ②两位学生自愿上黑板听写	①从生活到课堂 ②通过教育视频让学生了解钢铁锈蚀的危害 ③通过书本实验和传感器实验的对比统一,让学生了解吸氧的过程 ④通过反馈与矫正完成吸氧腐蚀原理的认识
二、探锈蚀过程	【环节一】分析与引导 过渡:大家能检验出 Fe^{2+} 和 OH^- 吗?(学生回答、教师归纳板书) 引导:我们如何才能完成离子的检验呢? 如何构建吸氧腐蚀的环境?(展示铁板)如何操作? 结合PPT展示操作方法,再动手实验 【环节二】实验结果汇报及分析 请各小组汇报实验现象、解释现象。 PPT展示现象,并质疑:为什么液滴的周围先变红,结合赤血盐的变化,你能预测钢铁生锈的现象吗? 生成:你认为变化过程中的黄色是 Fe^{3+} 吗? 如果是,该怎么检验?	①学生回答离子检验的方法 ②学生思考并回答方法 ③"铁板实验"、讨论、汇报、回答 ④预测锈蚀的可能现象 ⑤用KSCN溶液检验	①培养学生利用已学知识分析、解决问题的能力 ②培养学生团结协作能力 ③在思考讨论中呈现钢铁的锈蚀过程,加深对锈蚀过程的认识
三、探能量变化	【环节一】化学能转化为电能 过渡:物质变化的同时伴随着能量变化,作为电化学腐蚀,你能把吸氧腐蚀的化学能转化为电能吗? 【环节二】化学能转化为热能 质疑:化学能还能转化为什么形式的能量? 你能感受到吗? 大家想感受到或看到吗? 演示:温度传感器的使用方法	①学生设计原电池 ②学生使用温度传感器测量铁钉生锈的温度变化	①利用原电池原理解决问题 ②利用生活中的铁丝、铅笔芯、音乐盒、食盐水解决问题,拉近化学与生活的距离 ③让学生感受先进教学仪器的使用,拓展学生思维方法

续　表

教学环节	教师活动	学生活动	设计意图
四、探应用价值	过渡：化学是一把双刃剑，我们不仅要看到吸氧腐蚀造成生锈不利的一面，同时还要看到它的可用之处。同学们，请结合生活想一想吸氧腐蚀有哪些应用？ 【环节一】自制暖宝宝 PPT展示：制取暖宝宝可能用到的试剂和用品 奖励：用市售暖宝宝奖励完成得较好的小组 【环节二】比较自制暖宝宝与市售暖宝宝的差异 【小结】通过本节课的学习，同学们对吸氧腐蚀有没有新的认识？	①小组合作、动手实验 ②学生感受或用温度传感器测量比较温度差异，分析制热效果不同的原因 ③学生自由发言	①学以致用、亲力亲为 ②增强实验的趣味性 ③提升学生的学科素养

四、2016年初中优质课大赛上课一等奖典型案例

案例7　“探究铝和稀盐酸以及稀硫酸反应”翻转课堂教学设计

安徽省合肥市第四十六中学　杨静

一、学习内容分析

探究型翻转课堂，对铝和稀盐酸以及稀硫酸反应过程中的异常现象进行研究。

二、教学目标分析

（1）通过课前对微课的学习，知道活泼金属一般能与稀盐酸和稀硫酸反应，能够对铝和稀硫酸反应的异常现象提出猜想，并设计实验方案进行验证。

（2）提高利用控制变量法设计对比实验的能力，加强对影响化学反应速率的因素的认识。

（3）通过小组合作探究，增强合作意识；体会数字化实验的魅力，提高分析图像、解决问题的能力。

三、学情分析

（1）学生已经学习了物质构成的奥秘，知道物质是由分子、原子、离子等微观粒子构成的；对影响过氧化氢分解快慢的因素有一定的认识。

（2）学生已经具备了一定的科学探究能力，能对实验中的异常现象提出猜想，并且设计实验进行验证。

四、教学重难点

教学重点：设计实验验证猜想并论证方案。

教学难点：对压强传感器的图像分析。

五、教学方法、学习方法与辅助平台

（1）教学方法：基于微课的翻转课堂教学法、实验探究法、POE策略、四重表征。

（2）学习方法：自主、合作、探究。

（3）辅助平台：科大讯飞畅言智慧课堂平台，科大讯飞壹学校作业平台，电子书包。

六、教学流程图

教师	⇨	学生	⇨	学生	⇨	学生	⇨	学生	⇨	学生	⇨	学生	⇨	师生
提出问题	⇨	猜想与假设	⇨	设计方案	⇨	论证方案	⇨	进行实验	⇨	观察现象	⇨	解释与结论	⇨	拓展延伸
课　前					⇨	课　中								

七、课前任务设计

（1）在课前观看微课——探究铝和稀盐酸以及稀硫酸的反应（6分钟40秒）。

微课设计流程：

①展示活泼金属与酸反应的一般规律；（70秒）

②提出问题，并展示铝和稀盐酸以及稀硫酸反应现象的不同；

（60秒）

③布置任务，请学生提出猜想并设计实验验证；（30秒）

④友情提示，给学生提出猜想和设计方案提供帮助。（4分钟）

（2）视频看完后完成进阶练习，共有三个选择题，两个主观题。

第1题选择题设计的目的是考查学生对影响化学反应快慢的因素的知识点掌握情况；

第2题选择题设计的目的是考查控制变量法的应用；

第3题选择题设计的目的是考查学生对微课中金属与酸反应微观实质的认识；

第4题主观题是对铝和稀硫酸反应的异常现象提出猜想；

第5题主观题是对两个猜想设计方案。

八、课上任务设计

环节一（解疑释难）：课前任务完成情况的统计，进阶练习结果展示，讲解（课前平台）。

环节二（实验探究）：

（1）展示猜想，重点选择两个猜想研究：①两种酸的氢离子浓度不同；②氯离子加快了反应。

（2）验证猜想①：两种酸的氢离子浓度不同。展示方案，论证方案，进行实验。

（3）验证猜想②：氯离子加快了铝和酸反应。展示方案，论证方案，进行实验，得出结论。

（4）深度揭秘：铝和稀盐酸以及稀硫酸反应现象不同还跟铝片自身的性质有关。

环节三（延伸拓展）：密闭容器内铝和足量稀盐酸反应过程中气压会如何改变？

（1）学生预测图像，在平板电脑上画好后上传至平台，课上平台展示学生所画图像；

（2）教师利用数字化实验——压强、温度传感器做实验，学生观察图像；

（3）学生解释图像，分析原因。

环节四（巩固提高）：精选习题检验学习效果，布置作业（课上平台展示）。

案例8“口香糖中锡箔纸的奥秘”翻转课堂教学设计

安徽省铜陵市第十中学　孙洁

一、教学内容分析

本节课通过对口香糖锡箔纸的成分进行探究，引导学生从化学的视角去发现生活中的有关问题，在探究的过程中学习运用化学知识和科学方法分析和解决生活中简单问题的能力。

由于学生缺乏一些必要的知识积累，要避免让学生觉得难度过大而丧失兴趣。本节课采用翻转课堂的形式，用微课突破知识难点，采用情景引入的方式，增强趣味性。在较难的实验方案设计上，采用了小组内及小组之间的讨论、合作探究的方式来降低难度。

二、学情分析

九年级学生已初步具备了提出问题、分析问题和解决问题的能力，对事物的认识正处于从感性到理性的转变时期，实验是激发他们学习兴趣的最好方法。本节课通过让学生探究口香糖锡箔纸的成分，来认识金属铝的性质。学生学习氧气性质时已经接触到金属铁、镁带与氧气的反应，对其中表现出的金属活泼程度的不同有所了解。因此，可以用“实验探究—讨论”的教学模式，让学生实现对金属活动性的认识从具体到抽象、从感性到理性的转变，引导学生在“做中学，学中会”。

三、教学目标

1.知识与技能

（1）知道口香糖锡箔纸的成分以及金属铝的一般性质。

（2）体验探究过程，学习对比实验的方法。

2.过程与方法

通过微课视频学习相关知识，再通过情景引入提出问题，小组运用知识讨论、合作探究，并初步学会通过对比实验设计实验方案解决问题。

3.情感、态度与价值观：

树立用化学知识解决日常生活简单问题的意识。

四、教学重难点

（1）教学重点：①通过实验，知道锡箔纸的成分以及铝燃烧及其他性质；②实验方案的设计。

（2）教学难点：学会设计实验进行探究。

五、教学用具

（1）学生分组实验用品：口香糖锡箔纸、铝、锡、铁、稀盐酸溶液、试管、废物杯。

（2）教师实验用品：锡箔纸、铝箔、坩埚钳、酒精灯、石棉网、火柴等。

（3）教学辅助用品：多媒体课件、投影仪等。

六、教学流程

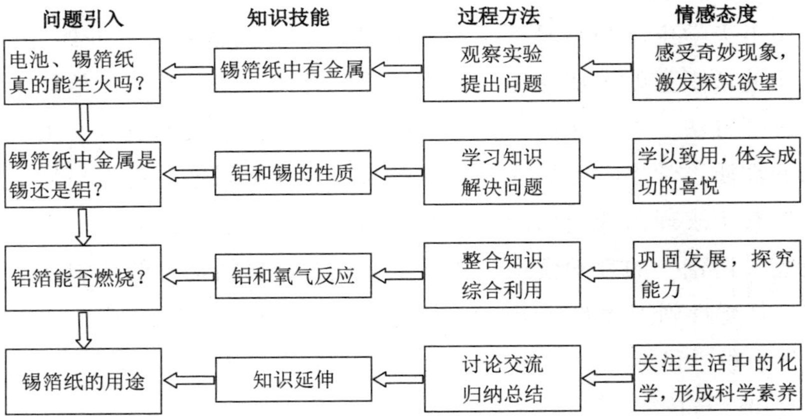

七、课前准备（微课视频）

内容设计	设计意图
①镁条在空气中燃烧 ②铁在纯氧中燃烧 ③铜和氧气反应，不燃烧 ④金子不和氧气反应	通过学生熟知的镁条、铁丝燃烧的现象，再结合铜和金不燃烧引导学生认识金属的活动性的差异；引导学生思考铝能否燃烧
①镁条和稀硫酸反应 ②铁和稀酸反应 ③锌和稀酸反应 ④铜、银不和稀酸反应 ⑤镁、锌、铁和稀酸反应	进一步认识金属的活动性的差异，提出对比实验的注意事项
①分别加热铝和锡 ②金属铝、锡和稀酸反应	思考铝和锡性质的区别

八、教学过程

<table>
<tr><th>教师活动</th><th>学生活动</th><th>设计意图</th></tr>
<tr><td colspan="3">锡箔纸的奥秘之一：锡箔纸和电池真的能取火吗？</td></tr>
<tr><td>①情景引入：电池锡箔纸取火是真的吗？
②播放视频：电池和锡箔纸取火
③分析锡箔纸和电池能取火的原因</td><td>①思考、猜测
②观察、回答</td><td>激发学生兴趣</td></tr>
<tr><td colspan="3">锡箔纸的奥秘之二：锡箔纸中的金属是什么？</td></tr>
<tr><td>①提问：锡箔纸中的金属是什么？
②播放微课视频：铝和锡的性质</td><td>①查阅资料
②观看思考</td><td rowspan="2">①小组合作
②学以致用
③体会探究的乐趣</td></tr>
<tr><td>①引导学生探究锡箔纸金属的成分
②分析实验方法及注意事项并巡视
③询问实验现象及结论
④教师演示实验：加热锡箔纸</td><td>①讨论方案
②分组实验
③汇报现象结论
④观察得出结论</td></tr>
<tr><td colspan="3">锡箔纸的奥秘之三：金属铝能否燃烧？</td></tr>
<tr><td>①金属铝能不能燃烧？
②播放视频：铝箔在氧气中燃烧
③提问：能写出铝燃烧的符号表达式吗？</td><td>①分析
②观看
③思考</td><td rowspan="2">巩固发展探究能力，形成科学探究思维</td></tr>
<tr><td>①展示铝的熔点、氧化铝的熔点
②介绍氧化膜的作用</td><td>观察、领悟</td></tr>
</table>

续　表

教师活动	学生活动	设计意图
锡箔纸的奥秘之四：锡箔纸的用途及注意事项		—
①讲解口香糖为什么用锡箔纸包着 ②你在生活中还见过什么地方用到锡箔纸？ ③使用锡箔纸注意事项	①回忆 ②思考 ③回答	联系生活，体会化学与生活息息相关
课堂小结：金属铝的一般性质及用途		

五、2017年高中优质课大赛上课一等奖典型案例

案例9　“基于DIS实验深化对离子反应的认识——从学生的迷思说起”教学设计

安徽省安庆市第一中学　何志

一、设计理念

以新课标倡导的“联系实际，以学生为主体，提高学生的科学探究能力，形成多边互动的课堂”的理念为依据，通过探究，以翻转课堂模式展开教学。

根据学生在学习离子反应后，自己提出的问题（侯氏制碱法的原理）创设微课情景。然后，在课堂上，经过教师的引导进行后续的探究，解决迷思，深化对离子反应条件的认识。同时，初步形成对离子反应实质的认识。然后，教师提出一个既无明显现象又未生成气体、沉淀、水的反应——CH_3COONa与稀盐酸的反应，利用电导率传感器让学生从离子的角度分析其中的反应实质，学生在探究完成后，自主建构离子反应的实质。同时，从实质的角度理解条件，实现知识的深化和能力的提升。最后，以“侯氏制碱法”的故事结尾，与开头形成呼应，同时，升华了学生的情感。

二、学情分析

本节课是由学生的迷思引起的基本理论深化探究课。在此之前，学生已经学习了电解质及电离、离子反应相关知识，但是对离子反应的认识主要靠记忆，很多学生只能达到“知其然而不知其所以然”的水平，甚至局限于用一些特定的规律来判断离子反应如“强酸制弱酸”等，一旦这些规律出现冲突时，学生会无所适从。所以，让学生从实质上统一对离子反应的认识是十分必要的。利用数字化实验新技术，通过浊度传感器和电导率传感器让学生感知微观世界，可以更好地帮助学生完成对离子反应的认识，避免空洞说教。

三、教学目标

1.知识与技能

（1）知道侯氏制碱法的原理。

（2）能从离子反应实质的角度去理解离子反应的发生条件。

2.过程与方法

（1）通过自主设计实验的过程，学会应用控制变量的科学方法。

（2）通过对电导率图像的分析过程，初步掌握图像处理的方法。

3.情感、态度与价值观

（1）体会科学探究的严谨。

（2）了解技术对科学的贡献。

四、教学重难点

教学重点：侯氏制碱法的原理、离子反应实质的应用。

教学难点：离子反应实质的应用。

五、教学方法

启发式教学、分组合作探究、自主归纳。

六、教学过程

教学环节	教师活动	学生活动	设计意图
环节一：课前微课	①制作微课，播放微课，收集学生的任务单 ②微课内容：两位同学关于“向饱和NaCl溶液中通NH_3和CO_2，会发生反应产生白色沉淀”的现象产生了分歧，然后，来办公室请教老师。在老师的帮助下，自己动手做实验（向饱和NaCl溶液和氨水的混合液中通入CO_2），但却没有看到沉淀现象	观看视频，完成任务一： ①你认为向饱和NaCl溶液和氨水（NH_3溶于水形成的溶液，呈弱碱性）的混合液中通CO_2是否能发生离子反应而生成白色沉淀呢？若不能，请写下你的理由；若能，你认为可能是什么原因使得视频中没有出现白色沉淀。 ②假设真的能产生白色沉淀，你觉得有可能是什么物质，写出其化学式或名称（温馨提示：可从元素守恒的角度出发，个数不限）	通过重现学生的提问情景，让学生快速聚焦到问题。利用任务单统计学生的想法，可以查找学生的知识误区，有利于教师针对性地解惑
环节二：探究未能看到沉淀的原因	①课前，大家已经观看过向饱和NaCl溶液和氨水的混合液中通入CO_2的视频，视频的最后，有明显的现象吗？ ②是的，那这个结果与书本所述“向饱和NaCl溶液中通NH_3和CO_2，会发生反应产生白色沉淀”相矛盾。对此，同学们也发表了自己的看法。我提前对同学们的想法做了统计，一起来看一下。 ③总结学生提出的猜想 ④有时，眼睛也会误导我们，我们需要一个比眼睛精确度更高的帮手来帮助我们 【投影】浊度传感器：用来测定溶液中是否有沉淀的传感器 沉淀量越多，浊度值越大 【演示】用浊度传感器分别测量通CO_2前的食盐氨水混合液的浊度和通入CO_2一段时间后的混合液的浊度 ⑤同学们看到了浊度值如何变化？说明在通入CO_2后是否有沉淀产生呢？	①没有 ②观看教师对自己想法的统计结果：认为能发生反应产生沉淀和不能发生反应生成沉淀各自所占的比例 ③观看同学们的导学案任务一第1题的想法 ④记录浊度值 ⑤升高，有沉淀产生	①利用实验现象与书本理论的矛盾，激发学生积极探索的欲望

续 表

教学环节	教师活动	学生活动	设计意图
环节二：探究未能看到沉淀的原因	⑥那这个结果，是否能说明书本所述"因反应而产生沉淀"就是正确的呢？ ⑦那接下来，我们的任务是什么呢？ ⑧很好，那要探究它的成分，我们首先要分离得到沉淀。基于浊度传感器的测量结果，理论上，优化实验条件，是可以得到明显的白色沉淀。视频当中的两位同学，通过多次的实验改进，最终得到了什么结果呢？我们一起来看一看 【视频】学生将CO_2通入饱和氨化食盐溶液中，10 min后，得到了白色沉淀	⑥不能 ⑦对沉淀的成分进行探究 ⑧观看视频，知道视频中学生思考后，做了如下改进：将过量的氯化钠固体溶于饱和氨水后，取上层清液得到饱和氨化食盐溶液	②此时，引入浊度传感器，既能让学生体会到科技的贡献，同时，提供的数据也为后续的探究提供了科学支持 ③播放得到明显沉淀的视频，有利于培养学生尊重客观事实的科学态度，同时，也为后续的探究做好铺垫
环节三：探究沉淀成分及反应原理	①我们先来一起看一下同学们课前对这个沉淀成分的猜想 ②同学们猜想的物质比较多，思维非常活跃。接下来，对这些猜想的物质，我们先来进行简单的分类，从阳离子角度看可以分为哪些盐？从阴离子角度呢？ ③很好，那基于同学们的分类，接下来，我们分小组合作探究沉淀的成分（提醒学生实验篮上贴有组别标签） 【投影】 分组结果： A组：检验NH_4^+ B组：检验HCO_3^- C组：检验CO_3^{2-} D组：检验Cl^- 资料卡片： ④铵盐和碳酸氢盐的性质 ⑤同学们的实验篮上都有相对应的分组标签，实验篮中贴有"样品"标签的试剂瓶里盛放的是我已提前过滤、洗涤、干燥后的沉淀固体。请同学们参考实验篮中的药品和仪器，小组讨论最简单有效的实验方案	①观看同学们的导学案任务一第2题答案 ②钠盐、铵盐 ③碳酸盐、碳酸氢盐、盐酸盐 ④合作讨论，小组代表讲述实验方案 ⑤修改方案，实施方案	设计了分组合作探究的过程，可以提升学生化学实验探究与操作能力

续 表

教学环节	教师活动	学生活动	设计意图
环节三：探究沉淀成分及反应原理	⑥点评学生的方案 ⑦同学们的实验都做完了，接下来，请各小组代表分享一下现象与结论 ⑧根据同学们的探究，这个沉淀的成分是什么？ ⑨NaCl是析出的原料，$NaHCO_3$是新生成的物质。我们一起来探讨一下它是通过什么样的反应过程得到的 ⑩经过分析，我们知道生成了$NaHCO_3$沉淀，实际使溶液中的Na^+与HCO_3^-浓度减少，从而发生了离子反应。同学们思考一下，$NaHCO_3$最终以沉淀的形式析出，可能与它的什么物理性质有关？ 【投影】常温下，NaCl、Na_2CO_3、$NaHCO_3$等物质的溶解度表 ①同学们发现了什么？ ②观察力很好，但是，$NaHCO_3$是否属于难溶性盐呢？ ③通过这个例子，同学们对离子反应条件之一——生成沉淀有什么新的认识吗？ ④很好，生成的可溶性盐的量超过了它的溶解度，也是可以以沉淀的形式析出	⑥各小组发言，分享现象和结论 ⑦$NaHCO_3$与NaCl ⑧CO_2与$NH_3\cdot H_2O$生成了NH_4^+与HCO_3^- ⑨HCO_3^-与Na^+生成了$NaHCO_3$ ⑩溶解度 ①$NaHCO_3$的溶解度最小 ②不是 ③生成的沉淀不一定是生成难溶性盐	设计了分组合作探究的过程，可以提升学生化学实验探究与操作能力
环节四：探究醋酸钠与稀盐酸的反应	刚才的反应中，最后还是有明显的沉淀生成，但是有一些物质混合 【演示】CH_3COONa溶液与稀盐酸混合，是否有沉淀或者气体产生？ ①从阴阳离子结合的角度，也不会生成水。那它们是否发生反应呢？宏观上，我们已经无法得知，那我们就从微观离子变化的角度来试试吧。可是，离子我们也见不着，要是有一个能帮我们监测溶液中的离子变化的仪器就好了 【投影】电导率仪：测电导率的仪器。在稀溶液中，电导率值越大，离子浓度越大那我们就借助它来测量一下CH_3COONa与稀盐酸混合过程中离子浓度的变化	①没有	本环节在引导学生设计方案过程中，学习控制变量的方法。同时，通过借助电导率传感器的图像表征，让学生完成了从宏观转入微观的分析过程，加强了图像的分析处理能力

续　表

教学环节	教师活动	学生活动	设计意图
环节四：探究醋酸钠与稀盐酸的反应	【演示】用烧杯量取约 40 mL 的稀盐酸，插入电导率电极，打开磁力搅拌器和软件 ②同学们可以看到屏幕上的坐标系，横坐标表示时间，纵坐标表示电导率数值，盐酸的电导率为什么不为0啊？ ③很好，接下来，我向稀盐酸里加入 CH_3COONa 溶液好还是 CH_3COONa 固体好？ ④同学们可以联想一下浓度公式 $C=\frac{n}{V}$，如果加入 CH_3COONa 溶液后，发现离子浓度改变了，那一定是因为离子发生反应而造成的吗？ ①说的对，那排除体积变化的影响，应该加入什么好？ 非常好，这就是我们实验过程中的一个重要环节——控制变量。 【演示】将 CH_3COONa 固体缓慢加入约 40 mL 0.5mol·L^{-1}稀盐酸中，测电导率 ②从图像来看，你们认为 CH_3COONa 与稀盐酸反应了吗？ ③如果不反应，我们加入 CH_3COONa 固体，CH_3COONa 溶解以后在溶液中以什么微粒形式存在？离子浓度应该如何变化？ ④那电导率图像应该是什么样的变化趋势？ ⑤那这个图像恰恰说明了有没有发生反应啊？ ⑥很好，CH_3COONa 与稀盐酸混合，实际是哪些离子的混合？同学们再根据电导率图像分析，是否所有的离子都参加了反应呢？ ⑦那同学们能想到是哪些离子未参加反应吗？ ⑧很好，那实际参加反应的是什么离子？生成了什么？醋酸在溶液中主要以什么微粒形式存在？	②盐酸里面有 H^+与 Cl^- ③固体或者溶液 ④不一定，还有体积的变化 ①CH_3COONa 固体 ②反应或者没反应 ③离子，增大 ④上升 ⑤反应了 ⑥ CH_3COO^-、Na^+、H^+、Cl^-的混合，不是所有离子都参加了反应 ⑦Na^+与 Cl^- ⑧ CH_3COO^-与 H^+反应生成了醋酸分子	本环节在引导学生设计方案过程中，学习控制变量的方法。同时，通过借助电导率传感器的图像表征，让学生完成了从宏观转入微观的分析过程，加强了图像的分析处理能力

续 表

教学环节	教师活动	学生活动	设计意图
环节五：总结与提升	同学们思考一下这个反应没有生成气体、沉淀、水，但是却发生了，为什么？ 【总结】前面我们所学的离子反应条件——生成气体、沉淀、水，还有今天所学的生成弱酸，都是使反应物的离子浓度减少的过程，这样才得以使离子反应发生。推而广之，其实只要溶液中的物质混合后符合离子反应实质，都可以发生离子反应 【课后提升】离子反应在高中是一个发展的概念，同学们可以提前去找一些“不同寻常”的离子反应，然后，从实质的角度去理解和分析，写一篇小论文。例子：用砖墙清洗剂（主要成分：H_3PO_4）与除草剂（主要成分：$CaSO_4$）混合，使H_3PO_4转变成H_2SO_4	①记录关键结论 ②课后查找不同寻常的离子反应，然后，形成小论文	以两个学生存在迷思的离子反应为例，让学生经过探究以后，自主建构离子反应的实质，并应用实质来理解条件，也为学生学习离子反应时（比如：为什么弱酸能制强酸、沉淀的相互转化、高沸点酸制易挥发性酸等），提供了统一的认识途径，而不是单独去记忆
环节六：了解化学史	第一个离子反应在工业上有重要应用，叫“侯氏制碱法”。20世纪，资本主义对外封锁制碱技术，侯德榜先生临危受命，凭借扎实的化学基础和认真严谨的科学精神，研发出了这个技术，并分享给全世界。中国有句古话，叫“十年树木，百年树人”，希望同学们不仅要学习科学知识，也要传承我们老一辈科学家的优秀精神	聆听化学史，了解化学家侯德榜的贡献	以“侯氏制碱法”结尾既与开头形成呼应，也给学生树立了“创新、奉献”的价值观

案例10　“基于微课的翻转课堂——以金属的化学性质为例”教学设计

安徽省马鞍山市红星中学　沈蓉

【微课学习】

内容设计	设计意图
①钠与水的反应实验视频 现象及解释 ②镁与冷水、热水反应实验视频 现象及解释 ③提出问题： 你能根据铁与水蒸气的反应原理设计出一套铁与水蒸气反应的实验装置并检验气体产物吗？	借助微课导学案掌握知识点： ①$2Na+2H_2O = 2NaOH+H_2\uparrow$ 现象：浮、熔、游、响、红 ②$Mg+2H_2O = Mg(OH)_2+H_2\uparrow$ 创设问题情境，引发学生更深入的思考
在线自我检测（完成进阶练习）	通过微课学习，检测学生的自学能力

【自主学习任务单】

姓名_________　班级_________

引言：同学们，为保证学习效率，请你认真观看课前学习微课视频，并认真记录和分析，边看边思考，尝试回答任务单中的问题。视频观看结束后可查阅相关资料，进一步巩固新知，最后在线完成相关试题。

课程名称：“金属与水的反应”（教材：人教版必修1第三章第一节）

达成目标：了解钠与水、镁与热水、铁与水蒸气的反应，掌握科学探究的一般方法和步骤。

学习方法建议：

（1）看：认真观看微课视频和教材。

（2）记：记要点、疑点和难点。

（3）思：勤思、善思、深思、反思。

学习形式预告：

课堂外：学习知识，自主学习，自定进度，整理收获，提出问题。

课堂内：内化知识。

学生：展示交流，合作探究。

教师：合理引导，个性指导。

学习任务：

任务一：观看微课，发帖交流。

任务二：在线测试（进阶练习）。

【翻转课堂】

一、教学目标

1.宏观辨识与微观探析

通过钠与硫酸铜溶液反应的探究，学会从宏观现象辨识反应过程，从微观角度探析反应本质。

2.变化观念与平衡思想

运用比较和归纳的方法，总结金属与水反应的一般规律，认识化学变化受反应条件影响。

3.证据推理与模型认知

基于对反应装置的模型认知，借助虚拟实验室设计并优化铁与水蒸气反应装置。

4.科学探究与创新意识

通过对钠与硫酸铜溶液反应的现象预测、实验探究和原理解释，提升科学探究能力与创新意识。

5.科学精神与社会责任

通过实验探究和反应装置设计，感知实事求是的科学精神，养成严谨的科学态度，形成可持续发展和绿色化学观念，体会化学在日常生活、生产中的价值。

二、教学重难点

1.教学重点

（1）实验探究钠与硫酸铜溶液的反应。

（2）设计优化铁与水蒸气反应的实验装置。

（3）总结归纳金属与水反应的一般规律。

2.教学难点

（1）实验探究钠与硫酸铜溶液的反应。

（2）设计优化铁与水蒸气反应的实验装置。

三、教材分析

“金属与水的反应”是化学必修1第三章第一节中的内容，第三章是在学习了物质的量、氧化还原反应和离子反应等概念之后，开始学习具体的元素化合物知识。金属单质的性质是金属元素性质的反映，是了解金属化合物性质的基础，所以在引导学生学习元素化合物上有举足轻重的地位。这些知识既可以为前面的理论知识补充感性认识材料，又可以为化学必修2介绍的物质结构、元素周期表、化学反应能量等理论知识打下重要的基础。

四、教学方法

微课翻转和实验探究式教学。

五、教学媒体

微课、白板、网络、电子书包等。

六、教学器材

仪器及用品：烧杯、镊子、滤纸、铁架台、酒精灯（带防风灯罩）、试管、单孔塞、导气管、蒸发皿、棉花、火柴、小木条、小刀等。

试剂：金属钠、硫酸铜溶液、铁粉、肥皂液、五水合硫酸铜晶体、醋酸铜的丙酮溶液等。

七、教学流程

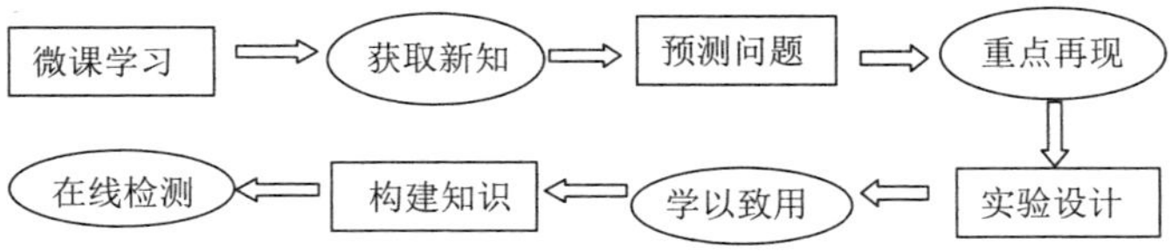

八、教学过程

教学环节	教师活动	学生活动	设计意图
第一环节：回顾微课巩固知识	【展示图片】 课前微课学习、进阶练习完成情况统计 【知识回顾】 钠与水反应的实验现象及化学反应方程式 镁与水反应的实验现象及化学反应方程式	回顾微课知识，回答钠与水反应现象，书写化学反应方程式： $2Na+2H_2O = 2NaOH+H_2\uparrow$	检验学生学习成果，巩固知识
第二环节：实验体验升华知识	【设问1】 预测钠投入硫酸铜溶液中的反应现象并书写化学反应方程式 【分组实验】 钠与硫酸铜溶液的反应 展示实验步骤，提醒实验注意事项，指导学生实验 【设问2】 根据实验现象，解释反应原理 【设问3】 讨论钠与铜盐直接发生置换反应的条件 【演示实验】 将几滴醋酸铜的丙酮溶液滴到新切的钠块切面上	①预测反应现象，书写化学反应方程式 ②阅读实验步骤、分组实验、观察现象、拍照上传 ③交流讨论，汇报结果 ④思考与交流： a.用铜盐固体 b.用不与钠反应的溶剂溶解铜盐 ⑤观察现象，推测反应	①运用POE策略，引发认知冲突，激发学生思维 ②在实验体验中，培养学生观察和动手能力 ③培养学生科学举证能力 ④培养学生深度思考问题能力 ⑤培养学生探索思考能力

续　表

教学环节	教师活动	学生活动	设计意图
第三环节：设计实验构建知识	【设问1】 根据铁与水蒸气的反应原理设计实验装置，实现该反应并检验气体产物(H_2) 【设问2】 优化实验装置 【展示改进装置】  【展示资料卡片】 $CuSO_4·5H_2O \xrightarrow{250℃左右} CuSO_4 + 5H_2O↑$ $CuSO_4 \xrightarrow{650℃\sim800℃} CuO + SO_3↑$ 【演示实验】 师生合作，完成实验	①利用虚拟实验室设计实验装置 ②交流讨论，汇报 ③观察、交流、思考	①培养学生设计实验装置的能力 ②培养学生评价实验能力、创新实验能力 ③培养学生对比能力、学会优选；借助图像表征，引导学生深度思考，提升学生感性认识
第四环节：联系生活学以致用	【展示图片】： 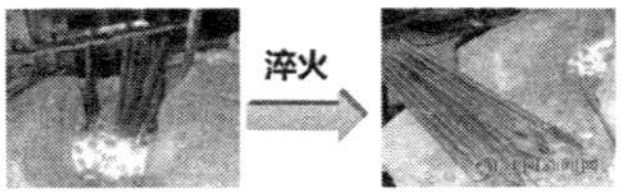 【播放视频】： “淬火”炼剑	观看和思考，感受学以致用	从化学走向生活培养学生用化学视角关注生活，激发学生的兴趣，感知化学的魅力
第五环节：归纳小结反思提升	【设问】： 比较、归纳不同金属与水的反应	讨论、交流、汇报	提升学生思维能力、归纳对比能力
第六环节：在线诊断内化知识	引导学生在线练习，统计并组织学生讨论	利用电子书包自我诊断，思考与交流	通过网上在线练习检测、巩固和内化知识

参考文献

一、著作类

［1］陈钧，程达.呼唤名师［M］.北京：科学出版社，2000.

［2］陈向明.质的研究方法与社会科学研究［M］.北京：教育科学出版社，2000.

［3］陈永明.现代教师论［M］.上海：上海教育出版社，2003.

［4］董菊初.名师成功论［M］.北京：科学出版社，2003.

［5］方晓东.中华人民共和国教育60年［M］.武汉：湖北教育出版社，2009.

［6］傅道春.教师的成长与发展［M］.北京：教育科学出版社，2003.

［7］何兹全.中国历代名师［M］.郑州：河南人民出版社，1989.

［8］教育部师范教育司.教师专业化的理论与实践［M］.北京：人民教育出版社，2003.

［9］金连平.论特级教师［M］.南京：江苏教育出版社，2011.

［10］李捷三，云慧如.特级教师成功之路［M］.北京：中国和平出版社，1988.

［11］李瑾瑜，柳德玉，牛震乾.课程改革与教师角色转换［M］.北京：中国人事出版社，2002.

［12］柳斌，刘知新.中国著名特级教师教学思想录：中学化学卷［M］.南京：江苏教育出版社，1996.

［13］刘永平.名师工作室建设与探索［M］.北京：现代教育出版社，2012.

［14］RATHS J D， KATZ L G. Advances in Teacher Education（Vol.2）［M］.New Jersey： Ablex Publishing Corporation，1986.

［15］邵宝祥，王金保.中小学教师继续教育基本模式的理论与实践：上［M］.北京：北京教育出版社，1999.

［16］宋广文.教师教育发展研究［M］.济南：山东人民出版社，2004.

［17］王爱娣.问道名师——王爱娣名师工作室的教学实践与研究［M］.宁波：宁波出版社，2012.

［18］王建华，沈济萱.继续教育和名师成长——中学骨干教师培训的理论与实践研究［M］.杭州：浙江大学出版社，2001.

［19］王秋绒.教师专业社会化理论在教育实习设计上的蕴义［M］.台北：师大书苑，1991.

［20］王水玉，徐晓光.教师专业成长策论［M］.北京：中国大地出版社，2004.

［21］王铁军.名校长名教师成功与发展［M］.南京：江苏人民出版社，2005.

［22］王晓东.追求卓越——王晓东中学物理名师工作室教育活动纪实［M］.合肥：安徽教育出版社，2014.

［23］吴建洪.问道名师——吴建洪名师工作室的教学实践与研究［M］.宁波：宁波出版社，2012.

［24］吴康宁.教育社会学［M］.北京：人民教育出版社，1998.

［25］闫蒙钢.化学教学测量与评价导论［M］.北京：北京科学技术出版社，2004.

［26］叶澜，白益民，王枬等.教师角色与教师发展新探［M］.北京：教育科学出版社，2001.

［27］张维仪.教师教育——改革与发展热点问题透视［M］.南京：南京师范大学出版社，2000.

[28]《中国教育事典》编辑委员会.中国教育事典（初等教育卷）[M].石家庄：河北教育出版社，1994.

[29]《中国教育年鉴》编辑部.中国教育年鉴（1949—1981）[M].北京：中国大百科全书出版社，1984.

二、硕博论文类

[1] 鲍芳芳.安徽省化学名师工作室现状的调查研究[D].芜湖：安徽师范大学，2016.

[2] 陈天红.学校组织文化建设研究——以K校为个案[D].南京：南京师范大学，2006.

[3] 陈燕.上海市中学生命科学名师工作室活动的调查研究[D].上海：华东师范大学，2010.

[4] 程雷.化学特级教师沈卫所成长历程个案研究[D].西安：陕西师范大学，2010.

[5] 高亮.大连高中名师成长路径探析[D].大连：辽宁师范大学，2012.

[6] 巩向凯.中小学名师区域化培养研究[D].济南：山东师范大学，2016.

[7] 韩爽.以教师专业发展为指向的名师工作室运行研究——以吉林省中小学名师工作室为个案[D].长春：东北师范大学，2015.

[8] 卢杰.名师培养与名师成长[D].济南：山东师范大学，2005.

[9] 曲艺.小学教师专业化的现状分析与对策：对瓦房店市城区五所小学教师的调查结果分析[D].大连：辽宁师范大学，2008.

[10] 史文清.鞍山地区中小学体育教师专业发展现状与对策研究[D].长春：东北师范大学，2009.

[11] 王延文.教师专业化的系统分析与对策研究[D].天津：天津大学，2004.

[12] 王莹.基于专业共同体的小学青年音乐教师专业发展：以深圳

市“张娟名师工作室”为例［D］.武汉：华中师范大学，2014.

［13］魏晨明.名师成长论——名师成长的模式、机制和规律研究［D］.济南：山东师范大学，2007.

［14］武春娟.专家型化学教师专业发展的个案研究［D］.苏州：苏州大学，2013.

［15］吴振兰.名师工作室对教师专业发展的作用研究——基于“顾晓华名师工作室”的分析［D］.南京：南京师范大学，2015.

［16］向雄.中学政治学科名师工作室建设研究［D］.长沙：湖南师范大学，2013.

［17］许瑶瑶.安徽省中学化学名师成长的个案研究［D］.芜湖：安徽师范大学，2016.

［18］许泽能.中小学教学名师培养问题研究［D］.长春：东北师范大学，2016.

［19］岳喜凤.教师专业化：理念重建与内涵拓展研究［D］.长沙：湖南师范大学.2007.

［20］张宁.自主成长型教师专业发展研究［D］.芜湖：安徽师范大学，2012.

［21］赵昌木.教师成长研究［D］.兰州：西北师范大学，2003.

［22］赵显莲.教师的专业发展研究［D］.重庆：西南师范大学，2004.

三、期刊类

［1］AVALOS B. Teacher professional development in Teaching and Teacher Education over ten years ［J］. Teaching &Teacher Education，2011，27（1）：10–20.

［2］BERLINER D C. Learning about and learning from expert teachers ［J］.International Journal of Educational Research，2001，35（5）：463–482.

［3］BERLINER D C. The Development of Expertise in Pedagogy ［J］.

Beginning Teachers，1988（2）：35.

［4］FULLER F F. Concerns of teachers：a developmental conceptualization［J］.American Educational Research Journal，1969，6（2）：207–226.

［5］HUBERMAN M，SCHAPRIA A. Cycle de vie et enseignement：Changements dans les relations enseignats［J］. Cymn asium helveticum，1979（1）：113–129.

［6］NEMAN K K，BURDEN P R，APPLEGATE J H. Helping teachers examine their long – range development［J］.The teacher educator，1979，15（4）：7–14.

［7］RONFELDT M，FARMER S O，MCQUEEN K，et al. Teacher Collaboration in Instructional Teamsand Student Achievement［J］.American Educational Research Journal，2015，52（3）：475–514.

［8］STEFFY B. Teacher Career Development Pattern［J］.Teacher Development，1990，12（3）：29.

［9］蔡守龙.校本发展的内涵与特质［J］.江西教育科研，2007（3）：3–6.

［10］陈德前，王文.对名师工作室的认识与实践［J］.中学数学，2013（14）：71–73.

［11］程岭.教师发展阶段理论综述及发展水平模型的构建［J］.师资建设，2011，24（5）：61–65.

［12］成尚荣.名师的基质［J］.人民教育，2008（8）：37–41.

［13］成尚荣.名师应当是思想者——谈教学主张与名师成长［J］.人民教育，2009（1）：43–44.

［14］邓光明，冉泊涯.新时期名师特质及其成长途径初探［J］.中国教育学刊，2010（6）：66–68.

［15］鄂冠中.区域性名师工作室运行策略摭谈［J］.中小学教师培训，2012（6）：22.

［16］方健华.名师专业成长的规律、影响因素与机制——基于名师成功人生的解读［J］.教育发展研究，2011（Z2）：70–78.

［17］费小冬.扎根理论研究方法论：要素、研究程序和评判标准［J］.公共行政评论，2008（3）：23-43.

［18］冯静，王建.名师工作室的“名”与“实”［J］.湖北函授大学学报，2014，27（8）：104-105.

［19］傅树京.构建与教师专业发展阶段相适应的培训模式［J］.教育理论与实践，2003，22（6）：39-43.

［20］郭姗.近年来名师研究综述［J］.教育科学论坛，2017（9）：44-45.

［21］国家教委，人事部，财政部.特级教师评选规定［J］.人民教育，1993（C1）：9.

［22］韩爽，于伟.我国名师工作室研究的回顾与省思［J］.东北师大学报（哲学社会科学版），2014（5）：197-198.

［23］胡继飞.中小学名师工作室建设的问题与建议［J］.基础教育，2012（2）：48-51，56.

［24］汲培文.学科带头人、学术带头人定义与含义的界定［J］.科学学研究，2000，18（3）：27.

［25］蒋选荣，吴红漫.名师工作室运行机制的构建与思考［J］.上海教育科研，2014（2）：29-31.

［26］郎光，王德芹，陈朝祎.引领教师专业成长的新举措——创建名师成长工作室的实践与探索［J］.当代教育科学，2007（10）：15.

［27］李斌.国内外教师专业发展过程研究述评［J］.江苏教育学院学报（社会科学版），2003，19（4）：19.

［28］李瑾瑜，李泽林.“名师”因何而名？［J］.西北成人教育学报，2003（2）：1.

［29］李志彪.名师工作室是名优教师培养的摇篮［J］.吉林教育，2016（6）：87.

［30］廖伟梁.探索化学教改新思路践行高效课堂新模式——广东省陈鹏名师工作室工作纪实［J］.化学教育，2015（7）：82.

［31］林美.国外教师专业学习共同体研究述评［J］.教育导刊（上半

月），2013（11）：38–41.

［32］刘穿石．“名师工作室”的解读与理性反思［J］．江苏教育研究，2010（30）：5.

［33］裴跃进．教学名师资源：内涵、分类及开发［J］．中国教育学刊，2013（8）：72.

［34］乔金锁，张爱华，熊静．影响化学教师成为名师的因素探析［J］．化学教育，2012，33（4）：48–50.

［35］任光升，李伟．名师工作室运行机制的探索［J］．当代教育科学，2011（14）：30–32.

［36］申继亮，费广洪，李黎．关于中学教师成长阶段的研究［J］．天津师范大学学报（基础教育版），2002，3（3）：1–4.

［37］沈祖芸，周慰，徐晶晶．名师再造——《上海教育》圆桌论坛首度开讲平等对话“名师工作室的使命”［J］．上海教育，2004（8）：10–20.

［38］唐玉光．教师专业发展的研究［J］．全球教育展望，1999（6）：39–43.

［39］王标，宋乃庆．中小学名师类型、特征及成长策略［J］．中国教育学刊，2013（5）：7.

［40］王长纯．教师专业化发展：对教师的重新发现［J］．教育研究，2001，22（11）：45–48.

［41］王发成，刘向东．中学骨干教师的基本特征分析——中学骨干教师影响力与辐射作用研究［J］．学周刊，2013（15）：158.

［42］王涵平，周鸿敏．名师成才规律探析［J］．江西广播电视大学学报，2003（4）：43–44.

［43］王姣姣．吉林省名师工作室运行模式探索与实践［J］．吉林省教育学院学报，2015，31（4）：1–3.

［44］王晓春，甘怡群．国外关于工作倦怠研究的现状述评［J］．心理科学进展，2003，11（5）：567–572.

［45］王兴刚．名师工作室的价值与作用［J］．教育实践与研究（B），

2011（6）：4–6.

［46］王颖．试析名师走向成功的特质素养［J］．当代教育科学，2007（1）：18–20.

［47］王毓珣．论名师的特征［J］．江西教育科研，2006（6）：15–16.

［48］王毓珣．名师发展：概念、特征与阶段［J］．当代教育科学，2005（20）：18–21.

［49］王毓珣．名师概念及特征辨析［J］．天津市教科院学报，2005（4）：41.

［50］魏书彬，杨雨，陈加柱．“名师工作室”引领下教师教育培训形式的转变［J］．现代教育科学，2015（12）：99–100，113.

［51］魏香三．中学化学名师工作室建设［J］．化学教育，2014（17）：82.

［52］吴举宏．我是如何领衔名师工作室的？［J］．中小学管理，2007（4）：22–23.

［53］吴卫东．教师共同体的知识管理［J］．教育发展研究，2005，25（2）：24–27.

［54］武兴华．“名师工作室”内涵建设三要素［J］．教学与管理，2012（4）：21.

［55］徐新民，缪爱明．名师工作室的长效管理运行机制［J］．教育理论与实践，2012（26）：18.

［56］杨秀玉．教师发展阶段论综述［J］．外国教育研究，1999（6）：36–41.

［57］余文森．教学主张：打开专业成长的“天眼”［J］．人民教育，2015（3）：17–21.

［58］张聪，韩爽．名师工作室与教师专业发展——基于名师工作室成员的调查［J］．教育理论与实践，2014（17）：24–26.

［59］张锐．以“磨人”为指向的名师工作室运行策略［J］．教育导刊，2015（5）：82–86.

［60］张志和．信息化背景下中职教师专业发展模式的研究［J］．江苏

教育，2014（44）：49–52.

［61］赵世平.终身学习理论的历史发展［J］.中国成人教育，1999（8）：16–17.

［62］郑强生.农村中小学“名教师工程”研究［J］.福建教育学院学报，2003，4（12）：89–90.

［63］朱向明.让名师工作室“名”副其实［J］.中小学教师培训，2011（2）：16–17.

四、报纸类

［1］鲍东明，王鸣迪.名师成长：内力外力一个也不能少［N］.中国教育报，2004–09–07（7）.

［2］郭志明，蔡可，刘立峰.首个全国名师工作室发展报告［N］.中国教师报，2015–10–07（8）.